울산방언을
중핵으로 한

경상도방언

신기상 지음

북스힐

| 머리말

자연은 생명체다. 방언은 강한 생명력을 가진 자연이다.

인간에게 언어가 가장 소중하다. 인간의 언어는 곧 인간의 의식(意識)이기 때문이다.

여러 규제와 제약이 있는 표준어에 비해 아무런 규제도 제약도 없는 방언은 표준어보다 훨씬 유동적이고 변화 발달도 빠르다. 그러나 반대로 보급력, 파급력이 강한 표준어의 영향으로 방언은 급속히 표준어(서울말)에 흡수되어가고 있는 것이 현실이다.

방언, 사투리는 참으로 정겨운 말이다. 고향을 떠나 외지 생활을 오래 하다가 어느 사람들의 대화에서 내 고향 사투리를 들으면 바로 그분들이 내 고향 이웃인 듯이 반갑다. 내가 쓰는 방언만이 그런 게 아니다. 어느 고장의 여행 중에 그 지역 주민들이 나누는 그곳 방언을 들으면 그 또한 그 지역 정취가 한결 더 짙게 묻어나 정겹다.

방언연구의 첫걸음은 방언을 많이 채집하는 일이다. 풍부한 방언 속에는 표준어의 밑거름이 되는 중요한 자료들이 많이 감춰져 있다. 어느 것 하나 소홀히 할 수 없는 자료들이다.

이 책은 그동안 필자가 채집한 경상도방언의 자료와 연구한 결과들을 한자리에 모아 보다 쉽게 정리하고자 한다. 그러기 위해서 언어학이나 국어학을 전공한 사람이 아니더라도 쉽게 이해하기를 바라면서 어려운 용어와 어려운 이론은 되도록 피하여 경상도방언을 이해하는 데 도움이 되는 예를 많이 들고 설명은 간결하게 하려고 한다. 많은 자료를 접하면 긴 설명이 필요하지 않다. 방언의 특질, 국어의 특질이 그 속에 다 담겨 있어 자료 스스가 설명해 주기 때문이다.

이 책은 『동부경남방언의 고저장단 연구』, 『울산방언사전』, 『울산방언 피동사와 사동사』를 비롯한 필자의 그간의 연구 내용들을 추리고 또더하여 엮은 것이다. 이 책의 중심 내용은 경상도방언의 특징을 경상도방언의 고저장단, 경상도방언의 경향, 경상도방언의 표준어화의 셋으로 나누었다.

첫째, 경상도방언을 흔히 억양이 억세다고들 한다. 그 말은 경상도방언에는 억세다는 느낌을 주는 요소가 분명히 있기 때문이다. 억세다는 느낌을 주는 요소, 대체 그것이 무엇인가? 그 요소가 분명히 있는데 사실 경상도방언을 쓰는 방언화자 자신도 그것이 무엇인지를 꼭 집어내기란 쉽지 않다. 첫째는 그것을 찾아 정리한 것이다.

둘째, 경상도방언은 경상도방언 특유의 여러 가지 경향을 지니고 있다. 이것 역시 매우 다양하여 간단히 설명할 수 없다. 여러 가지 경향의 많은 예를 찾아 모아 그 경향을 이해하도록 정리하였다.

셋째, 울산 본토박이 70대 이상 노인을 대상으로 방언을 채집하고자 귀를 기울여 보면 필자가 기억하는 50년대의 순수 방언은 이미 아니고 표준어(서울말)의 영향이 속속들이 박혀 있음을 알게 된다. 그 이하의 연령층 말에서는 표준어의 영향이 더욱 깊이 배어 변화되고 있는 것이 현실이다. 그래서 단편적이고, 일부분이기는 하지만 표준어화가 어떻게 진행되고 있는가를 살펴보았다.

경상도방언의 중핵(中核)을 '울산방언'이라 하였건만 오랜 기간 필자가 연구 대상으로 한 방언 구역을 명시한 것은 '동부경남방언'이라 하였었다. 그것은 1960년대의 울산군, 동래군, 양산군 지역이다. 동부경남방언지역 내에서는 큰 차이를 찾을 수 없어 하나의 방언 구역으로 묶어 연구해 온 것이다. 그러나 필자는 더 확대하여 경주시, 포항시, 영덕군 지역도 관심의 대상에 넣어 방언 조사를 하였는데 그 지역으로 확장해도 소소한 몇 가지 외에는 한 방언 구역으로 묶어도 된다는 확신을 가져왔다.

또한 더 넓게는 경상도방언구역은 경상남북도 전체다. 이 말은 이 책의 '울산방언' 내용은 1960년대 울산방언 양산방언 동래방언 구역으로 확장해서 적용되기도 하고, 더 넓혀 경주시, 포항시, 영덕군 방언으로 확대 적용되기도 하고, 더더 넓혀 경상도방언 전체에 적용되기도 한다는 의미이기도 하다. 울산방언이란 경상도방언 전체를 아우르는 모든 방언 특징의 핵심을 다 안고 있어 울산방언이라 하지만 경상도방언에 대한 연구라 하여도 좋다는 뜻이다.

그러나 엄밀하게는 경상도방언 내에서도 동서남북 지역마다의 미세한 차이들이 있고 특색도 있기에 울산방언과 다른 특색들의 차이를 분명히 하기 위해 '울산방언을 중핵으로 한다'고 명시해 둔다.

대화하다 경상도방언이 주제가 되는 경우가 자주 있었다. 그럴 때마다 이런저런 예를 들어 보이며 경상도방언은 이런 방언이라고 설명을 하였지만 그렇게 짧은 설명만으로는 필자 자신이 만족스럽지 않았다. 그럴 경우에 간략히 경상도 방언을 설명한 책이라도 한 권 드리고 싶다는 생각을 한 적이 참 많았다.

이제 이 책자를 늘 가방 속에 넣어 다니다 그런 대화를 할 적이면 바로 이 책 한 권을 그런 분들께 드리고 싶다.

도서출판북스힐에 여러 번의 누를 기칩니다.

학생, 전공자, 학자들이 서책 아닌 e-book 등 다른 방법으로 공부하고 연구하는 시대에 접어든 지금은 학술서 출판이 많이 어렵다 합니다. 그런 사실을 알면서 또 출판을 의뢰하였습니다. 일부는 서책으로 일부는 e-book으로.

조승식 사장님, 미안하고 감사합니다.

| 차례

머리말 ··· iii
차례 ··· vii
일러두기 ··· xi

1장 경상도방언 / 1

1. 언어 ··· 3
   1.1 언어란 ··· 3
   1.2 언어의 변화 ··· 3
   1.3 언어와 문자 ··· 4
   1.4 문법과 의미 ··· 4
2. 음운 ··· 4
   2.1 음향과 음성 ··· 4
   2.2 음성과 음운과 음운체계 ··· 5
   2.3 음소와 운소 ··· 6
   2.4 문말 억양과 정의적 억양 ··· 7
3. 방언과 표준어 ··· 8
   3.1 방언과 표준어 ··· 8
   3.2 방언과 표준어의 관계 ··· 9
   3.3 방언은 소멸되는가? ··· 10
   3.4 방언 기술의 한 방법 ··· 11
4. 울산방언 ··· 11
   4.1 경상도방언과 울산방언 ··· 11
   4.2 울산방언의 뿌리 신라어 ··· 13
   4.3 울산방언의 변화 ··· 16

4.4 울산 말이면 다 울산방언 ······ 16
4.5 울산방언의 어원 ······ 19

5. 울산방언의 음운체계 ······ 21
5.1 울산방언의 자음체계 ······ 21
5.2 울산방언의 모음체계 ······ 23

6. 울산방언의 운소체계 ······ 28
6.1 표준어의 운소 ······ 28
6.2 다른 나라 말의 운소 ······ 31
6.3 울산방언의 운소체계 ······ 33
6.4 운소의 습득 ······ 36

2장 경상도방언의 고저장단 / 39

1. 경상도방언의 고저장단 ······ 41
1.1 경상도방언 고저장단의 이해 ······ 41
1.2 경상도방언 고저장단의 변동 ······ 52

2. 체언의 고저장단 ······ 60
2.1 체언의 고저장단형 기본형과 특징 ······ 60
2.2 조사 분류 ······ 61
2.3 체언 음절 수별 고저장단 ······ 62
2.4 체언의 고저장단 요약 ······ 76

3. 용언의 고저장단 ······ 77
3.1 용언의 고저장단 기본형 설정 ······ 77
3.2 어미 분류 ······ 78
3.3 폐음절말음 어간의 고저장단 ······ 79
3.4 폐음절말음 어간 용언의 고저장단 요약 ······ 89
3.5 개음절말음 어간의 고저장단 ······ 90
3.6 개음절말음 어간 용언의 고저장단 요약 ······ 108

4. 피동사와 사동사의 고저장단 ······ 109
4.1 피동사의 고저장단 ······ 110
4.2 사동사의 고저장단 ······ 117
4.3 피동사, 사동사의 고저장단 요약 ······ 142

5. 불변화사의 고저장단 ···· 143
6. 어절 단위의 고저장단 ···· 146
7. 개별 설명이 필요한 어절들의 고저장단 ···· 150
8. 경상도방언의 고저장단을 맺으며 ···· 158

3장 경상도방언의 경향 / 163

1. 음운의 경향 ···· 165
1.1 자음의 경향 ···· 165
1.2 모음의 경향 ···· 182

2. 조어법의 경향 ···· 201
2.1 어근(語根)의 종성이 접사 '－이'의 초성이 되는 경향 ···· 201
2.2 접미사 '－기~－이'의 공존 경향 ···· 203
2.3 'X하다'의 '하' 준말 경향 ···· 205
2.4 희귀한 종성 ···· 208
2.5 변이형태의 체언 ···· 212
2.6 개신 형태 ···· 213
2.7 가상어근 설정 ···· 215

3. 곡용과 활용에서의 경향 ···· 216
3.1 호격조사의 두 경향 ···· 216
3.2 모음어미 {－아}, {－았－}의 이형태가 여럿인 경향 ···· 217
3.3 의문형 어미 '－고, －노' 등과 '－가, －나' 등이
구분되는 경향 ···· 226
3.4 형태소 일부의 단모음화와 묵음 경향 ···· 229
3.5 불규칙 용언의 규칙 경향 ···· 232
3.6 독특한 활용 경향 ···· 236
3.7 불구적 활용 보충을 위한 상보적 활용 ···· 253

4. 고어의 흔적들 ···· 254
4.1 성조의 흔적 ···· 255
4.2 소실자 자음, 모음의 흔적 ···· 256
4.3 그 밖의 자음의 흔적 ···· 257
4.4 활용에서 본 고어의 흔적 ···· 259

4.5 부정표현 구형의 흔적 ······ 264
5. 장음화와 절음의 경향 ······ 265
5.1 '이-이→이'의 장음화 경향 ······ 265
5.2 음절 단위의 절음 경향 ······ 268
6. 경상도방언의 경향 맺으며 ······ 270

4장 경상도방언의 표준어화 / 271

1. 어휘 교체 ······ 274
1.1 낱말(실사) 교체 ······ 274
1.2 조사와 어미(허사) 교체 ······ 275
2. 음운 교체 ······ 286
2.1 음소 교체 ······ 286
2.2 운소 교체 ······ 286
3. 경상방언의 표준어화 맺으며 ······ 287

[부록] 곡용·고저장단 일람 ······ 289
참고문헌 ······ 339

| 일러두기

1. 울산방언에 대한 이해를 돕기 위해 표준어를 ( )속에 넣든가, '/' 뒤에 쓰든가, [ ]속에 해당 한자를 넣었다.

보기 저'실(겨울)
저'실 / 겨울
저'실[冬]

2. 한자음의 한자는 ( )속에 넣고, 뜻을 나타내는 한자는 [ ]속에 넣었다.

보기 설(雪), 선'배(先輩)
눈:[雪], 선'배[士]

3. 동사, 형용사의 기본형을 예시할 경우 동사는 어미 '－고' 또는 '－다'와의 활용형을, 형용사는 어미 '－다'와의 활용형을 제시하고, 동사, 형용사 구분 없이 어간만을 제시하였다.

보기 잡'고～잡'다[執]
시'다[酸]
자'－[寢]
덥:－[暑]

4. 방언의 곡용형이나 활용형의 해당 표준어는 다음과 같은 세 가지로 ( )속에 넣었다.

(1) 체언과 조사, 어간과 어미가 다 표준어와 다른 경우

보기 누부'캉(누나와)
무'우이(먹으니)

(2) 체언과 어간만 표준어와 다른 경우

보기 저'실에(겨울-)
묵'지만(먹-)

(3) 조사와 어미만 표준어와 다른 경우

보기 여름꺼정(-까지)
합니더(-ㅂ니다)

5. 어간에 따라 조음소(調音素)가 다른 다음 두 가지가 있다.

(1) 'ㅂ'말음 용언의 활용형에 붙는 조음소(調音素)는 '으'를 '우'로 썼다

보기 덥'-[暑], 덥'우이, 덥'우머, 덥'우먼
칩-[寒], 칩우이, 칩우머, 칩우먼

(2) 'ㅅ, ㅈ, ㅊ'말음 용언의 활용형에 붙는 조음소(調音素)는 '으'를 '이'로 썼다

보기 있-[有]. 있이이. 있이머. 있이먼
낮-[低] . 낮이이. 낮이머. 낮이먼
쫓'-[逐]. 쫓'이이. 쫓'이머. 쫓'이먼

6. 'ㄴ, ㅇ'의 묵음으로 인한 표기에 유의해야 할 두 경우가 있다.

(1) 활용어미 '-(으)니'의 'ㄴ'이 묵음이 된 것은 'ㄴ' 없이 '-(으)이'로 썼다.

보기 닫'-[閉]. 닫'으이
딲'-[修]. 딱'으이

(2) 조사 '이, 아' 앞에서 체언 말음 'ㄴ, ㅇ'이 묵음되는 경우는 체

언 뒤에 '~'를 썼다. 이 경우 독자는 'ㄴ, ㅇ'을 발음하지 않아야 한다.

보기 산~이[사-] 노푸고, 강~이[가-] 지푸다.
맨 땅~아[따-] 무신 돈~이[도-] 생기나?

7. 표 '>, <, →, ⇒'는 통시적 변화, 공시적 변화의 엄격한 구분으로 쓰지 않았다. 설명의 문맥상에 '변화, 대응'을 표시할 따름이다.

보기 선샘요LH:L > 샘요H:L
갈류″-<갈리'우-<가리이'우-[遮·擇]
[尿] 누'어 → 눠″ → 노″
정구'지 ⇒ 부추

8. 고장조, 저장조, 고단조, 저단조의 운소 표기는 다음 두 가지를 경우에 따라 바꾸어 썼다.

보기

고저 ＼ 장단	장	단
고	고장조 H: 또는 ″	고단조 H 또는 ′
저	저장조 L: 또는 :	저단조 L 또는 무표

고저복합조 Hl 또는 ^ 저고복합조 Lh 또는 ˅

1

경상도 방언

1 언어

1.1 언어란

언어는 동물의 영장(靈長)인 인간만이 가지고 있다. 인간은 언어를 통하여 차원 높은 의식을 가질 수 있고, 차원 높은 의사를 교환할 수 있고, 그것으로 차원 높은 문화를 이룩할 수 있다. 이 지구상의 모든 동물 중 유일하게 인간만이 현재와 같은 문화를 누리고 살 수 있는 것은 바로 인간이 언어를 가졌기 때문이다.

1.2 언어의 변화

언어는 항시(恒時) 변한다. 누구로부터인지 어디에서부터인지 말은 잠시도 쉬지 않고 변하고 변한다.

언어는 누구로부터 생성하여 누군가가 변화시키고 어느 때부터인가 사라진다. 여름날 뭉게구름을 쳐다보고 있노라면 변하지 않는듯하면서 조금씩 조금씩 변하여 잠시 뒤 정신을 차려 다시 살펴보면 그 구름은 전과는 달리 어느 부분은 부풀어 올라 있고 어느 부분은 사라지고 없어 전혀 다른 모양으로 변해 있듯이 언어의 생성 발달 소멸되는 과정은 마치 여름날의 뭉게구름 같다.

말은 잠시도 머무르지 않고 변한다면 누가 머무르지 않도록 하고 누가 변화하게 하는가? 나도 그 주체이고 우리 가족도 그 주체이다. 말을 쓰는 사람은 모두 말을 머무르지 않게 하는 주체이고 변화하게 하는 주체이다.

노인들은 자신의 말이 젊은이의 말과 달라진 것을 안다. 말의 변화를 알고 있는 증인들이다. 그래서 세종대왕 시대 말의 기록을 오늘의 우리말과 견주어 보면 여러 면에서 달라진 것을 발견할 수 있다.

그래서 언어는 생명체처럼 나고 자라고 죽는다고도 한다.

1.3 언어와 문자

먼저 말(언어)과 글(문자)을 간단히 정리해 두자.

우리 민족이 쓰는 말이 언제부터 있었을까? 이건 아득하고 아득해서 정확히 알 수 없다. 우리 민족의 근원을 밝히는 일 만큼이나 아련하고 불확실하다. 그렇다 해도 아득한 어느 시기부터 우리 조상들이 의사소통을 하였을 것이고 그 소통은 우리말의 뿌리가 아닐까 하는 생각은 하게 된다. 맞다. 우리말은 우리 민족의 근원만큼 오랜 역사를 가졌다.

그러나 우리말을 기록하는 글은 그렇지 않다. 한글만을 두고 생각해 보면[1] 훈민정음(訓民正音)은 1446년에 반포하였다는 분명한 기록이 있으므로 긴긴 우리 민족사와 견주어 볼 때 매우 짧은 역사다.

우리말(한국어)과 우리말을 기록하는 우리글(한글)은 다르다는 것을 분명히 해 두자. 앞으로 이 책에서 다룰 것은 글이 아니라 말이 중심이다.

1.4 문법과 의미

말은 생각의 도구이고, 화자(話者)와 청자(聽者) 사이의 의사소통의 도구이다. 의사소통을 위해서는 먼저 화자가 말한 소리가 청자의 귀에 전해져야 하고 그 소리는 일정한 규칙(문법)에 의해서 전해져야 하며 그 일정한 규칙에 의해 전해진 소리는 어떤 의미를 담고 있어야 한다. 그래야 말이 된다.

2 음운

2.1 음향과 음성

---

1 한자(漢字)도 우리 민족의 조상 동이족(東夷族)이 은(殷)나라 때 만든 문자라는 주장들이 몇 있다. 여기서는 일단 논외로 한다.

세상에는 여러 가지 소리가 있다. 바람소리, 물소리, 새소리, 기차소리, 피아노 소리 … 이러한 소리와 인간의 대화소리 모두 같은 소리다. 그 소리들은 한 가지 특징으로 두 가지로 구분된다. 곧, 그 소리를 자음과 모음으로 구분할 수 있는 것과 없는 것으로 나눠 보면 바람소리…피아노 소리 등은 자음과 모음으로 나눌 수 없어서 음향(音響)이라 하고, 인간의 의사소통을 위해 낸 대화소리는 자음과 모음으로 나눌 수 있으므로 음성(音聲)이라 한다.

2.2 음성과 음운과 음운체계

지구상의 수많은 민족이 각기 다른 언어를 쓰고 있다. 그 많은 언어가 모두 음성으로 의사소통을 하고는 있지만 그 음성을 면밀히 살펴보면 서로 조금씩 다르다. 국어와 우리 주변에서 흔히 대하는 언어와 간단히 비교해 보자.

국어는 두 입술에서 내는 소리 'ㅁ, ㅂ, ㅃ, ㅍ'의 넷으로 구분하여 '물[水], 불[火], 뿔[角], 풀[草]'의 의미 차이를 분명히 하지만 영국인은 'm, p, b'의 셋으로만 구분할 수 있어 한국어 '물, 불, 뿔, 풀'을 발음으로도 청각으로도 구분하기 어려워한다.

국어는 'ㅣ'와 'ㅡ'와 'ㅜ'를 구분한다. 그러나 중국어에는 'ㅣ'와 'ㅡ'를 거의 하나로 발음하고 들으며, 일본어에는 'ㅡ'와 'ㅜ'를 거의 하나로 발음하고 듣는다.

어떤 언어를 모어(母語)로 쓰는가에 따라 화자의 머릿속에 담겨 구분 짓는 음성들을 음운(音韻)이라 한다. 언어마다 음운의 숫자도 다르고 그 음운들이 구성하는 음운체계도 다르다. 그래서 한국어, 영어, 중국어, 일본어의 음운이 각각 다르고, 한국어, 영어, 중국어, 일본어의 음운체계도 각각 다르다.

2.3 음소와 운소

언어는 음운에 의해서 의미가 변별(辨別)되는데 의미를 변별하는 음운을 더 깊이 파고들면 음소(音素)와 운소(韻素)로 나눌 수 있다.

'물[水]/불[花]/뿔[角]/풀[草]'의 의미는 자음(子音) 'ㅁ:ㅂ:ㅃ:ㅍ'의 차이로 구분된다. '발[簾]/벌[蜂]/볼[頰]/불[火]'의 의미는 모음(母音) 'ㅏ:ㅓ:ㅗ:ㅜ'의 차이로 구분된다. 이와 같이 의미를 구분할 수 있는 소리의 최소 단위를 음소라 한다.

'눈[眼]/눈:[雪], 밤[夜]/밤:[栗], 발[足]/발:[簾], 말[斗]/말:[語]'은 음소는 동일한데 장단(長短)의 차이로 의미가 구분된다. 이와 같이 동일한 음소이지만 의미를 구분하게 하는 장단과 같은 요소를 운소라 한다. 운소는 장단(長短), 고저(高低), 악센트 등 언어에 따라 다르다.[2](뒤에 상세하게 설명할 것임)

음소와 운소 차이로 비롯한 의미 차이를 더 보면 다음과 같은 것이다.

(1)	물[水] / 불[火] / 뿔[角] / 풀[草] /	ㅁ / ㅂ / ㅃ / ㅍ	음소 차이
	마'늘[蒜] / 바'늘[針] / 하'늘[天],	ㅁ / ㅂ / ㅎ	음소 차이
	맑'다[淸] / 묽'다[淡]	ㅏ / ㅜ	음소 차이
	남:고[餘] / 넘:고[溢]	ㅏ / ㅓ	음소 차이
	벌:고[列] / 빌:고[祈]	ㅓ / ㅣ	음소 차이
(2)	눈[眼] / 눈:[雪]	저단조 / 저장조	운소 차이
	배'[梨] / 배[腹]	고단조 / 저단조	운소 차이
	갈'고[更] / 갈:고[耕]	고단조 / 저장조	운소 차이
	벌"고[錢] / 벌:고[開]	고장조 / 저장조	운소 차이[3]

---

2 운소를 달리 '덧음소' '부음소(副音素)'라고도 한다.

3 음소 차이, 운소 차이 외에 의미가 달라지게 하는 휴지(休止, pause)도 있다.

내 일은 행복 / 내일(來日)은 행복

본 지가 오래다. / 본지(本誌)가 오래다.

국어는 휴지를 띄어쓰기로 나타낸다.

2.4 문말 억양과 정의적 억양

운소(韻素)와 흡사하여 운소로 착각하게 하는 것에 문말(文末) 억양(抑揚)과 정의적(正義的) 억양이 있다.

2.4.1 문말 억양

(3) 나 집에 가.
너 집에 가?
너 집에 가.

(3)의 동사 세 '가'는 문장의 끝(문말)에서 각각 평서문인가, 의문문인가, 명령문인가에 따라서 억양이 다르다. 이러한 억양은 문장 전체 내용과 관계되는 것으로 지금까지 봐 왔던 낱말에 부여된 의미변별 능력을 가진 운소와는 다르다.

2.4.2 정의적 억양

(4) 빨간 모자 쓴 많은 사람들이 멀리 떠났다.

(4)의 '빨간, 많은, 멀리'를 '아주 빨간, 아주 많은, 아주 멀리'로 표현하고자 하면 '빨, 많, 멀'에 힘주어 발음하게 되고 그렇게 되면 자연히 '빨:, 많:, 멀:'로 장음으로 발음된다. 이렇게 정의적인 표현을 위한 억양은 낱말에 부여되어 의미변별 기능을 하는 운소와는 다르다.

실제 언어생활에서 문말 억양과 정의적 억양은 매우 자주 쓰인다. 정의적 억양은 과장이 심한 언어습관을 가진 사람의 대화에서 특히 자주 쓰인다.

문말 억양과 정의적 억양은 운소와는 확연히 다르다는 점에 유의해야 한다.

3 방언과 표준어

3.1 방언과 표준어

우리나라 방방곡곡에서 쓰는 말은 모두 사투리, 방언이다. 그렇다면 우리말의 방언은 모두 얼마나 될까? 몇 개나 될까? 그런 의문도 가질 법하다. 방언을 나누는 기준에 따라 답이 다를 수 있고, 방언지역 크기나 세분화(細分化)에 따라서도 답이 다를 수 있는데, 한반도 내에 국한하면 조선시대의 행정구역의 영향을 오래 받은 함경도방언, 평안도방언, 황해도방언, 강원도방언, 경기도방언, 충청도방언, 경상도방언, 전라도방언, 제주도방언으로 나누는 것이 일반적이다.[4] 이 구분에는 지리, 교통, 정치, 행정, 문화, 역사의 영향이 크다. 그리고 그 방언구역 내에서도 앞의 조건 등으로 하위방언을 세분하기도 한다.

방언이 자연적으로 형성된 것이라면 표준어는 인위적으로 선정된 것이다. 넓은 지역의 서로 다른 방언 화자들의 의사소통을 원활하게 하려면 언어 통일이 필요하다. 이런 필요에서 국민의 대표(국어학자들)가 연구와 논의를 거듭하여 정한 것이 표준어다. 대한민국의 여러 방언을 토대로 대한민국 국민의 대표가 모든 국민이 의사소통하기에 편안하도록 간추려 뽑은 모든 방언을 대표한 말이 표준어이고, 거꾸로 표준어를 기름지게 하는 것은 대한민국 방방곡곡의 말 방언들이다.

1933년에 조선어학회가 한글맞춤법통일안을 제정하면서 '표준말은 대체로 현재 중류사회에서 쓰는 서울말로 한다'고 하여 1936년에 약 9,000 단어를 표준어로 정한 이후 여러 번의 부분적인 수정을 거듭했으며, 1988년에 문교부가 고시하여, 1989년 3월 1일부터 오늘 현재까지도 시행되고 있는 표준어는 '표준어는 교양있는 사람들이 두루 쓰는 현대 서울말로 정함을 원칙으로 한다.'라는 기준을 두어 그 사이 여러 번의 부분 수정을 거듭하여 오늘에 이르고 있다.

---

4 김형규(1974) 韓國方言研究 331~428

표준어는 공용어이기에 교육, 신문, 방송, 정치, 행정 등 공적인 모든 분야에서 사용하는 말이고 한국어를 대표하는 말이다.

3.2 방언과 표준어의 관계

표준어는 우리들의 약속 하에 어떻게 쓰기로 하자고 우리말을 규정하고 법으로 정해 두었다. 그런 규정과 법이 '한글 맞춤법', '표준어 규정', '외래어 표기법', '국어의 로마자 표기법'이다. 이 규정과 법을 어기면 그 벌칙이 매우 엄하기도 하다. 학과 점수를 받지 못하기도 하고, 상급학교 진학을 못하기도 하고, 취업을 못하기도 한다. 방송 아나운서가 이를 어겨 발음하면 바로 무엇이 어떻게 틀렸다고 시청자의 질책을 받을 수 있다. 상식으로 이를 잘 지키지 못하면 교양 수준을 의심 받게 된다. 우리가 정한 이 법과 규정이 얼마나 무서운 힘을 가졌는지 알고 있기에 국민 모두가 이 법과 규정을 배워 지키려고 힘쓴다. 그 결과 표준어는 모든 국민이 소통할 수 있고 세련되고 반듯한 한국어의 대표 언어로 존재한다.

아무리 그렇다 해도 표준어도 말이기 때문에 잠시도 머무르지 않고 변한다. 다만 엄한 법과 규정들 때문에 변화가 더딜 따름이다. 그 결과 어느 때가 되면 '한글맞춤법'을 개정하기도 하고 '표준어 규정'을 고쳐 표준어를 바꿔야 할 일도 생긴다.

그에 비해 방언의 쓰임에는 아무런 규제도 제약도 없어 매우 자유스럽고 자연스럽다. 누가 어떻게 말해도 그렇게도 말할 수 있나 보다 하고 어느 누구도 틀렸다고 하지 않는다. 그래서 방언은 변하는 속도가 빠르다. 변화는 속도가 빠를 뿐만 아니라 다양한 방향으로 변한다. 그래서 방언은 표준어에 비하여 다양한 모습을 지니게 된다. 이것은 방언이 가진 큰 장점이다. 방언이 가진 이러한 장점은 그 지역 화자의 의사를 보다 정확히 교환하고 그들의 감정을 절묘하게 나타내는 언어로 발전한다.

보다 좋은 표준어를 가지기 위해서는 그 바탕이 되는 방언이 반드시 있어야 한다. 방언이 풍성할수록 좋은 표준어를 가질 수 있다. 자연적으로 생성된 방언 위에 인공적으로 선정된 표준어가 있다. 표준어의 선정을 위해서는 방언이 있어야 한다. 방언이 풍성할수록 선정될 표준어도 풍성해진다.

그래서 필자는 표준어와 방언을 다음과 같이 비유한다. 표준어는 잘 다듬어진 인공림(人工林)이요 방언은 자연 그대로 풍성하게 자라는 자연림(自然林)이라고. 내가 잘 모른다하여 쓸데없는 잡목이요 잡풀인가? 알지 못하면 산삼도 잡풀이요, 알고 보면 잡풀로 여겼던 것이 귀한 약제이듯이 방언의 하나하나 모두가 귀한 국어의 자산이다.

3.3 방언은 소멸되는가?

한국어의 대표는 한국 표준어이지만, 넓게 생각하면 한국 표준어와 한국 방언 전부를 포함한 것이 한국어다. 한국어는 어떤 언어인가라는 의문으로 한국어를 연구하는 사람에게는 인위적이고 통제되고 제약된 표준어를 대상으로 하는 연구보다 아무런 통제도 제약도 없이 자연스레 변화하고 발달한 방언을 대상으로 하는 연구가 훨씬 더 깊이 있는 한국어의 본질을 규명할 수 있다.

최근 수십 년 사이, 대한민국의 방언은 많이 변하여 소멸 위기라고 해야 할 지경에 이르렀다. 산업의 발달, 교통의 발달, 인구 이동의 원활 등으로 전국이 하루 생활권으로 변하였고, TV, 컴퓨터, 전화기의 보급 확대, 교육 기회의 확대 등으로 모든 국민이 표준어로 의사를 소통하는 세상이 되었다. 그 반면 방언이 급속도로 사라지고 있는 형편이다. 방언의 중요성을 생각하면 매우 안타깝고 우려스러운 일이다.

그러나 방언이 깡그리 소멸될 리는 없다. 그건 걱정할 일이 아니다. 방언의 뿌리가 깊고 깊어서 표준어가 아무리 밀려와도 방언은 방언대로 또 다른 방향으로 변하여 생성되기 마련이다. 가족이나 고향 사람과의 대화에서는 표준어가 아닌 방언으로 소통해야 훨씬 편하고 정감이 오가기 때문이다.

자신이 방언을 쓰는 것을 부끄러워할 일은 아니다. 영어와 한국어 두 언어를 알고 있는 경우 대화의 경우에 맞게 영어를 쓰기도 하고 한국어를 쓰기도 하듯이, 방언과 표준어도 경우에 맞게 쓰면 될 일이다. 다들 자신의 조상들이 물려준 자신의 방언에 애정을 가지고 있다. 업무상 표준어를 써야하는 사람일지리도 고향 친구와의 대화라면 고향말로 나누면 훨씬 정답지 아니한가.

3.4 방언 기술의 한 방법

'길고 짧은 건 대보면 안다'는 말이 있다. 기준이 모호한 것의 정체는 상대되는 것과 비교하면 쉽게 그 정체를 알 수 있다는 지혜다.

언어의 정체를 파악하기란 쉽지 않다. 그래서 특정 언어의 기술(記述)은 다른 언어와 비교하여 기술하면 그 특정 언어를 이해하기 쉽다. 예를 들어 한국어 '난 널 사랑해, 넌 날 사랑해'와 영어 'I love you. You love me.'를 비교하면 쉽게 한국어의 어순이나 첨가어 특징이 쉽게 이해된다.

방언의 기술도 마찬가지다. 앞으로 경상도방언(울산방언)을 설명할 적에 표준어로 삼은 서울방언과 견주어 보는 경우가 많을 것이다.

4 울산방언

4.1 경상도방언과 울산방언

경상도방언은 현재의 부산광역시, 대구광역시, 울산광역시를 포함하여 경상남북도 지역의 방언이다.[5] 동과 남은 동해와 남해로 둘러싸여 있고 북과 서는 험준한 소백산맥으로 둘러싸여 있다.

현재는 경상남도 경상북도로 나뉘어 있지만 남도와 북도로 나눠진 것

5 경상도방언을 달리 영남방언, 동남방언이라고도 한다.

은 갑오경장(甲午更張) 직후인 1896년이니 삼국시대 이후의 세월만 봐도 갈린 지가 얼마 되지 않았고, 현재도 경상남도와 경상북도의 말은 서로 크게 다르지 않다. 다만 지역적으로 충청도나 전라도와의 교통이 좋은 일부 지역은 경상도방언의 특색이 다소간 희석되어 있다.

신라 1000년 동안 경주가 도읍지였기에 경주말이 한반도 전체에 가장 큰 영향력을 가졌으리란 것은 충분히 짐작된다. 오랜 세월 경상도방언의 중심은 물론 경주말이다.

경주와 인접한 울산은 신라 건국 이래 일천년을 같은 문화권이었고, 현재도 국도, 철도, 바닷길로 경주와 울산은 밀접한 두 지역이다. 그러나, 신라 멸망 이후 경주는 조선시대 고려시대에 이어 지금까지 한반도 최고의 명승지로 외지인이 많이 드나드는 곳인데 반해 울산은 1960년대 공업화로 외지인이 크게 유입되기 이전까지는 외부와는 크게 접촉할 만한 일 없는 농촌, 산촌, 어촌이라 신라어를 잘 보전해 왔으리라는 믿음이 간다.

울산방언이란 것이 독특하게 따로 있는 것은 아니다. 필자는 동부경남방언이라 하여 1960년대의 행정구역으로 울산군, 양산군, 동래군 지역을 두루 묶고 울산군 웅촌면의 방언을 핵으로 삼아 여러 편의 논문을 발표했었다. 그리고 2013년에는 이 동부경남방언을 <울산방언사전>에 묶어서 출간했다. 그렇게 된 것은 울산시에서의 간행 지원을 받은 것이기도 하고 <울산방언사전>의 중핵으로 삼은 지역 웅촌면이 울산직할시 울주군에 있어 그러기도 했다. 그러나, 여전히 이 내용은 동부경남방언이라 해야 옳다. 동부경남방언이라 묶어 연구할 때 얻어진 동일 언어권이란 확신 때문이다.

현대국어의 근간이 되는 것은 신라어이고 울산방언은 신라어의 후속어라 자부할 만한 것은 역사적 지리적 여건만으로도 충분히 그럴 수 있다. 그러나 울산은 1962년 특정공업지구로 지정될 당시 약 8만 5,000명이었던 인구가 외지인이 크게 유입하여 2024년 현재 약 110만 3,000명이다. 그 가운데 울산 본토박이는 20%가 채 되지 않는다.[6, 7]

4.2 울산방언의 뿌리 신라어

경주 문화권의 언어는 신라 천년 동안 한반도에서 가장 핵심적 언어였고 반도 전체에 미치는 영향력도 가장 강한 언어였다.

고려 초기 고려 도읍지 개성은 이렇다 할 것이 없는 신라의 변방이었던 송악현(송악군)시골의 한 큰 촌락에 불과한 곳이었다.[8] 이곳이 도읍지가 되면서 신라의 왕족을 비롯한 고관대작들이 대거 이곳에 몰려들었기 때문에 개성어는 신라어가 가장 유력한 언어가 되었고 그 후 고려가 멸망하기까지 개성어가 고려 영역에 미치는 가장 영향력 있는 언어였음은 의심할 바

---

6 울산광역시 인구
(전략) 울산시는 1962년 시로 승격될 당시만 해도 인구 8만 5,082명에 불과한 소도시였으나 특정공업지역으로 지정되어 급속한 공업화와 도시화를 이루면서 인구가 급증했다. 1970년 15만 9,340명, 1975년 25만 2,629명, 1980년 41만 8,415명, 1985년 55만 1,320명, 1990년 68만 2,978명, 1991년 72만 7,042명, 통합시를 이룬 1995년에는 96만 9,196명을 기록했다. 이후 1997년 울산광역시의 출범 이후, 인구는 100만 명을 넘어서 101만 3,070명이 되었으며 증가 추세가 지속되어 2010년에는 111만 5,138명을 기록했다. 2024년 인구수는 110만 3,402명이다. (후략) (인터넷 <다음백과>)

7 울산광역시 토박이 인구 비율
토박이 인구 비율을 정확히 산출하기는 어렵다. 결과에 많이 차이가 있지만 아래 (1), (2)가 참고된다.

(1) 울산은 전체 인구 116만명(2012년 말 기준) 가운데 토박이 비율이 20%가 채 안 되는 도시다. 1962년 우리나라 최초의 특정공업지구(공업단지)로 지정될 당시 약 8만5000명이었던 토박이는 현재 그 자녀까지 포함, 20만명 남짓이다. (<조선일보> 2013.01.16. 울산=김학찬 기자)

(2) 이 문서에서는 한 지역에 3대째 이상 살고 있는 본토박이들을 토박이라고 정의한다.(중략)

한국 최대의 공업도시인 울산광역시 역시 35~40%의 비율을 보여주는데 대기업에 근무하는 연구원, 생산직 노동자와 가족들이 많으며 부울경 치고는 사투리보다 표준어가 통하고 동남 방언의 특색이 옅은 지역이다. (인터넷 <나무위키> 토박이 2024-12-11)

8 한국정신문화연구원 (1991) "한국민족문화대백과사전" '개경' 참조

없다.[9] 고려 후의 조선은 도읍지가 한양이니 개성과 한양은 근거리로 두 지역은 같은 언어권으로 보아 무리가 없다. 이렇게 이어진 서울말은 그 뿌리가 경주 말로 소급된다.

조선 건국과 함께 도읍지가 된 한양은 개성과의 거리가 그리 멀지 않을 뿐더러 개성의 유력한 인물들이 이곳에 대거 정착하였으므로 개성어가 한양으로 옮겨 온 것이다. 그 후 조선 오백년간 한양어가 가장 전파력 강한 언어가 되어 오늘에 이른다.

한국어의 역사에서 신라어는 현재 한국어의 근간이 되는 언어임을 몇 가지 보기로 추정해 본다. 훈민정음 창제 이전은 신라어든 고려어든 분명

---

9 金富軾/辛鎬烈 譯解 (1978) <三國史記> 東西文化史. ‘敬順王’편에,

(전략) 왕(경순왕을 이름)은 백관을 거느리고 서울(오늘의 경주를 이름)에서 길을 떠나 우리 태조(왕건을 이름)에 귀순할 때 향차(香車) 보마(寶馬)가 30리 거리를 잇달아 호종하는 사람은 길을 메우고 구경군은 담과 같이 둘렀다. 우리 태조는 교외(郊外)에 나와 맞아 위로하고 대궐 동쪽의 갑제일구(甲第一區)를 주고 장녀 낙랑공주(樂浪公主)를 아내로 삼게 하였다. 12월, 전(前) 신라왕을 봉하여 정승공(正承公)을 삼으니 지위가 태자의 위에 있게 되고 1천석의 녹(祿)을 주고 시종(侍從) 원장(員將)들을 다 등용하고 신라를 경주(慶州)로 고쳐 공의 식읍(食邑)으로 만들었다. 처음 신라왕이 항복할 때에 태조는 매우 기뻐하여 후한 예로 대접하고 사람을 시켜 고하되 ‘이제 왕이 나라를 나에게 맡기시니 그 주심이 이보다 큰 것 없소. 원컨대 서로 혼인을 맺어서 구생(舅甥)의 정의를 영구히 하고자 합니다.’ 하니 왕의 대답이 ‘우리 백부 잡간지대야군사(匝干知大耶郡事) 억렴(億廉)의 딸이 있어 얼굴과 덕이 다 아름다우니 이가 아니고서는 내정(內廷)에 둘만한 규수가 없습니다.’ 하였다. 우리 태조는 맞아들여 아들을 낳으니 그가 바로 우리 현종(顯宗)의 아버지였다. 우리 경종(景宗)이 정승공(正承公)의 딸에게 장가들어 왕비로 맞아들이게 되자 정승공을 봉하여 상부령공(商父令公)이라 하였다. (후략)

(전략) 王率百寮. 發自王都. 香車寶馬. 連亘三十餘里. 道路塡咽. 觀者如堵. 太祖出郊迎勞. 賜宮東甲第一區. 以長女樂浪公主妻之. 十二月. 封爲正承公. 位在太子之上. 給祿一千石. 侍從員將皆錄用之. 改新羅爲慶州. 以爲正承公之食邑. 初新羅之請降也. 太祖甚喜. 旣待之以厚禮. 使告曰. 今王以國與寡人. 其爲賜大矣. 願結昏於宗室. 以永甥舅之好. 答曰. 我伯父億廉 匝干知大耶郡事. 其女子德容雙美. 非是無以備內政. 太祖遂取之生子. 是爲我顯宗之考. 至我景宗. 聘正承公女. 納爲王妃. 仍封正承公爲商父令公. (후략)

한 기록이 희귀하여 ①울산방언을 신라방언의 후속어, 중세 이전의 국어로 보고, ②훈민정음 직후의 기록을 중세 국어로 보고, ③오늘의 서울말(표준어)이 현대어니까 다음과 같은 흐름이 된다.

(5)	①		②		③
곱다[麗],	곱아	>	고ᄫᅡᆼ	>	고와
덥다[暑],	덥어	>	더ᄫᅥ	>	더워
칩다[寒].	칩어	>	추ᄫᅥ	>	추워

참고어원 네 겨집비 고ᄫᆞ니여 ≪월인석보 초(1459)≫
熱惱ᄂᆞᆫ 더ᄫᅥ 셜ᄫᅳᆯ 씨니 ≪월인석보 초(1459)≫
치ᄫᅥ 므리 어렛다가 ≪월인석보 초(1459)≫

이 변천에서 'ㅂ[b] > ㅸ[β] > 와/워의 첫소리[w]'를 확인할 수 있다. 신라어에서는 위아래 입술을 꼭 붙여 발음했던 [b]를 중세국어에서는 위아래 입술을 붙이는 듯 아닌 듯이 발음했던 [β]로 바뀌었고, 현대국어에서는 위아래 입술을 붙이지 아니하는 [w]로 바뀌었다. (3.5.1. ㅂ불규칙 용언의 규칙 경향 참조)

(6)	①		②		③
젓다[櫓],	젓′어	>	저ᅀᅥ	>	저어
부엌[廚].	부적′	>	부ᅀᅥᆨ	>	부엌

참고어원 내 ᄇᆡᄅᆞᆯ 딜어 저ᅀᅥ 가고져 ᄒᆞ노라 ≪두시언해 초(1481)≫
庖 브ᅀᅥᆨ 포 ≪훈몽자회 초(1527)≫

이 변천에서는 'ㅅ[s], ㅈ[c] > ㅿ[z] > 묵음'을 확인할 수 있다. 신라어에서는 [s], [c]이던 것이 중세국어에서는 [z]로 바뀌어 현대국어에서는 아예 묵음(黙音)이 되어버렸다. (3.5.2. 'ㅅ'불규칙 용언의 규칙 경향 참조)

이러한 국어의 변천을 국어사(國語史)에서 여럿 확인할 수 있다. 곧 국어의 옛말 흔적을 울산방언에서 많이 찾을 수 있다.

4.3 울산방언의 변화

울산방언이라 하여 아득한 옛날의 울산방언이 고스란히 그대로 오늘까지 이어진 것은 아니다. 방언은 이웃 방언끼리 영향을 주고받으며 변화하여 오늘에 이른 것이다.

A방언	B방언	C방언	D방언	E방언	울산방언	
↘	↘	↘	↘	↘	↓	1시대
	↘	↘	↘	↘	↓	2시대
		↘	↘	↘	↓	3시대
			↘	↘	↓	4시대
				↘	↓	5시대
					현대울산방언	현대

그렇게 보면 울산방언은 A방언, B방언, C방언, D방언, E방언의 영향을 받아 현대의 울산방언이 된 것이라 할 수 있다. 멀리 떨어진 방언의 영향은 가까운 방언의 것에 비해 덜 받았을 것이고, 방언에 따라 또는 어떤 사건에 따라 영향력이 큰 방언, 적은 방언도 있었을 것이다. 시대 별로 어떤 상황이 있었던가에 따라 영향을 많이 받기도 하고 적게 받기도 하였을 것이다.

이렇게 다른 방언의 영향이 울산방언 속에 쓰며들 때 그 당대 울산 사람은 이런 점은 울산방언이 아닌 다른 방언에서 들어온 요소란 것을 의식하였지만 다음 세대로 넘어가면서 그런 의식이 점차 흐려졌다가 언제부터인가는 그런 의식이 완전히 사라져 유입된 요소가 울산방언으로 흡수 융화돼 버린 것이리라. 그런 과거를 층층이 함축하고 있는 것이 오늘의 울산방언이다.

4.4 울산 말이면 다 울산방언

흔히 방언이라 하면 표준어와 견주어서 형태가 다른 그 지역의 말만을 그 지역 방언으로 생각한다. 지금까지의 방언연구들이 거의 그러하였다. 물론 표준어와 다르기 때문에 구분되어 그렇게 생각하기도 하겠지만 그러나 방언이라 하여 반드시 표준어와 다른 것은 아니다. 그 지역에서 쓰는 말이면 다 그 지역 방언이고, 울산방언권애서 쓰는 말이면 다 울산방언이다.

예를 들어 보자.

(7) 감[柿]. 꿀[蜜]. 배[梨]

(8) 때추 / 대추[棗]. 빰 / 밤[栗]. 꿀빰 / 도토리

(7)과 (8)은 다 울산에서 쓰고 있는 말이다. (7)은 표준어와 같아서 방언이 아니고 (8)은 표준어와 달라서 울산방언이라고 생각하기 쉽지만 다 울산방언이다. 다만 (7)은 현재의 표준어와 현재의 울산방언이 동일한 경우다. 그래서 울산사람이 쓰고 있는 말 (7)과 (8) 모두 울산방언이다.

(9) 같다[如]
많:다[多]

(10) 같아. 같아도. 같았다.
많:아. 많:아도. 많:았다.

(11) 같애. 같애도. 같앴다.
많:애. 많:애도. 많:앴다.

이 방언의 (9)는 표준어와 같아 보이지만 그 활용형 (10), (11)을 보면 다르다. 표준어의 활용형은 (10)이고 이 방언의 활용형은 (11)이다. 이와 같이 기본형만 보면 표준어와 동일한 방언으로 보이지만 더 깊이 파고들면 다르다는 사실도 알 수 있다.

(12) 배'우고[學]
바꾸'고[換]

(13) 배우어 → 배워. 배우어도 → 배워도. 배우었다 → 배웠다
바꾸어 → 바꿔. 바꾸어도 → 바꿔도. 바꾸었다 → 바꿨다.

(14) 배′우아 → 배′야. 배′우아도 → 배′야도. 배′우았다 → 배′았다
바꾸′아 → 바까″. 바꾸′아도 → 바까″도. 바꾸′았다 → 바깠″다

이 방언 (12)는 표준어와 같아 보이지만 그 활용형 (13), (14)를 보면 다르다. (13)은 표준어이고 (14)는 이 방언이다. 이 방언은 표준어 어미 '－어, －었－'을 취하지 않고 '－아, －았－'을 취하였고 활용과정에 어간말음 '우'가 생략되기도 하고 'ㅣ'모음 순행동화가 일어나기도 한다.

(15) 배′[梨]. 배[舟]. 배[復]. 배:(倍)

(16) 배′가HL　맛있다.[梨]
배가LL　물에 떴다.[舟]
배가LL　아푸다.[復]
배:가L:L　되는 수다.(倍)

(15)의 '배'는 다 울산방언인데 표준어와 동일한 것으로 보이지만 조금 깊이 생각해 보면 차이를 발견할 수 있다. (16)에서 보면 '배′[梨]가'는 HL조이고 '배[舟]가'와 '배[復]가'는 LL조이며 '배:(倍)가'는 L:L조이다. 이에 대해서는 아래의 '체언 음절 수별 고저장단'을 이해하면 분명히 알 수 있다.

(17) 지붕도. 지붕만. 지붕까지. 지붕이. 지붕은. 지붕을. 지붕에 …

(18) 지붕도. 지붕만. 지붕까지. 지붕키. 지붕큰. 지붕클. 지붕케 …

표준어 (17)과 이 방언 (18)의 '지붕[屋]'은 얼핏 같아 보이지만 모음조사 '－이, －은, －을, －에'를 붙여보면 달라진다. 아래 곧 (17′), (18′)이 바른 표기다.

(17′) 지붕도. 지붕만. 지붕까지. 지붕이. 지붕은. 지붕을. 지붕에 …

(18′) 지붉도. 지붉만. 지붉까지. 지붉이. 지붉은. 지붉을. 지붉에 …

이 방언은 '지붕'이 아닌 '지붉'이다.

이상 몇 가지 예를 통해 울산방언의 범위를 '울산 언어대중이 써 왔고, 현재 쓰고 있는 말이면 다 울산방언이다'고 할 수 있다. 그 가운데는 표준어나 다른 방언과 형태가 동일한 것이 있을 수도 있는데 그것은 울산방언과 표준어, 울산방언과 다른 방언이 일치한 경우다. 울산방언의 형태를 보아 얼핏 표준어나 다른 방언과 같을 수 있다 해도 세부적인 특징을 살펴보면 울산방언 특유의 특징을 발견할 수도 있다.

4.5 울산방언의 어원

울산방언의 어원(語源)을 크게 네 갈래로 나누어 볼 수 있다. 다른 각도에서 다시 울산방언과 표준어를 비교해 살펴보기로 한다.

(19) 철:기 / 잠자리[蛉]
훌찌'이 / 쟁기[犁]
까래'비고 / 할퀴고[抓]
다말'고 / 달리고[走]
시부'리고 / (쓸데없이 함부로) 지껄이고
째'비고 / 꼬집고[揸]
개작'다 / 가깝다[近]
이'얗다 / 사납다[猛]

(19)는 표준어의 어원과 이 방언의 어원이 다르기 때문에 바로 표준어와 다른 방언을 알게 된다. 이러한 말들을 가장 쉽게 방언이라고 규정했었던 어휘들이다.

(20) 도'매 / 도마[俎]
멜때기 / 며뚜기[蝗]
깐:채이 / 까:치[鵲]
소구'리 / 소쿠리[簞]
입수'부'리 / 입술[脣]
맹글'고 / 만들고[造]

끓'이고 / 끓이고[使沸]
꺼실'고 / 그을고[黔]
기'찮'다 / 귀찮다(貴－)
찹다 / 차다[冷]

(20)은 들으면 차이를 알게 되고 직감적으로 그 어원이 같을 것이라고 판단된다. 표준어와의 차이 때문에 역시 바로 방언이라고 규정했었다.

(21) 낮 / 낮[晝]
밥 / 밥[飯]
바꾸'고 / 바꾸고[煥]
멀:다 / 멀다[遠]
맑'다 / 맑다[淸]

(21)은 방언과 표준어의 차이를 쉽게 판단할 수 없어 방언의 범주에 넣지 않았던 어휘들이다. 그러나 곡용이나 활용의 쓰임을 깊이 알고 보면 표준어와는 확연히 다르다. 이들에 대한 곡용과 활용을 앞으로 하나하나 만나게 될 텐데 표준어와는 많은 차이가 있음을 알게 된다. 그러나 그 곡용과 활용의 차이들에 주목하지 않았던 종전의 방언연구에서는 이들을 방언의 범주에 넣지 않았었다.

(22) 입 / 입[口]
코 / 코[鼻]
하'늘 / 하늘[天]
나 / 나[我]
열 / 열[十]
열:고 / 열:고[開]
닫'고 / 닫고[閉]
적:다 / 적:다[少]

(22)처럼 운소만 제외하면 음소나 형태가 완전히 일치하여 동일 어원의 낱말이라 판단된다. 이러한 낱말들은 종전의 방언 연구에서는 완전히 연구대상에서 배제하였었다.

이와 같이 울산방언의 어원을 크게 네 갈레로 나누어 보았다. 여기 중요한 것은 방언은 반드시 표준어와 달라야 한다는 것은 잘못된 기준이다. 방언 중에는 표준어와 어원이 달라 완전히 다른 형태의 것도 있고, 어원은 같으나 각기 다른 변화를 거쳐 비슷한 형태의 것도 있고, 기본형태만으로는 차이를 파악하기 어려우나 곡용과 활용을 보아 차이가 있는 것도 있고, 표준어와 완전히 같은 것도 있다는 사실로 보면 위의 (19)-(22) 모두 울산방언의 범주에 넣어야 한다.

5 울산방언의 음운체계

울산방언의 음소체계는 자음체계와 모음체계로 나누어 살피고, 운소체계는 따로 떼어 살펴보기로 한다.

5.1 울산방언의 자음체계

이 방언 자음체계는 / p. p'. pʰ. m. t. (ʔ). t'. tʰ. n. l. c. c'. cʰ. s. k. k'. kʰ. ŋ. h / (ㅂ. ㅃ. ㅍ. ㅁ. ㄷ. (ㅅ). ㄸ. ㅌ. ㄴ. ㄹ. ㅈ. ㅉ. ㅊ. ㅅ. ㄱ. ㄲ. ㅋ. ㅇ. ㅎ)의 19개 자음으로 구성된다.

p	t(ʔ)	c	k		ㅂ	ㄷ(ㅅ)	ㅈ	ㄱ	
p'	t'	c'	k'		ㅃ	ㄸ	ㅉ	ㄲ	
pʰ	tʰ	cʰ	kʰ		ㅍ	ㅌ	ㅊ	ㅋ	
		s		h			ㅅ		ㅎ
m	n		ŋ		ㅁ	ㄴ		ㅇ	
	l					ㄹ			

		양순음	치조음	구개음	연구개음	후 음
폐쇄음	평음	ㅂ	ㄷ(ㅅ)		ㄱ	
	경음	ㅃ	ㄸ		ㄲ	
	격음	ㅍ	ㅌ		ㅋ	
파찰음	평음			ㅈ		
	경음			ㅉ		
	격음			ㅊ		
마찰음	평음			ㅅ		ㅎ
비 음		ㅁ	ㄴ		ㅇ	
유 음			ㄹ			

울산방언의 자음체계는 표준어의 자음체계와 크게 다르지 않고, 딱 한 가지 차이는 이 방언 마찰음에 경음 'ㅆ'이 'ㅅ'에 중화(中和)되어 없다는 점이다. 흔히들 경상도 사람은 '살[肉]'과 '쌀[米]'을 구별 못한다고 하는 그것이다.

(23) 사락눈 / 싸락눈
사래기 / 싸라기
사리 / 싸리(싸리나무)
사우고 / 싸우고[鬪]
사움 / 싸움[鬪]
삭 / 싹[芽]
살 / 쌀[米]
상고 / 쌓고[積]
소가리 / 쏘가리[鱖]
시 / 씨[種]
시고 / 쓰고[書·用·帽]
시다 / 쓰다[苦]
시래기 / 쓰레기[塵]
시름 / 씨름[撲]
시 / 씨[種]
실고 / 쓸고[掃]

십다 / 쓰다[苦]
쉬고 / 씻고[洗]
싦고 / 씹고[嚼]

(23)의 'ㅆ'을 'ㅅ'으로 발음한다.

치조음의 '?'에 대해서 설명해 두기로 한다. 다음 (24)를 살펴보자.

(24) ① 닫고[閉]. 닫게. 닫지. 닫아. 닫아도. 닫았다
② 웃고[笑]. 웃게. 웃지. 웃어. 웃어도. 웃었다
③ 짓고[作]. 짓게. 짓지. 지어. 지어도. 지었다

①'닫고'의 'ㄷ'은 자음어미 앞에서나 모음어미 앞에서 제 음가 [ㄷ]이 발음된다.

②'웃고'의 'ㅅ'은 자음어미 앞에서는 [ㄷ]으로 발음되나 모음어미 앞에서는 제 음가 [ㅅ]이 발음된다.

③'짓고'의 'ㅅ'은 자음어미 앞에서도 모음어미 앞에서도 제 음가 [ㅅ]으로 발음되지 않는다.

'짓고'의 'ㅅ'과 같이 어느 경우에도 제 음가 [ㅅ]으로 발휘되지 못하는 자음을 편의상 '(ㅅ)(?)'으로 표기해 두었다.

5.2 울산방언의 모음체계

모음은 단모음(單母音)과 이중모음(二重母音)으로 구분하는데 단모음이란 소리를 낼 때에 입술 모양과 혀의 위치가 바뀌지 않아 처음부터 끝까지 같은 소리의 모음이고, 이중모음이란 소리를 내는 도중에 입술 모양과 혀의 위치가 달라져 소리의 처음과 끝이 달라지는 모음이다.

이 방언의 모음은 특이한 점이 많다. 이해를 돕기 위해 표준어와 견주어서 설명하기로 한다.

5.2.1 단모음 체계

표준어의 단모음은 다음과 같은 8(10)개다.

ㅣ (ㅟ)　ㅡ (ㅜ)
ㅔ (ㅚ)　ㅓ (ㅗ)
ㅐ　　　ㅏ

맨 아래 모음 'ㅐ, ㅏ'는 입을 가장 많이 벌려 내는 모음(개모음(開母音)) 이고, 맨 위의 모음 'ㅣ, (ㅟ), ㅡ, (ㅜ)'는 윗니와 아랫니가 거의 맞닿게 입을 덜 벌려 내는 모음(폐모음(閉母音))이며, 가운데 모음 'ㅔ, (ㅚ), ㅓ, (ㅗ)'는 입을 벌린 상태가 상대적으로 그 중간이 되는 모음(중모음(中母音)) 이다.

앞쪽의 모음 'ㅣ, ㅔ, ㅐ, (ㅟ), (ㅚ)'는 혀의 앞쪽이 약간 들리는 듯 혀끝이 긴장하여 내는 모음(전설모음(前舌母音))이고, 뒤쪽의 모음 'ㅡ, ㅓ, ㅏ, (ㅜ). (ㅗ)'는 혀의 뒤쪽이 약간 들리는 듯 혀의 뒷부분이 긴장하여 내는 모음(후설모음(後舌母音))이다.

괄호 안의 모음 '(ㅟ), (ㅜ), (ㅚ), (ㅗ)'는 입술을 둥글게 오므려 내는 모음(원순모음(圓脣母音))이고, 괄호로 묶지 않은 나머지 모음 'ㅣ, ㅡ, ㅔ, ㅓ, ㅐ, ㅏ'는 입술을 오므리지 않고 내는 모음(평순모음(平脣母音))이다.

이 가운데 (ㅟ)와 (ㅚ)는 경우에 따라 단모음이고, 경우에 따라 이중모음이어서 단모음체계에서 제외하기도 한다. 그래서 표준의 단모음은 10개 또는 8개라고 8(10)개라 적었다.[10]

이 방언의 단모음은 다음과 같은 6개다.

---

10 '표준어규정'의 제2부 표준 발음법 제2장 자음과 모음
제3항 표준어의 모음은 다음의 21개로 한다.
ㅏ ㅐ ㅑ ㅒ ㅓ ㅔ ㅕ ㅖ ㅗ ㅘ ㅙ ㅚ ㅛ ㅜ ㅝ ㅞ ㅟ ㅠ ㅡ ㅢ ㅣ
제4항 'ㅏ ㅐ ㅓ ㅔ ㅗ ㅚ ㅜ ㅟ ㅡ ㅣ'는 단모음(單母音)으로 발음한다.
[붙임] 'ㅚ, ㅟ'는 이중모음으로도 발음할 수 있다.
제5항 'ㅑ ㅒ ㅕ ㅖ ㅘ ㅙ ㅛ ㅝ ㅞ ㅠ ㅢ'는 이중모음으로 발음한다.

ㅣ　　　(ㅜ)

ㅡ/ㅓ

ㅔ/ㅐ　　　(ㅗ)

ㅏ

표준어의 'ㅟ, ㅚ'는 이중모음으로 발음되니 단모음에서 아예 제외되고, 'ㅡ'와 'ㅓ'는 중화(中和)되어 구분할 수 없고, 'ㅔ'와 'ㅐ'도 중화되어 구분할 수 없어 결국 6개의 단모음이 된다.

(1) 'ㅡ ~ ㅓ'의 중화

(25) 끄고　끄지　꺼서　꺼야
뜨고　뜨지　떠서　떠야
쓰고　쓰지　써서　써야

(25)의 '끄~꺼, 뜨~떠, 쓰~써'는 발음으로도 듣기로도 구분할 수 없다.

(26) 늘고[增] / 널고[布]
들고[擧] / 덜고[減]
쓸고[掃] / 썰고[切]
틀고[捻] / 털고[拂]
그리고[非] / 거리고[濾]
느리고[遲] / 너르고[廣]

(26)의 'ㅡ~ㅓ'는 발음으로도 듣기로도 구분할 수 없다.

(27) 득수~덕수(인명)
승희~성희(인명)
승근이~성건이(인명)
승철이~성철이(인명)

(27) 인명의 'ㅡ~ㅓ'는 발음으로도 듣기로도 정확하지 않다.

(28) 거듭~*거덥~*그덥~*그듭

그늘~*거늘~*그널~*거널
그루~*거루
그믐~*거멈~*그멈~*거믐
긍정(肯定)~*겅정~*겅증~*긍증
끝~*껕
덩어리~*등어리~*덩으리~*등으리
등불(燈-)~*덩불
등산(登山)~*덩산
머슴~*머섬~*므섬~*므슴
증정(贈呈)~*정정~*정증~*증증
처렁처렁~*츠렁츠렁~*츠릉츠릉
흥건하다~*헝근하다~*헝건하다~*흥근하다
푸른 하늘 은하수(銀河水) ~ *푸런 하널 언하수

(28)의 'ㅡ~ㅓ'는 발음으로도 듣기로도 정확하지 않다.

(2) 'ㅐ~ㅔ'의 중화

(29) 개[犬] / 게[蟹]
내[我] / 네[汝]
때[時] / 떼[群]
새[新] / 세[三]
샘[泉] / 셈[算]
재[嶺] / 제(第)
채(단위) / 체[篩]
태(胎) / 테(테두리)

(29)의 'ㅐ~ㅔ'는 발음으로도 듣기로도 구분할 수 없다.

(30) 가게~*가개
기지개~*기지게
동태(凍太)~*동테
메마르다~*매마르다

무지개~*무지게
베개~*베게
수제비~*수재'비
지게~*지개
찌개~*찌게
테두리~*태두리
개미~*게미
헤매다~*해메다~*헤메다~*해매다

(30)의 'ㅐ~ㅔ'는 발음으로도 듣기로도 정확하지 않다.

5.2.2 이중모음 체계

표준어의 이중모음은 다음과 같은 11(13)개다.

ㅑ ㅒ ㅕ ㅖ ㅘ ㅙ (ㅚ) ㅛ ㅝ ㅞ (ㅟ) ㅠ ㅢ

이 방언의 이중모음은 다음과 같은 10개다.

ㅑ ㅒ/ㅖ ㅕ ㅘ ㅙ/ㅚ/ㅞ ㅛ ㅝ ㅟ ㅠ ㅢ

'ㅒ'와 'ㅖ'는 중화되어 구분할 수 없고, 'ㅚ'와 'ㅞ'와 'ㅙ'도 중화되어 구분할 수 없다.

(1) 'ㅒ~ㅖ'의 중화

(31) 예절(禮節)~*얘절
예물(禮物)~*얘물
얘(이 아이)~*예
예(대답)~*얘

(31)의 'ㅒ~ㅖ'는 발음으로도 듣기로도 구분할 수 없다.

(2) 'ㅙ~ㅚ~ㅞ'의 중화

(32) 왜국(倭國)~외국(外國)~*웨국

(32)의 'ㅙ~ㅚ~ㅞ'는 발음으로도 듣기로도 구분할 수 없다.

(33) 외가집(外家－)~*왜가집~*웨가집
외상(外上)~*왜상~*웨상
왜~*외~*웨

(33)의 'ㅙ~ㅚ~ㅞ'는 발음으로도 듣기로도 구분할 수 없다.

이 방언 모음체계는 표준어의 모음체계에 비해 매우 단조로운 것이 특징이다.

6 울산방언의 운소체계

울산방언 운소체계의 이해를 돕기 위해 먼저 표준어의 운소체계와 우리가 흔히 접하는 외국어 영어, 중국어, 일어의 운소체계를 먼저 간략하게 살펴보기로 한다.

6.1 표준어의 운소

표준어의 운소는 장단(長短)이다. 짧게 발음하느냐 길게 발음하느냐에 따라 뜻이 다르다. 이것은 고유어에도 해당되고 한자어에도 해당된다. 표준어사전에도 장단 표기(:)가 있다.

■ **고유어**

(34) 눈[眼] / 눈:[雪]
말[馬] / 말:[言]
발[足] / 발:[簾]

내[我] / 내:[川]
밤[夜] / 밤:[栗]
솔[松] / 솔:[刷]
줄[線] / 줄:[鑢]
눈길[視] / 눈:길[雪]
굽다[曲] / 굽:다[炙]
묻다[埋] / 묻:다[問]

■ 한자어

(35) 간(間) / 간:(肝)
방(房) / 방:(榜)
선(線) / 선:(禪)
성(城) / 성:(性)
창(窓) / 창:(唱)
항(港) / 항:(項)

(36) 과거(科擧) / 과:거(過去)
무학(無學) / 무:학(舞鶴)
부자(父子) / 부:자(富者)
사과(沙果) / 사:과(謝過)
사색(思索) / 사:색(死色)
사실(史實) / 사:실(事實)
사전(辭典) / 사:전(事前)
사주(社主) / 사:주(四柱 · 使嗾)
상처(傷處) / 상:처(喪妻)
선물(先物) / 선:물(膳物)
의사(醫師) / 의:사(意思 · 義士)
성인(成人) / 성:인(聖人)
장인(匠人 · 掌印) / 장:인(丈人)
파장(波長) / 파:장(罷場)

(37) 고가(高價)[고까] / 고: 가(古歌)[고: 가]
성적(成績)[성적] / 성: 적(性的)[성: 쩍]

광기(狂氣)[광끼] / 광: 기(光氣)[광: 기]
장기(長技)[장끼] / 장: 기(將棋)[장: 기]

■ 고유어와 한자어

(38) 김(金) / 김:[苔 · 氣](잡초)
간(짠맛) / 간: (肝)
배[舟 · 腹 · 梨] / 배: (倍)
벌(罰) / 벌:[蜂 · 野]
실패(失敗) / 실: 패
우주(－酒) / 우 : 주(宇宙)
이[齒 · 蝨] / 이: (二)
종(鐘) / 종: [奴]
한[一] / 한: (限)
호박(琥珀) / 호:박[瓠]

■ 용언의 활용형

(39) 별장을 하나 사시죠.[買] / 그리고 거기 사:시죠.[住]
물건을 많이 산다.[買] / 사람에 많이 산:다.[住]
이것을 살 거야.[買] / 여기서 살:거야.[住]
집에 갑니다.[去] / 낫을 갑:니다.[摩]

표준어에도 고저(高低)의 차이가 분명 있기는 있지만 표준어에서는 고저를 인정하지 않는다. 따라서 어느 국어사전에도 고저는 표기하지 않았다.

(40) 배[梨]H / 배[腹]L
가지[枝]HH/가지[茄]LH

(41) 겨울을 난다.LL[過]
하늘을 난다.HL[飛]

연을 날린다.HLL[使飛]
연이 날린다.LH:L[被飛]

보물을 보인다.HLL[使見]

보물이 보인다.LH:L[被見]

(42) 관리(官吏)HL / 관리(管理)LL ~ LH
사전(辭典)HL / 사전(私田)HH ~ LL
정부(情夫)HL / 정부(政府)HH ~ LL
의사(醫師)HL / 의사(意思)L:L

6.2 다른 나라 말의 운소

표준어의 운소, 울산방언의 운소를 보다 정확히 이해하기 위해 영어, 중국어, 일본어의 운소에 대해 간략히 살펴보기로 한다.

6.2.1 영어의 운소

영어의 운소는 악센트와 음장(音長)이다. 철자가 같아도 어느 음절에 악센트가 있느냐에 따라 뜻이 변별되고 품사가 다르기도 하다.

(43) present [préznt] 명 선물 / present [prizént] 동 출석하다
project [prɑ́dʒekt] 명 기획 / project [prədʒékt] 동 기획하다
content [kɑ́ntent] 명 내용물 / content [kəntént] 형 만족하는
desert [dézərt] 명 사막 / desert [dizə́:rt] 동 버리다

음장도 중요한 운소이긴 하나 음장 유무의 대립어는 거의 없다

(44) bar [ba:r] 술집. 막대
beach [bi:ʧ] 해변. 해수욕장
long [lɔ:ŋ] 긴. 오랜
move [mu:v] 움직이다
need [ni:d] 해야 한다

악센트와 음장이 한 음절에 있는 경우도 있다. (이에 대해서는 1.1.5 참조)

(45) bamboo [bæmbúː] 대
beautiful [bjúːtəfəl] 아름다운
believe [bilíːv] 생각하다. 믿다
border [bɔ́ːrdər] 국경. 경계
boring [bɔ́ːriŋ] 지루한. 따분한

6.2.2 중국어의 운소

중국어의 운소는 성조(聲調)다. 성조는 1성, 2성, 3성, 4성의 네 가지다. 성조에 따라 뜻이 변별되고 품사도 달라진다.

(46) 妈[mā]1성 엄마 / 麻[má]2성 참깨 / 马[mǎ]3성 말 / 骂[mà]4성 꾸짖다
低[dī]1성 낮다 / 笛[dí]2성 피리 / 底[dǐ]3성 밑 / 地[dì]4성 바닥
烧[shāo]1성 태우다 / 勺[sháo]2성 국자 / 少[shǎo]3성 적다 / 绍[shào]4성 이어받다
搭[dā]1성 걸다 / 达[dá]2성 통하다 / 打[dǎ]3성 때리다 / 大[dà]4성 크다
吃[chī]1성 먹다 / 迟[chí]2성 느리다 / 尺[chǐ]3성 자 / 叱[chì]4성 꾸짖다

6.2.3 일본어의 운소

일본어의 운소는 악센트와 음장이다. 어느 음절에 악센트가 있느냐에 따라 뜻이 변별된다. 일본어 악센트는 울산방언의 고조(高調)와 흡사하다.

(47) あ'め[雨] / あめ'[飴]
い'く[生] / いく'[行]
う'る[得] / うる'[売]
か'み[神·上] / かみ'[髪·紙]
か'め[亀] / かめ'[瓶·甕]
さ'け[鮭] / さけ'[酒]

す'み[隅·角] / すみ'[墨·炭]
た'び[足袋] / たび'[旅]
は'し[箸] / はし'[橋]
ま'つ[末] / まつ'[松]

음장은 히라가나에서는 같은 계열의 음을 반복해서 쓰고, 가타가나의 경우는 '一'로 표시한다.

(48) おかあさん かーあ (어머니)
おじいさん じーい (할아버지)
ゆうめい ゆーう (有名)
ねえさん ねーえ (누님)
おおきい おーお (큰)
ニューヨーク [New York]
コーヒー [coffee]

6.3 울산방언의 운소체계

울산방언의 운소는 고저(高低)도 변별적 기능을 하여 고조(高調)와 저조(低調)의 두 가지가 있어 2단 조직이며, 장단(長短)도 변별적 기능을 하여 장조(長調)와 단조(短調)의 두 가지가 있어 이것 또한 2단 조직이다. 이들 고저와 장단의 2가지씩 조직은 결국 고장조(高長調), 고단조(高短調), 저장조(低長調), 저단조(低短調)의 네 가지 운소를 갖추게 된다.

이밖에 고조와 저조의 복합 곧 처음이 높고 끝이 낮은 고저복합조(高低複合調)와 저조와 고조의 복합 곧 처음이 낮고 끝이 높은 저고복합조(低高複合調)의 두 가지 복합조를 더 설정할 수도 있다. 이들 복합조도 장조이기 때문에 각각 고장조와 저장조에 포함시킬 수 있다.

6.3.1 고저장단 표기

필자의 이 방언 관련 논저에서 이들 운소는 각각 다음과 같은 기호를 썼다. 연구하는 과정, 출판하는 과정에서 고저장단 기호 설정을 고민하다 여러 가지 기호를 쓰게 되었다.

(49) 고장조(高長調) H:= ▲ = ″
고단조(高短調) H = △ = ′
저장조(低長調) L:= ▼ = :
저단조(低短調) L = 무표 = 무표

(50) 가H: 가▲ 가″
가H 가△ 가′
가L: 가▼ 가:
가L 가 가

곧 '가'소리가 고장조라면 '가H:' 또는 '가▲' 또는 '가″'의 셋 중 어느 한 방법으로 표시했다.

다음 '뮀나?(먹었니?)'를 예로 보자. 첫째 음절 '뮀'은 고장조이고, 둘째 음절 '나'는 저단조이다. 그러면 '뮀나H:L / 뮀▲나 / 뮀″나'의 어느 한 방법으로 표기하게 된다.

(51) 밥 뮀나H:L?
밥 뮀▲나?
밥 뮀″나?

이 책에서는 출판의 편의상 '″, ′, :, 무표'를 쓰기로 한다. 독자는 이 운소표기에 유의하기 바란다.

고저 / 장단	장	단
고	고장조 = H:조 = ″	고단조 = H조 = ′
저	저장조 = L:조 = :	저단조 = L조 = 무표

고저복합 Hl = ^ 저고복합 Lh = ˇ

6.3.2 운소별 단어 보기

고장조, 고단조, 저장조, 저단조로 뜻이 변별되는 단어의 보기를 보면 다음과 같다.

(52) 새″가[間]. 새′가[억새]. 새:가[鳥]. 새가[舌]
대″고[觸·駐]. 대′고[爲]. 대:고[苦·堅]. 대고[升]

운소 차이는 동일한 음소의 낱말을 견주어 보면 더 명확하게 알 수 있다. 위의 (52) 운소 차이를 좀 더 알아보기 위해서 같은 조사 같은 어미가 붙은 문장 속의 단어를 보면 다음과 같다.

(53) <u>새″가</u> 벌어졌다. H:L [間]
<u>새′가</u> 많아야 집 이운다. HL [억새]
<u>새:가</u> 난다. L:L [鳥]
<u>새가</u> 짜리다(짧-). LL [舌]

(54) 손을 <u>대″고</u> 만치(만져) 바라(봐-). H:L [觸]
일이 잘 <u>대′고</u> 나머(-면) 돈 죽게(-ㄹ게). HL [爲]
일은 <u>대:고</u>, 몸도 아푸다(아프-). L:L [苦]
콩도 말로 <u>대고</u> 폳도(팥-) 말로 댄다. LL [升]

1음절 낱말에서 대비되는 보기 몇을 들면 다음과 같다.

H:L ;	HL ;	L:L ;	LL ;	hlL ;	lhL
	말′이	말:이	말이		말^이
	[馬]	[言]	[升]		[村]
새″가	새′가	새:가	새가		
[間]	[芒]	[鳥]	[舌]		
	배′가	배:가	배가		
	[梨]	(倍)	[舟·腹·布]		
감″이		감:이			감^이
(高喊)		[柿]			[料]
		담:이	담이	담ᵛ이	

		(膽)	[墻]	[次]
벌″이		벌:이	벌이	
[稼]		[蜂]	(罰)	
대″고	대′고	대:고	대고	
[接]	[爲]	[硬·苦]	[升]	

위의 보기로 울산방언은 고저(高低)와 장단(長短) 모두가 변별적(辨別的)임을 확인할 수 있다. 그러므로 울산방언의 운소체계는 고장조(高長調), 고단조(高短調), 저장조(低長調), 저단조(低短調)의 넷을 갖춘 체계라는 사실도 확인할 수 있다.

6.4 운소의 습득

외국어를 습득하기란 쉬운 일이 아니다. 영어든 중국어든 외국어 하나를 자신의 모국어(母國語)처럼 구사할 정도로 배우려면 얼마나 많은 노력을 해야 하는지 우리는 경험으로 잘 알고 있다. 특히 한국어가 모국어인 사람에게 영어의 악센트를 정확히 안다, 중국어의 성조를 정확히 안다 정도의 영어 또는 중국어 공부란 거의 불가능한 수준이다. 악센트든 성조든 운소를 정확하게 익히기가 어렵기 때문이다.

그러나 영어를 모어(母語)로 자란 사람에게는 영어의 악센트가 자연스럽고, 중국어를 모어로 자란 사람에게는 중국어의 성조가 자연스럽다. 이렇게 모어로 습득된 운소가 자연스럽다.

방언의 운소도 그렇다. 경상도방언이 모어인 사람에게는 경상도방언의 운소가 아무런 어려움 없이 자연스러운데, 경상도방언 아닌 방언이 모어인 사람에게는 경상도방언의 운소를 습득하기란 매우 어려워 어쩌면 평생을 노력해도 정확한 경상도방언의 운소를 배우지 못할 수도 있다.

이런 실례는 경상도방언권에서 흔하게 볼 수 있다. 시장에서 어느 부인이 경상도방언 말투로 '할매요 이거 얼맹교?' 물건을 사려고 건네는 이 짧은 말만으로도 저 부인은 경상도방언이 모어인가 아닌가를 바로 판단할 수 있다. 그 말의 운소로 알 수 있는 거다.

그 반대도 마찬가지다. 경상도방언이 모어인 사람은 경상도방언권 바깥의 방언권에 가서도 자신의 경상도방언 운소를 쉽게 버릴 수 없다. 서울에서 수십 년 산 사람의 몇 마디 말투에서 저 사람은 경상도 사람이란 걸 쉽게 알아낼 수 있는 것도 경상도방언 운소 때문이다.

모어가 아닌 말의 운소는 노력해서 배우기도 어렵고, 자신의 모어의 운소는 버리려도 버리기가 어려운 신비한 존재다.

2

경상도방언의 고저장단

이 장에서는 경상도방언의 첫째 특징이라 할 수 있는 고저장단에 대해 살펴보기로 한다.

한평생 경상도방언을 말하고 들으며 살아온 사람이라도 경상도방언에 내재된 운소체계를 알기란 쉽지 않다. 특별히 언어에 대한 지식으로 운소를 인식하고 분석하는 능력을 갖추지 못하면 불가능하다. 더러 '경상도방언은 억세다'라는 말을 들어도 무엇 때문에 '억세다'고 하는지 구체적으로는 모른다. 모르는 게 자연스럽고 정상이다.

앞서 음소와 운소가 무엇인지 알아보았고, 경상도방언의 운소체계는 고저(高低) 2단, 장단(長短) 2단이 변별적 기능을 하는 체계란 것을 이해하였다. 그 체계에는 고장조(高長調), 고단조(高短調), 저장조(低長調), 저단조(低短調)의 운소를 갖춘다는 것도 이해하였다. 그것으로 고저장단 분석의 준비는 되었다.

이상의 준비로 체언(體言), 용언(用言)을 비롯해 고저장단형 전체를 살펴보도록 한다.

1 경상도방언의 고저장단

1.1 경상도방언 고저장단의 이해

경상도방언 고저장단을 심층적으로 이해하기 위해 먼저 고장조(高長調), 고단조(高短調)를, 다음에 저장조(低長調), 저단조(低短調)를 재확인하고 그 다음으로 이러한 운소가 혼합된 보기들을 익히도록 한다. 그러는 가운데 이 방언 고저장단의 규칙과 변동의 대강을 알게 될 것으로 기대한다.

1.1.1 고단조와 저단조의 이해

(1) 할'매'요, 할'배'요

(1)의 간단한 호칭을 정확히 하려면 HHL조가 정확해야 한다. 그렇지 않고 LHL조, HLL조 등으로 부르면 이 방언 토박이로 여기지 않는다. 바르게 HHL라 몇 번 불러 보면 높고(H), 낮음(L)을 파악하게 된다.

(2) 아'지매, 아'지매요

(2)는 위와는 다르다. 반드시 HLL조, HLLL조여야 한다. 이와 달리 HHL조, HHLL조 등으로 부르면 역시 이 방언 토박이가 아님이 드러난다.

(3) ① 피가 난다.[血]
② 피'가 많다.[稷]

①'피[血]L'의 저단조와 ②'피'[稷]H'의 고단조 차이를 분명히 해야 한다.

(4) ① 배가 아푸다(아프－).[腹]
② 배'가 맛있다.[梨]

①'배[腹]'의 저단조와 ②'배'[梨]'의 고단조의 차이를 구분할 수 있어야 한다.

(5) ① 그 안에 돈 들어 있다.[入]
② 무겁운지(무거우－) 함 들'어 바라(봐라).[擧]

①'들－[入]'의 저단조와 ②'들'－[擧]'의 고단조의 차이를 구분할 수 있어야 한다.

(6) ① 겨울을 난다.[過]
② 하늘을 난'다.[飛]

이제 ①'난다[過]LL'와 ②'난'다[飛]HL'의 차이를 알게 되어야 한다.

(7) ① 국기 달자. 국기 달았나? 국기 달았다.[揭]
② 무게 달'자. 무게 달'았나? 무게 달'았다.[測]

(8) 달－[縣]와 달'－[測]
달아 달'아
달아도 달'아도
달았다 달'았다
달았나 달았'나

(7)과 (8)의 ①'달－[縣]'의 저단조와 ②'달'－[測]'의 고단조의 차이를 구분할 수 있어야 한다.

(9) 기'러'기[雁]와 오'빼미[梟]
① 기'러'기는 낮에 난다.[雁]
② 오'빼미는 밤에 난다.[梟]

①'기'러'기[雁]HHL'와 ②'오'빼미[梟]HLL'의 차이를 구분해야 한다.

(10) 묵'자, 묵'나, 묵겠'다, 묵겠'나
밥 묵'자.
밥 묵'나?
밥 묵겠'다.
밥 묵겠'나?

(10)의 '묵'자, 묵'나, 묵겠'다, 묵겠'나'에서 HL, HL, LHL, LHL조이어야 하는데 앞의 두 HL조에 유추되어 '묵겠다, 묵겠나'를 HLL로 하면 이 방언이 아니다. 이런 변동이 자연스럽지 않은 엉터리 경상도방언을 영화나 방송의 경상도사람 배역의 대화에서 자주 듣게 된다. 매우 부자연스럽다. 이런 변동이 어렵다.

위의 몇 가지 보기를 분석해 보면 고조(高調)와 저조(低調)의 존재를 확인하게 된다. 이들은 고조, 저조이면서 길게는 발음하지 않기 때문에 정확히는 높고 짧은 고단조(高短調)와 낮고 짧은 저단조(低短調)다. 각 음절마다에 운소가 있어 그 운소의 위치가 바뀌면 이 방언의 느낌에서 멀어진다는 점에 유의할 일이다. 고저의 존재를 확인하였으면 다음의 것도 구분할 수 있을 것이다.

1.1.2 고장조와 저장조의 이해

(11) ① 나는 눈이 좋다.[眼]
② 나는 눈:이 좋다.[雪]

①은 '내 시력(視力)이 좋다'이기에 '눈'은 저단조이고, ②는 '눈:[雪]을 좋아한다'이기에 저장조이다. 공통점은 저조(低調)이고 차이점은 장단(長短)이다.

(12) ① 딸하고 아'들이 다 모있다(모였-).[子]
② 동네 아"들이 다 모있다(모였-).(아이들)

①'아'들[子]'의 '아''는 높고 짧은 고단조이고, ②'아"들(아이들)'의 '아"'는 높고 긴 고장조로 구분된다. 공통점 고조와 차이점 장단을 이해해야 한다.

(13) ① 새"가 벌어졌다.[隔]
② 새:가 난다.[鳥]

(13)의 '새'는 모두 긴 장조(長調)다. 그 중 ①'새"[隔]'H:는 높고 긴 고장조(高長調)이고, ②새:[鳥]L:는 낮고 긴 저장조(低長調)다. 두 차이를 확인해야 한다.

(14) ① 손을 대"고…[觸]
② 반죽이 대:고…[堅]

(14)의 '대-'는 모두 긴 장조다. 그 중 ①'대"-[觸]H:'는 높고 긴 고

장조이고, ②'대:-[堅]L:'는 낮고 긴 저장조다. 두 차이를 확인해야 한다.

(15) ① 머리에 이'고 있다.[戴]
② 지붕 이"고 있다.[葺]

①'이'고HL[戴]'와 ②'이"고H:L[葺]'의 '이'는 고단조와 고장조다. 둘의 공통점은 고조이고 차이점은 장단이다.

(16) ① 삶'은 고구마 맛[煮]
② 삶:은 희노애락의 노랫가락[生]

이 ①'삶'은HL[煮]'의 '삶''은 높고 짧은 고단조이고, ②'삶:은L:L[生]'의 '삶:'은 낮고 긴 저장조로 구분된다.

(17) ① 땅~이 질'다.[泥]
② 끈~이 질:다.[長]

① 이 집 살'까 말까.[買]
② 이 집에서 살:까 말까.[住]

①'질'다HL[泥]'의 '질'-'은 높고 짤은 고단조이고, ②'질:다L:L[長]'의 '질:-'은 낮고 긴 저장조로 구분되고, ①'살'까HL[買]' '살'-'은 높고 짧은 고단조이고, ②'살:까L:L[住]'의 '살:-'은 낮고 긴 저장조로 구분된다.

(18) ① 연이 날린"다. ('날'다[飛]'의 피동)
② 연을 날'린다. ('날'다[飛]'의 사동)

① 종이 울린"다. ('울:다[鳴]'의 피동)
② 종을 울'린다. ('울:다[鳴]'의 사동)

① 물건이 잡혔"다. ('잡'다[執]'의 피동)
② 물건을 잡'혔다. ('잡'다[執]'의 사동)

세 ①은 피동사로 LH:L조이며, 세 ②는 사동사로 HLL조이다.[1]

이상의 몇 가지 보기로 고저와 장단 차이의 존재를 파악하고, 운소표기에 대해서도 조금은 익숙해졌으리라 생각한다.

1.1.3 고장조의 이해

이 방언 운소 중에서 고장조(高長調)의 이해를 돕기 위해 몇 가지 설명을 더하기로 한다. 이 운소는 '높고도 길다'인데 '높고 길다'로 굳어진 것도 있지만 많은 경우 축약(縮約)에 의해 생성된다.

최근 유행어처럼 또는 장난기 어린 말투로 '선생님'을 '샘'이라고 하는 경우를 자주 듣는다. 먼저 이 단어를 가지고 살펴보기로 한다.

'선생님(요)'가 '샘(요)'로 변동하는 과정을 고저장단과 함께 살펴보면 다음과 같다.

■ 새임HL > 샘H:

(19) 선생님LHL > 선새임LHL > 선샘LH:> 샘H:
선생님요LHLL > 선새임요LHLL > 선샘요LH:L > 샘요H:L

위의 변동단계에서 '새임HL'이 '샘H:'으로 축약된 것에 주목하면 HL조가 축약하여 높고 긴 H:조로 변동하였음을 확인하게 된다. 그렇다. 바로 그거다. '샘'은 높고 길게 발음하는 것이 바르다. 곧 '샘"'은 고장조 H:조다.

몇 가지 더 살펴보며 고장조를 확인해 두자.

■ 새:[鳥]와 새"[間]의 차이

(20) ① 꽃피고 새:우는 봄. 새:가 난다.
② 눈코 뜰 새" 없다. 새"가 벌어졌다.

---

1 사동사의 고저장단은 HLL조 한 가지가 아니고 다양하다. 辛基相(2020) 『울산 방언 피동사와 사동사』 참조

'새:[鳥]'는 분명히 낮고 긴 L:조, 저장조이고, '새″[間]'는 분명히 높고 긴 H:조, 고장조로 구분이 된다. '새″[間]'는 '사이HL'가 축약된 것이다.

■ 감:[枾]과 감″[高喊]의 차이

(21) ① 감:맛, 감:이 떫다.
② 감″ 소리, 감″을 친다.

'감:[枾]'은 분명히 낮고 긴 L:조이고, '감″[高喊]'은 분명히 높고 긴 H:조로 구분이 된다. '감″'은 '고함(高喊)HL'의 축약형이다.[2]

■ 아'들[子]과 아″들(아이들)의 차이

(22) ① 아'들 둘 낳았다. 두 아'들이 효자다.
② 아″들 모이머(-면) 시끄럽다. 이 동네 아″들이 순하다.

'아'들[子]'은 분명히 HL조이고, '아″들(아이들)'은 분명히 H:L조로 구분이 된다. '아″'는 '아이HL'의 축약형이다.

■ 얼라″[幼兒]와 낫″다[産]의 고장조 생성

(23) 얼라″LH: 낳'았나HLL?
얼라″LH: 낫″나H:L?
얼라″LH: 낫″다H:L.

'얼라″'는 '얼아'아'의 축약형이고, '낳'았다>낫″다, 낳'았나>낫″나'

---

2 한자어는 문자의 특성상 축약(縮約)될 수 없다. 그러나 언어대중이 한자어임을 망각한 단계에 이르면 축약도 일어날 수 있다.

차양(遮陽), 차양(遮陽)을 치다
차양(遮陽) > 챙, 모자챙(帽子-)

고함(高喊), 고함(高喊)을 지르다
고함(高喊) > 감, 고래감, 감지르다

도 HL조 > H:조의 축약이다

■ '가″가 가가'가'의 '가'의 차이

(24) 가가 가가가?H:L LHL (그 아이가 가가(賈哥)인가)

첫째 '가″'는 '그L 아'아HL > 그아″LH: > 가″H:'의 과정을 거친 H:조다. 둘째 '가'는 주격조사 L조다. 셋째 '가'는 성씨(姓氏) 가(賈) L조다. 넷째 '가''는 성씨에 붙는 접사 '가'(哥)' H조다.[3] 다섯째 '가'는 서술격조사의 의문형어미로 L조다.

■ E″와 2:의 차이

(25) ① 1 2: 3 4 5
② A B C D E″

(26) 2^E 이의L:L 이H:
E^2 이의H:L 이L:
2^2 이의L:L 이L:
E^E 이의H:L 이H:
eH:마트 2L:층
국내 2L:위 eH:커머스 탄생

이 방언은 숫자 ①'2'는 낮고 길게 곧 저장조(L:)이고, 알파벳 ②'e'는 높고 길게 곧 고장조(H:)이다. '2e'과 'E^2'서로 다르다. 'e마트 2층'의 'e'와 '2', '국내 2위 e커머스'의 'e'와 '2' 서로 다르다.[4]

이상의 보기와 비교를 통하여 높고 길게 발음하는 고장조(高長調)를 충

---

3 성씨(姓氏)에 접사 '-가(哥)'가 붙을 때의 고저는 다음 세 가지다.

金, 姜, 高, 權, 文 … + 哥 LH
朴, 郭, 陸, 閔, 白 … + 哥 LL~HH
李, 鄭, 宋, 愼, 沈 … + 哥 L:L

4 e-resume [íːrizjùːm | íːrezjumèi] 전자 이력서

분히 이해하였을 것이다. 있지만 존재를 파악하지 못하면 없는 것으로 인식된다. 이 방언에 고장조가 분명히 있다. 앞으로의 논의에서 여러 번 반복하여 예시되고 설명도 되풀이될 것이다.

1.1.4 고저장단 이해 종합

이제 다음 두 보기로 조금 더 심층적인 분석을 해 보기로 한다.

■ **난다[過]와 난'다[飛]의 차이**

각각 다른 뜻의 ①, ②가 있다. 이대로는 어떤 차이인지 알 수 없다.

(27) ① 난다
② 난다

다음과 같이 하면 ①, ②의 의미가 변별된다.

(28) ① 겨울을 난다.
② 하늘을 난다.

고저장단이 명시되면 발음까지 확실하게 변별된다.

(29) ① 겨울을 난다.
② 하늘을 난'다.

이 둘의 차이는 그 기저(基底)를 알아야 완전히 이해할 수 있다.

(30) ① 나-[過]. 나-ㄴ다→난다. 나-아도→나도. 나-았다→났다
② 날'-[飛]. 날'-ㄴ다→난'다. 날'-아도→날'아도. 날'-았다→날'았다.

난다[過]와 난'다[飛]의 차이

(31) 나고　　　　날′고
나기　　　　날′기
나지　　　　날′지
나며　　　　날′며
난다　　　　난′다
난다면　　　난′다면
나아 → 나　　날′아
나았다 → 났다　날′았다

'나-[過]'의 활용형 '난다'는 LL조, '날′-[飛]'의 활용형 '난다'는 HL조로 구분된다.

■ 날린″다[被飛]와 날′린다[使飛]의 차이

각각 다른 뜻의 ①, ②가 있다. 이대로는 어떤 차이인지 알 수 없다.

(32) ① 날린다
② 날린다

다음과 같이 하면 ①, ②의 의미가 변별된다.

(33) ① 연이 날린다.
② 연을 날린다.

고저장단이 명시되면 발음까지 확실하게 변별된다.

(34) ① 연이 날린″다.
② 연을 날′린다.

이 둘의 차이는 그 기저(基底)를 알아야 완전히 이해할 수 있다.

(35) ① 날리″-[被飛]. 날리″-이도 → 날리″도. 날리″-있다 → 날렸″다

② 날′리－[使飛]. 날′리－이도→날′리도. 날′리－있다→날′렸다

날린″다[被飛]와 날′린다[使飛]의 차이

(36) 날리″고	날′리고
날리″기	날′리기
날리″지	날′리지
날리″며	날′리며
날린″다	날′린다
날린″다면	날′린다면
날리″있다→날렸″다	날′리있다→날′렸다

'날리″－[被飛]'의 활용형 '날린″다'는 LH:L조, '날′리－[使飛]'의 활용형 '날′린다'는 HLL조로 구분된다.

1.1.5 악센트와 장음을 두루 갖춘 영어 단어

영어에는 악센트(accent)와 장음(long)을 함께 하는 음소가 많다. 이것은 이 방언의 고조와 장조의 결합조인 고장조(高長調)와 매우 흡사하다. 이것은 이 방언의 고장조를 이해하는 데 좋은 참고 자료다. 아래 몇 보기를 두었다.

* 영어사전마다 발음 표기가 조금씩 다르다. 따라서 악센트－장음의 경우도 사전에 따라 일치하지 않는 게 더러 있고, 미국영어와 영국영어와의 차이도 있다. 여기에 제시한 보기는 '다음 영어사전'의 미국영어 중에서 **a**로 시작되는 단어 중 자주 쓰이는 몇을 뽑았다.

(37) abroad [əbrɔ́ːd] 해외에(서), 해외로
accordion [əkɔ́ːrdiən] 아코디언
achieve [ətʃíːv] 달성하다, 성취하다
agree [əgríː] 동의하다
alarm [əlɑ́ːrm] 불안, 공포, 경보

alert [ələ́ːrt] 경계, 주의하다
almost [ɔ́ːlmoust] 거의
alter [ɔ́ːltər] 변하다, 바꾸다
amuse [əmjúːz](사람을) 즐겁게[재미있게] 하다
amusing [əmjúːziŋ] 재미있는, 즐거운
approve [əprúːv] 찬성하다
argue [ɑ́ːrgjuː] …을 논하다
army [ɑ́ːrmi] 군대
attitude [ǽtitjùːd] 태도, 자세
audience [ɔ́ːdiəns] 관객, 청중, 독자
author [ɔ́ːθər] 작가, 저자
awful [ɔ́ːfəl] 끔찍한, 지독한

1.2 경상도방언 고저장단의 변동

1.2.1 낱말이 지닌 고유 고저장단

경상도방언의 모든 낱말은 고유의 운소를 지니고 있다.

(38) [腹]배 + 가. 는. 까지. 부터 → 배가. 배는. 배까지. 배부터
[舟]배 + 가. 는. 까지. 부터 → 배가. 배는. 배까지. 배부터
[梨]배′ + 가. 는. 까지. 부터 → 배′가. 배′는. 배′까′지. 배′부′터
(倍)배 + 가. 는. 까지. 부터 → 배:가. 배:는. 배:까지. 배:부터

동일한 음소의 낱말 '배'이지만 그 뜻이 '梨, 腹, 舟, 倍'에 따라 운소가 다르고 그에 조사가 붙은 곡용형(曲用形)의 운소까지 다르다.

(39) [升]대 + 고. 지도. 겠다 → 대고. 대지도. 대겠다
[爲]대′ + 고. 지도. 겠다 → 대′고. 대′지도. 대겠′다
[硬]대: + 고. 지도. 겠다 → 대:고. 대:지도. 대:겠다
[苦]대: + 고. 지도. 겠다 → 대:고. 대:지도. 대:겠다
[觸]대″ + 고. 지도. 겠다 → 대″고. 대″지도. 대″겠다

[駐]대″ + 고. 지도. 겠다 → 대″고. 대″지도. 대″겠다

동일한 음소의 낱말 '대-'이지만 그 뜻이 '升, 爲, 硬, 苦, 觸, 駐'에 따라 운소가 다르고 그에 어미가 붙은 활용형(活用形)의 운소까지 다르다.

이 두 가지 보기로 확실하게 알 수 있는 것은 낱말마다 고유의 운소를 지니고 있다는 것과, 음소가 같아도 뜻이 다른 낱말이면 운소가 다를 수 있다는 것이다.

1.2.2 곡용과 활용의 고저장단 변동

이미 위에서 부분적으로 보아 왔듯이 체언(명사, 대명사, 수사)은 그 체언에 조사가 붙어 곡용(曲用)하면 고저장단의 변동이 일어나기도 하고, 용언(동사, 형용사)은 그 어간에 어미가 붙은 활용(活用)하면 고저장단의 변동이 일어나기도 한다.

(1) 곡용의 고저장단 변동

■ 감 : [柿]과 밤 : [栗]

(40) 감: 밤:
감: 어딨'노? 밤: 어딨'노?
감: 파나? 밤: 파나?
감:이 떫다. 밤:이 떫다.
감:을 딴다. 밤:을 딴다.
감:꺼정 묵는'다. 밤:꺼정 묵는'다.

감L : 과 밤L : 은 어느 경우에도 변함없이 L : (L(L))조이다. 이와 같이 기본형의 고저장단이 같으면 활용형에도 같을 수 있지만 반드시 같지는 않다. 아래의 '낮과 밤'의 비교를 보자.

■ 낮[晝]과 밤[夜]

(41) 낮이 질′어졌다.　　밤이 질′어졌다.
낮은 일:해야제.　　밤은 일:해야제.
낮도 칩다.　　밤도 칩다.

(42) 낮에″ 만′내자.　　밤′에 만′내자.
낮에″도 잔다.　　밤′에도 잔다.
낮에″만 잔다.　　밤′에만 잔다.

'낮L', '밤L' 모두 L조다. 여기에 조사 '－이, －은, －도'가 붙은 경우는 낮L, 밤L의 변화가 없는데 조사 '－에'가 붙은 경우는 '낮에″ 낮에″도 낮에″만'LH:(L)과 '밤′에, 밤′에도, 밤′에만'HL(L)으로 확연히 달라졌다.

위의 예에서 본 바와 같이 기본형이 같다고 해서 곡용형도 같다고 생각하면 안 된다.

(2) 활용의 고저장단 변동

■ 누′－(尿)와 두′－(置)

(43) 누′고　　두′고
누′지만　　두′지만
누겠′다　　두겠′다
눈　　둔
눈다　　둔다
누는　　두는

'누′－'와 '두′－'는 여러 활용형에서 고저장단이 꼭 같다. 이와 같이 기본형의 고저장단이 같으면 활용형에도 같을 수 있지만 반드시 같지는 않다. 아래 예를 보자.

■ 섧:－[哀]와 얇:－[薄]

(44) 섧:고　　얇:고

섧:게　　얇:게
섧:지　　얇:지

(45) 섧:어　　얇'아
섧:어도　　얇'아도
섧:우이　　얇'우이
섧:었다　　얇'았다

'섧:－'과 '얇:－' 모두 L:조다. 어미 '－고, －게, －지'가 붙은 경우는 '섧:－'과 '얇:－'의 변화가 없어 동일한데, 모음 어미가 붙은 경우는 '섧:－'은 그대로 L:조인데 '얇'－'은 H조로 달라졌다.

위의 예에서 본 바와 같이 기본형이 같다고 해서 활용형도 같다고 생각하면 안 된다.

■ 대화 속의 '내:－[出]'

곡용, 활용에서 고저장단이 달라질 수 있다는 것을 알았다. 경상도방언 화자는 대화에서 이러한 변동이 자연스럽다. 대화에서 '내:－[出]'가 어떻게 변동되는지 아래 대화문을 보자.

(46) 아이고 잘 뭈다. 술값 내가 <u>내'앴</u>다.
내가 <u>낸:다</u> 카이.
아이다. 내가 <u>냈"다</u>.
니가 버시러 <u>내'앴</u>나?
그라머 둘 다 <u>냈"네</u>?
둘이 <u>내:머</u> 안 대제.
잘못 <u>낸: 돈</u> 받아라.
미리 말하고 <u>낼:</u>거로.
니가 <u>내'애도</u> 기분 좋고, 내가 <u>내'애도</u> 기분 좋다.
맞다. 그래 니가 <u>내"도</u> 내가 <u>내"도</u> 기분 좋다.
요 담에도 같이 <u>내:고</u> 함 더 묵자.

활용에 따라 고저장단이 다양하게 변동하는 것을 알 수 있다.

1.2.3 고저장단의 수의적 변동

고저장단은 대화의 상황에 따라 많이 유동적(流動的)이다. 대화하는 상황에 따라 같은 말이라도 다른 고저장단으로 말하게 되는 것은 매우 자연스러운 일이다. 그 가운데서도 유독 A조~B조로 항상 유동적인 것이 있다. 이러한 수의적 변동(隨意的變動) 중에서 자주 듣게 되는 대표적인 두 가지를 알아 두기로 한다.

(1) HH조~LL조의 수의적 변동

2음절 체언에서 이 보기를 찾아보면 다음과 같다.

(47) ① 국'시[麵]. 노'래[歌]. 하'늘[天] HL조
② 가실'[秋]. 나무'[木]. 마실'[村] LH조
③ 보:배[寶]. 새:미[泉]. 지:집[女] L:L조
④ 구'룸'[雲]. 소'매'[袖]. 할'매'[姑] HH조~구룸. 소매. 할매 LL조

위의 ①~③은 화자가 어떤 언어 환경에 따라 고저장단을 다소 달리 말한다 해도 그 낱말이 가진 고저장단의 근본은 바뀌지는 않는다.

그런데 ④HH조는 항시 수의적(隨意的)으로 LL조로 변동한다. HH조인지 LL조인지 분간하기 어렵기도 하다. 이 점은 체언에 조사가 붙은 곡용(曲用)의 경우에도 HH조 체언은 수의적으로 LL조로 변동한다.

(48) 구룸이HHL~LLL
구룸에도HHLL~LLLL
구룸까지만HHLLL~LLLLL
구룸까지만은HHLLLL~LLLLLL

HH조가 수의적으로 LL조로 변동하는 현상은 다른 낱말에서도 동일하게 일어난다. 2음절 용언 어간에서 몇 보기를 찾아보면 아래와 같다.

(49) 더'듬-[摸]. 무'섭-[恐]. 애'렵-[難] HL조

개작'－[近]. 맨들'－[造]. 자불'－[眠] LH조
거:들－[助]. 고:맙－[謝]. 까:맣－[黑] L:L조
깨'닫'－[覺]. 반'갑'－[歡]. 어'질'－[仁] HH조～깨닫－. 반갑－. 어질－ LL조

(50) 깨달아HHL～LLL
깨달아도HHLL～LLLL
깨달았지만HHLLL～LLLLL
께달았겠지만HHLLLL～LLLLLL

HH조가 수의적으로 LL조로 변동하는 (50)을 고저장단 기호로만 보면 다음과 같이 나타 낼 수 있다.

(51) HH～LL
HHL～LLL
HHLL～LLLL
HHLLL～LLLLL
HHLLLL～LLLLLL

위의 것을 더 간략하게 다음과 같이 하나로 다 묶을 수 있다.

(52) HH(L(L(L(L))))～LL(L(L(L(L))))

(52)의 묶음만으로 HH조는 LL조와 수의적으로 변동을 한다는 사실을 알게 된다. 그러고 보면 굳이 이렇게 길게 번거롭지 않아도 HH(L(L(L(L))))나 또는 LL(L(L(L(L))))로도 HH조는 LL조와 수의적으로 변동한다는 것을 알게 된다. 더 나아가 HH조 또는 LL조만 확인되어도 이들은 수의적으로 변동한다는 것을 알아야 한다.

(2) LLHL조～LHHL조의 수의적 변동

LLHL조～LHHL조의 수의적 변동은 2음절 어근에 '－하다'가 붙는 경우다.

(53) 공부하'고~공부'하'고　LLHL~LHHL
사랑하'고~사랑'하'고　LLHL~LHHL
연구하'고~연구'하'고　LLHL~LHHL
깔끔하'다~깔끔'하'다　LLHL~LHHL
서늘하'다~서늘'하'다　LLHL~LHHL

활용형으로 음절 수가 늘어나도 마찬가지다.

(54) 사랑하고　LLHL~LHHL
사랑하여도　LLHLL~LHHLL
사랑하였어도　LLHLLL~LHHLLL
사랑하였으니까　LLHLLLL~LHHLLLL

이것을 고저장단 기호로만 보이면 다음과 같다.

(55) LLHL~LHHL
LLHLL~LHHLL
LLHLLL~LHHLLL
LLHLLLL~LHHLLLL

위의 것은 다음과 같이 간략하게 하나로 묶을 수 있다.

(56) LLHL(L(L(L)))~LHHL(L(L(L)))

또 LLHL조는 LHHL조와 수의적으로 변동한다는 사실을 전제하면 LLHL(L(L(L)))이거나 LHHL(L(L(L)))의 어느 하나로 이들의 수의적 변동을 알 수 있고, '○○하다'형 어휘란 것만으로도 LLHL조~LHHL조 수의변동임을 알아야 한다.

고유어든 한자어든 2음절 어근에 '-하다'가 붙은 낱말은 매우 많다. 그 많은 '○○하다'는 모두 예외 없이 LLHL~LHHL로 수의적 변동을 한다.

앞으로 진행되는 고저장단의 설명 과정에서 이와 같은 보기를 여러 번 만나게 되는데 간혹은 이 수의적 변동을 반복 설명하기도 하겠지만, 대부

분 같은 설명은 생략되어 있으므로 독자는 이 사실을 잘 기억해 두어야 한다.[5]

앞으로의 설명에서 HH(L(L(L(L))))~LL(L(L(L(L))))의 앞의 것 또는 뒤의 것을 보기로 들지 않더라도 같은 것으로 이해할 일이다.

이 외에도 몇몇 수의적 변동이 있다. 그러한 것은 앞으로 '~'로 두 가지를 묶어 표시할 것이다.

1.2.4 어절 단위로 알 수 있는 고저장단

경상도방언 고저장단은 형태소(形態素) 단위도 아니고, 단어(單語) 단위도 아니고, 어절(語節) 단위로 알 수 있다.

저 연이 봄바람에도 잘 날린다 … 5개 어절
저 연 이 봄바람 에 도 잘 날린다 … 8개 단어
저 연 이 봄 바람 에 도 잘 날 리 ㄴ다 … 11개 형태소

위의 예문에서 보면 어절은 띄어쓰기 단위다. 단어는 문법적으로 품사의 단위다. 마지막 형태소는 문장을 쪼개고 쪼개어 의미를 가지고 있는 최소단위다.[6]

새-가 잘 나-ㄴ다 ⇒ 새가 잘 난다. … 3개 어절
겨울-은 많-이 춥-다 ⇒ 겨울은 많이 춥다. … 3개 어절

명사, 대명사, 수사는 그 품사 독립으로도 어절이 되지만, 대부분 조사와 한 묶음으로 한 어절이다. 동사, 형용사는 반드시 어간과 어미가 한 묶

5 2음절 기본형 HH조를 설정하면 LL조 설정이 애매하고, LL조를 설정하면 HH조 설정이 애매하다. 그것은 이 둘이 상호 수의적으로 변동하기 때문이다. HH조와 LL조 둘을 놓고 보면 HH조 쪽이 약간 더 뚜렷한 듯하여 HH조를 설정하고 LL조는 설정하지 않았다.

6 어절(語節)이란 용어는 문법용어가 아니라 띄어쓰기에 부합되는 용어다. '한글 맞춤법 제 5장 띄어쓰기' 참조

음으로 한 어절이다. 관형사, 부사, 감탄사는 독립된 단어가 바로 한 어절이다. 조사와 어미도 독특한 운소가 있지만 조사, 어미만의 운소를 살피기란 쉽지 않다.[7]

H조로 시작되는 어절 약간의 보기를 들면 다음과 같다.

1음절 어절 H조 : 꽃[花]. 낯[顔]. 닭[鷄]. 말[馬]. 밭[田] …
2음절 어절 HH조 : 가지[枝]. 번개[電]. 소매[袖]. 염소[羔] …
2음절 어절 HL조 : 낯이[顔]. 닭이[鷄]. 말이[馬], 배가[梨] …
3음절 어절 HHL조: 기러기[雁]. 번개가[電]. 찾는다[尋] …
4음절 어절 HHLL조 : 기러기가[雁]. 가지하고[枝]. 찾을락고[尋] …

앞으로의 고저장단 설명은 어절 단위, 곧 띄어쓰기 단위로 설명할 것이다.

2 체언의 고저장단

2.1 체언의 고저장단형 기본형과 특징

체언(명사, 대명사, 수사)은 체언 자체만으로 쓰이기도 하지만 곡용(曲用) 즉 체언에 조사가 붙어서 쓰이는 것이 일반적이다. 그래서 체언의 고저장단 기본형은 체언 단독으로 쓰였을 때의 고저장단형이다. 곡용형은 쉽게 가늠하기 어렵다. 조사에 따라서 고저장단형이 변동되기 때문이다.

아래 두 보기를 비교해 보자.

(57) 밥L[飯] 기본형
밥이LL ┐
밥은LL │

7 辛基相(1990), 「東部慶南方言 用言語尾의 高低長短」, 『국어학』 20. 신기상(1999) 『동부경남방언의 고저장단 연구』에 재수록 참조
辛基相(1995), 「東部慶南方言 助詞의 高低長短」, 『국어국문학』 113. 신기상(1999) 『동부경남방언의 고저장단 연구』에 재수록 참조

밥을LL | 곡용형
밥'부'터HHL |
밥'꺼'정HHL |
⋮ ┘

(57) '밥[飯]'의 기본형은 L조이지만 곡용형 일부에서 그 고저장단이 H조로 변동되었다.

(58) 김L:[苔] 기본형
김이L:L ┐
김은L:L |
김을L:L | 곡용형
김부터L:LL |
김꺼정L:LL |
⋮ ┘

(58) '김L:[苔]'은 기본형이나 활용형에서나 변동 없이 L:조다.

이렇게 체언은 곡용에서 어떤 조사 앞에서는 체언의 고저장단이 변동하기 때문에 곡용형 전체를 살피지 않을 수 없다. 그러나 체언마다, 조사마다의 곡용 전체를 열거하는 것은 매우 번잡한 일이므로 대표적인 조사를 몇 갈래로 분류하고 그 가운데 몇 조사만으로 곡용형의 변동을 정리해 살펴보기로 한다.

2.2 조사 분류

체언의 곡용형 고저장단을 살펴보기 위해 대표적인 조사 일부를 다음과 같이 분류해 둔다.

(59) ㈎ －이. －가. －은. －는. －을. －를. －과. －과
㈏ －(이)라. －(이)면. －(으)로
㈐ －에. －에는. －에도. －에만. －에서. －에서는. －에서도.

－에서만

(라) －만. －도. －캉

(마) －부터. －까지. －조차. －하고

(바) －부터는. －까지만. －조차도

(가)는 음운환경에 따른 변이형태(變異形態)가 있는 조사

(나)는 (가)와 같되 변이형태에 따라 음절 수가 다른 조사

(다)는 모음 '에'로 시작되는 조사

(라)는 변이형태가 없는 1음절의 조사

(마)는 변이형태가 없는 2음절의 조사

(바)는 변이형태가 없는 3음절의 조사

이하에서는 이들 조사의 일부로 곡용형의 고저장단을 살피보기로 한다.

(60) －이 / 가. －은 / 는. －을 / 를. －과 / 와. －(이)라. －(이)면. －(으)로. －만. －도. －캉. －에. －에는. －에도. －에만. －에서. －에서는. －에서도. －에서만. －부터. －까지. －조차. －하고. －부터는. －까지만. －조차도 …

2.3 체언 음절 수별 고저장단

2.3.1 1음절 체언

1음절 체언 기본형은 H조, L조, L:조, Hl조, Lh조의 5가지가 있다.

(1) H조 체언

(61) 겉′[表]. 기′(旗). 꽂′[花]. 낯′[顔]. 달′[鷄]. 등′[背]. 똥′[糞]. 말′[馬]. 목′[喉]. 밑′[低]. 밖′[外]. 밭′[田]. 배′[梨]. 뱉′[日光]. 비′(碑). 삭′[芽]. 산′(山). 삼′(蔘). 새′[억새·芒]. 손′[客]. 솥′[鼎]. 숱′[量]. 숯′[炭]. 앞′[前]. 연′(鳶). 옻′[漆]. 왕′(王). 집′[家]. 초′(醋). 콩′[豆]. 폴′[腕]. 피′[稷]. 흉′(凶). 흘′[土] …

고저장단형

㉠ HL(L(L))
말′[馬] + 이. 은. 을. 과. 이라. 이며. 로. 캉. 만. 도. 에는. 에도. 에서. 에서도

㉡ LHL(L)
말′[馬] + 부터. 까지. 조차. 하고. 부터는. 까지만. 조차도

H조 체언의 고저장단형은 HL(L(L))조와 LHL(L)조의 2가지다.

(2) L조 체언

(62ㄱ) 간[鹽味]. 값[價]. 날[日]. 납[鉛]. 놈[者]. 담[墻]. 달[月]. 돌[週]. 말[斗]. 맛[味]. 물[水]. 배[舟·腹·布]. 빗[梳]. 불[火]. 삼[麻]. 섬[石]. 재[尺]. 지[鼠]. 짐[荷]. 키[身長]. 피[血] …

(62ㄴ) 갓[笠·山]. 꿀[蜜]. 꿈[夢]. 기[耳]. 낫[鎌]. 논[畓]. 농(籠). 눈[目]. 매[鞭]. 못[池]. 밤[夜]. 발[足]. 밥[飯]. 봄[春]. 비[雨]. 비[帚]. 삼(三). 새[舌]. 손[手]. 안[內]. 옷[衣]. 이[齒]. 재[灰]. 절[寺]. 춤[唾]. 통(桶). 코[鼻]. 해[日] …

(62ㄷ) 낮[晝]

고저장단형

㉠ LL(L(L))
날[日] + 이. 은. 을. 과. 이라. 이며. 로. 캉. 만. 도. 에. 에는. 에도. 에서도. 에서만

㉡ HHL(L)
날[日] + 부터. 까지. 조차. 하고. 부터는. 까지만. 조차도

㉢ HLL(L)
밤[夜] + 에. 에는. 에도. 에서. 에서도. 에서만

㉣ LH：L(L)
낮[晝] + 에. 에는. 에도. 에서. 에서도. 에서만

L조의 고저장단형은 대부분 LL(L(L))조와 HHL(L)조인데 (62ㄴ)은 ㉢

'－에'와의 결합에서 HLL(L)조가 된다. 그러나 (62ㄱ)과 (62ㄴ)의 구분은 매우 모호하다. (62ㄷ)은 특이하게도 조사 '－에'가 H:조로 실현되는 유일한 낱말이다. LH:L(L).

(3) H:조 체언

(63) 가"<그 아'아. 감"(<고'암(<高喊)). 담"(<다'음[次]). 도"(<도'오[甕]). 삼"(<사'암[鬪]). 새"(<사'이[間]). 아"(<아'아[兒])

H:조는 Hl조이기도 하다. 좀 더 신중히 천천히 발음하면 Hl조이기에 Hl조를 설정하는 것이 옳을 듯도 하다. 한편 체언의 고저장단 전체를 한눈에 보면 1음절 체언에 H:조가 빠져 있어 H:조를 설정하였다.

고저장단형

㉠ H:L(L(L))
삼"[鬪] + 이. 은. 을. 과. 이라. 이면. 으로. 만. 도. 캉. 에는. 에도. 에서. 에서도. 부터. 까지. 조차. 하고. 부터는. 까지만. 조차도

H:조 체언의 고저장단형은 H:L(L(L))조다.

(4) L:조 체언

(64) 가:[邊]. 감:[柿]. 기:[蟹]. 개:[犬]. 개:(櫃). 곰:[熊]. 널:[板]. 누:[誰]. 눈:[雪]. 니:[四]. 담:(膽). 돈:[錢]. 돌:[石]. 둘:[二]. 디:[後]. 말:[言]. 매:[鷹]. 발:[簾]. 밤:[栗]. 배:(倍). 벗:[友]. 벌:[蜂]. 범:[虎]. 밸:[星]. 빙:(病). 새:[鳥]. 섬:[島]. 손:(孫·損). 숨:[息]. 시:[三]. 신:[五十]. 실:[絲]. 애:[腸]. 왜:[瓜]. 옴:[疥]. 일:[事]. 잣:[柏子]. 장:(醬). 종:[僕]. 줄:[鑢]. 중:[僧]. 짐:[汽]. 짐:[海苔]. 짐:[雜草]. 탈:[假面]. 탈:(頉). 흠:(欠) …

고저장단형

㉠ L:L(L(L))
말:[言] + 이. 은. 을. 과. 이라. 이면. 로. 만. 도. 캉. 에는. 에도. 에서.

에서도. 부터. 까지. 조차. 하고. 부터는. 까지만. 조차도

L:조 체언의 고저장단형은 L:L(L(L))조다.

(5) Lh조 체언

(65) 맘∨[心]. 감∨[資]. 말∨[村]

Lh조는 L:조이기도 하다.

▶ 고저장단형

㉠ LhL(L(L))
맘∨[心] + 이. 은. 을. 과. 이라. 이면. 으로. 만. 도. 캉. 에는. 에도. 에서. 에서도. 에서만

㉡ LhHL(L)
맘∨[心] + 부터. 까지. 조차. 하고. 부터는. 까지만. 조차도

Lh조 체언의 고저장단형은 LhL(L(L))조와, LhHL(L)조다.

(6) H조~L조~L:조를 넘나드는 체언

(66) 나~내[我]. 니[汝]. 지[自己]

▶ 고저장단형

㉠ HL
나′[我] + 는. 캉. 도. 만

㉡ LHL(L)
나[我] + 부터. 까지. 조차. 하고. 부터는. 까지만. 조차도

㉢ L:L
내:[我] + 가. 다. 를. 라. 로

㉣ 이외 '나:를~니′를~지′를', '날:로~니′로~지′로' 등 다소 유동적이기도 하다.

H조~L조~L:조를 넘나드는 '나~내[我], 니[汝], 지[自己]'는 고저장

단에 변동이 거의 없는 '－캉, －도, －만' 앞에서의 것을 기준으로 하여 잠정적으로 H조 체언에 포함시켜 둔다.

(7) 간추리기

이상의 1음절 체언 고저장단형을 간추리면 다음과 같다.

H조 체언	HL(L(L)). LHL(L)
L조 체언	LL(L(L)). HHL(L). HLL(L). LH:L(L)
H:조 체언	H:L(L(L))
L:조 체언	L:L(L(L))
Lh조 체언	LhL(L(L)). LhHL(L)

이것을 중복 없이 다시 4음절로 간추리면 다음과 같다.

(H)HL(L)
LH(L(L))
LL(L(L))
H:L(L(L))
LH:L(L)
L:L(L(L))
LhHL(L)
LhL(L(L))

1음절 체언 중에서 고저장단에 의한 최소대립어(最小對立語)를 찾아보면 다음과 같다.

	H조	L조	H:조	L:조	Lh조
가			(그 아)	[邊]	
감			[喊]	[柿]	[資]
기	(旗)	[耳]		[蟹]	
눈		[目]		[雪]	
달	[鷄]	[月]			

담		[墻]	[次]	(膽)	
돌		[週]		[石]	
말	[馬]	[斗]		[語]	[村]
매		[鞭]		[鷹]	
발		[足]		[簾]	
밤		[夜]		[栗]	
배	[梨]	[舟·腹·布]		(倍)	
비	(碑)	[雨·帚]			
삼	(蔘)	(三)[麻]	[鬪]		
새	(억새)	[舌]	[間]	[鳥]	
섬		[石]		[島]	
손	[客]	[手]		(孫·損)	
짐		[荷]		[汽·海苔·雜草].	
피	[稷]	[血]			

2.3.2 2음절 체언

2음절 체언 기본형은 HH∼LL조, HL조, LH조, L:L조, H:L조, L:H조, LhL조의 7가지가 있다.

(1) HH조 체언

HH조는 수의적으로 LL조로 변동하므로 HH조와 LL조는 하나로 간주하여 HH조는 설정하고 LL조는 따로 설정하지 않았다.

(67) 가′래′[痰]. 가′지′[枝]. 구′룸′[雲]. 그′물′[網]. 단′지′[罐]. 모′구′[蚊]. 배′락′[雷]. 번′개′[電]. 상′투′[髻]. 새′끼′[繩]. 소′매′[袖]. 수′물′[二十]. 에′미′[母]. 염′소′[羔]. 차′반′[饌]. 포′리′[蠅]. 풀′무′[冶]. 피′리′[笛]. 트′림′[噫]. 할′매′[姑]. 할′배′[祖] …

고저장단형

㉠ HHL(L(L))
가′지′[枝] + 가. 는. 를. 와. 라. 면. 로. 만. 도. 캉. 에는. 에도. 에서.

부터. 까지. 조차. 하고. 부터는. 까지만. 조차도

HH조 체언의 고저장단형은 HHL(L(L))조다. 다만 이 방언 전체에 걸쳐 HH조는 LL조와 수의적으로 변동하므로 이것은 HHL(L(L))~LLL(L(L))조라고도 할 수 있다.

(2) HL조 체언

(68) 가'래[鍤]. 가'매[旋毛]. 가'심[胸]. 각'시[新婦]. 거'북[龜]. 거'품[泡]. 개'기[魚·肉]. 고'개[峴]. 국'시[麵]. 구'리[銅]. 까'시[荊]. 꼬'깔[冠]. 꼬'리[尾]. 꼰'치[繭]. 구'실[珠]. 그'륵[器]. 기'빌(<奇別). 기'양[讁]. 나'부[蝶]. 나'구[驢]. 나'라[國]. 나'락[稻]. 노'래[歌]. 누'룩[麴]. 더'덕[沙蔘]. 도'매[俎]. 도'오[甕]. 동'무[友]. 뚜'깔(꽈리) 마'늘[蒜]. 마'은[四十] 맨'젓(멸치젓). 머'리[頭]. 무'릅[膝]. 바'다[海]. 바'둑[碁]. 배'락[蚤]. 배'실[爵]. 보'름[望]. 부'채[扇]. 뿌'리[根]. 새'끼[仔]. 서'리[盜]. 선'배[士]. 선'배(先輩). 소'리[聲]. 아'들[子]. 아'재[叔]. 어'깨[肩]. 여'어(짬). 우'리[柵]. 어'름[氷]. 여'름[夏]. 이'름[名]. 자'리[席]. 줌'치[囊]. 지'름[油]. 짐'치[菹]. 하'늘[天]. 허'리[腰] ⋯

고저장단형

㉠ HLL(L(L))
가'래[鍤] + 가. 는. 를. 와. 라. 면. 로. 만. 도. 캉. 에는. 에도. 에서. 부터. 까지. 조차. 하고. 부터는. 까지만. 조차도

HL조 체언의 고저장단형은 HLL(L(L))조다.

(3) LH조 체언

(69) 가지'[茄]. 가실'[秋]. 꺼풀'[皮]. 고랑'[畎]. 꼬치'[椒]. 구둘'[突]. 그늘'[陰]. 나무'[木]. 나물'[菜]. 눈섭'[眉]. 다락'[樓]. 다리'[脚]. 다리'[橋]. 도둑'[盜]. 도랑'[川]. 마실'[村]. 마음'[心]. 메물'[蕎]. 바람'[風]. 방깐'(방앗간). 뱅풍'(屛風). 보리'[麥]. 부적'[焚口]. 부채'[佛]. 소곰'[鹽]. 손톱'[爪]. 우리'[吾]. 얼굴'[顔]. 이삭'[穗]. 자

리′[柄]. 자리′[袋]. 재미′(재미). 정지′[廚]. 조개′[貝]. 지둥′[柱]. 팽상′(平床). 풍구′(風具). 호박′[臼] …

■ 고저장단형

㉠ LHL(L(L))
가지′[茄] + 가. 는. 를. 와. 라. 면. 로. 만. 도. 캉. 에는. 에도. 에서. 에서만

㉡ LHHL(L)
가지′ + 부터. 까지. 조차. 하고. 부터는. 까지만. 조차도

LH조 체언의 고저장단형은 LHL(L(L))조와 LHHL(L)조의 2가지다.

(4) H:L조 체언

(70) 내″리(<來日). 벌″이[餞]. 소″름[鼓]. 으″름[木通]

■ 고저장단형

㉠ H:LL(L(L))
내″리(<來日) + 가. 는. 를. 와. 라. 면. 로. 만. 도. 캉. 에는. 에도. 에서. 에서도. 부터. 까지. 조차. 하고. 부터는. 까지만. 조차도

H:L조 체언의 고저장단형은 H:LL(L(L))조다.

(5) L:L조 체언

(71) 가:매[轎]. 구:리(구렁이). 까:지(가재). 까:치[鵲]. 도:치[斧]. 때:추[棗]. 말:슴[語]. 모:개(<木瓜) 무:당(巫堂). 보:배[寶]. 버:리[蜂]. 비:단(緋緞). 빈:소(殯所). 사:람[人]. 새:미[泉]. 서:울[京]. 수:건(手巾). 아:무[某]. 안:개[霧]. 우:산(雨傘). 임:재[主]. 임:금[王]. 제:비[燕]. 조:래[笊]. 지:집[女]. 찬:합(饌盒). 타:작(打作). 호:박[瓠] …

■ 고저장단형

㉠ L:LL(L(L))

가:매[轎] + 가. 는. 를. 와. 라. 면. 로. 만. 도. 캉. 에는. 에도. 에서. 에서도. 부터. 까지. 조차. 하고. 부터는. 까지만. 조차도

L:L조 체언의 고저장단형은 L:LL(L(L))조다.

(6) LH: 조 체언

(72) 사나"[男]

고저장단형

㉠ LH: L(L(L))
사나"[男] + 가. 는. 를. 와. 라. 면. 로. 만. 도. 캉. 에는. 에도. 에서. 에서는. 부터. 까지. 조차. 하고. 부터는. 까지만. 조차도

LH:조 체언의 고저장단형은 LH:L(L(L))조다.

(7) LhL조 체언

(73) 개^미[蟻]. 대^지[豚]. 배^미[蛇]. 새^비[鰕]. 서^리[霜]. 서^리[써레] …

고저장단형

㉠ LhLL(L(L))
개^미[蟻] + 가. 는. 를. 와. 라. 면. 로. 만. 도. 캉. 에는. 에도. 에서. 에서도. 부터. 까지. 조차. 하고. 부터는. 까지만. 조차도. 가지고

LhL조 체언의 고저장단형은 LhLL(L(L))조다.

(8) 간추리기

이상의 2음절 체언의 고저장단형을 간추리면 다음과 같다.

HH조 체언	HHL(L(L))
HL조 체언	HLL(L(L))
LH조 체언	LHL(L(L)). LHHL(L)

H:L조 체언　H:LL(L(L))
L:L조 체언　L:LL(L(L))
LH:조 체언　LH:L(L(L))
LhL조 체언　LhLL(L(L))

이것을 다시 중복 없이 5음절로 간추리면 다음과 같다.

(H)HLL(L)
LH(H)L(L)
L:LL(L(L))
(L)H:LL(L)
LhLL(L(L))

2음절 체언 중에서 고저장단에 의한 최소대립어(最小對立語)를 찾아보면 다음과 같다.

	HH조	HL조	LH조	H:L조	L:L조	LhL조
가래	[痰]	[鍤]				
가매		[旋毛]			[轎]	
가지	[枝]		[茄]			
구리		[銅]			(구렁이)	
배락	[雷]	[蚤]				
버리~벌이				[稼]	[蜂]	
부채		[煽]	[佛]			
새끼	[繩]	[仔]				
새미					[泉]	[髯]
서리		[盜]				[霜]
얼음~으름		[氷]		[木通]		
우리		[柵]	[吾]			
자리		[席]	[柄·袋]			
호박			[臼]		[瓠]	

2.3.3 3음절 체언

3음절 체언 기본형은 HHL조, HLL조, LHH조, LHL조, L:LL조, LLH:조, LLhL조의 7가지가 있다.

(1) HHL조 체언

HHL조가 수의적으로 LLL조로 변동하므로 HHL조와 LLL조는 하나로 간주하여 HHL조는 설정하고 LLL조는 따로 설정하지 않았다.

(74) 기'러'기[雁]. 또'깨'비[鬼]. 무'지'개[虹]. 어'마'시[母]. 코'끼'리[象]. 하'래'비[祖]. 핫'바'지. 허'깨'비[幻] …

◘ 고저장단형

㉠ HHLL(L(L))
기'러'기[雁] + 가. 는. 를. 와. 라. 면. 로. 만. 도. 캉. 에는. 에도. 에서. 부터. 까지. 조차. 하고. 부터는. 까지만. 조차도

HHL조 체언의 고저장단형은 HHLL(L(L))조다. 앞서 보았듯이 HHL조는 LLL조와 수의적으로 변동하므로 HHLL(L(L))~LLLL(L(L)조라고도 할 수 있다.

(2) HLL조 체언

(75) 가'마이[叺]. 가'무치[鱧]. 거'부기[龜]. 고'래이[麃]. 나'그네[客]. 매'느리[婦]. 아'바시[父]. 아'지매[姑]. 아'흐레[九日]. 오'수리[雚]. 오'뽀미[梟]. 웅'디이[潢]. 이'심이[蟒]. 재'치기[嚏] …

◘ 고저장단형

㉠ HLLL(L(L))
가'마이[叺] + 가. 는. 를. 와. 라. 면. 로. 만. 도. 캉. 에는. 에도. 에서. 에서도. 부터. 까지. 조차. 하고. 부터는. 까지만. 조차도

HLL조 체언의 고저장단형은 HLLL(L(L))조다.

(3) LHH조 체언

(76) 사다'리'[梯]. 끄시'럼'[煤]. 끄지'름'[煤]. 꾸지'람'[叱]. 시애'비' [舅]. 시에'미'[姑] …

고저장단형

㉠ LHHL(L(L))
사다'리'[梯] + 가. 는. 를. 와. 라. 면. 로. 만. 도. 캉. 에는. 에도. 에서. 에서도

㉡ LHHHL(L)
사다'리'[梯] + 부터. 까지. 조차. 하고. 부터는. 까지만. 조차도

LHH조의 고저장단형은 LHHL(L(L))조와 LHHHL(L)조의 2가지다. 이들은 LHH(H)L(L(L))조로 묶을 수 있다.

(4) LHL조 체언

(77) 가분'데[中]. 강새'이(강아지). 강지'리[筐]. 까마'구[烏]. 깜부'기 [黑穗]. 꼬치'미[蕨]. 꼭때'기[頂]. 꾸리'미[包]. 끄내'끼[紐]. 너구'리[狸}. 다리'미[熨]. 두루'미[鶴]. 등더'리[背]. 뚜깨'비[蟾]. 매래'치(멸치). 모타'리(덩어리). 발까'락. 버부'리[啞]. 보조'개. 삐가'리[雛]. 삐둘'깨[鳩]. 사마'구[蜋]. 소구'리[簞]. 소안'치[犢]. 손까'락. 아재'비[叔]. 오징'어. 종달'새. 저구'리[襦]. 주디'이[口]. 콩지'름(콩나물). 토깨'이[兎]. 할마'시[婆]. 할마'이[婆]. 할망'구[婆]. 할바'시[舅]. 할바'이[舅] …

고저장단형

㉠ LHLL(L(L))
가분'데[中] + 가. 는. 를. 와. 라. 면. 로. 만. 도. 캉. 에는. 에도. 에서. 에서도. 부터. 까지. 조차. 하고. 부터는. 까지만. 조차도

LHL조 체언의 고저장단형은 LHLL(L(L))조다.

(5) L:LL조 체언

(78) 거:무리[蛭]. 구:더리[蛆]. 굼:비이[蠐]. 기:지개[伸]. 깐:채이[鵲]. 문:디이[癩]. 빙:시이(<病身－) …

▶ 고저장단형

㉠ L:LLL(L(L))
깐:채이[鵲] + 가. 는. 를. 와. 라. 면. 로. 만. 도. 캉. 에는. 에도. 에서. 부터. 까지. 조차. 하고. 부터는. 까지만. 조차도

L:LL조 체언의 고저장단형은 L:LLL(L(L))조다.

(6) LLH:조 체언

(79) 가시나″[女兒]. 머시마″[男兒] …

▶ 고저장단형

㉠ LLH:L(L(L))
가시나″[女兒] + 가. 는. 를. 와. 라. 면. 로. 만. 도. 캉. 에는. 에도. 에서. 에서도. 부터. 까지. 조차. 하고. 부터는. 까지만. 조차도

LLH:조 체언의 고저장단형은 LLH:L(L(L))조다.

(7) LLhL조 체언

(80) 산대^지[山猪]. 왕새^비[大蝦]. 불개^미 …

(80)은 '산'(山], 왕'(王), 불[火]'과 LhL조 체언 '대^지[猪], 새^비[蝦], 개^미[蟻]'가 합성된 단어들이다.

▶ 고저장단형

㉠ LLhLL(L(L))
산대^지[山猪] + 가. 는. 를. 와. 라. 면. 로. 만. 도. 캉. 에는. 에도. 에서. 부터. 까지. 조차. 하고. 부터는. 까지만. 조차도

LLhL조 체언의 고저장단형은 LLhLL(L(L))조다.

(8) 간추리기

이상의 3음절 체언의 고저장단형을 6음절로 간추리면 다음과 같다.

HHL조 체언　HHLL(L(L))
HLL조 체언　HLLL(L(L))
LHH조 체언　LHH(H)L(L)
LHL조 체언　LHLL(L(L))
L:LL조 체언　L:LLL(L(L))
LLH:조 체언　LLH:L(L(L))
LLhL조 체언　LLhLL(L(L))

위의 것을 중복 없이 다시 6음절로 간추리면 다음과 같다.

(H)HLLL(L)
LH(H(H))L(L)
L:LLL(L(L))
LLH:L(L(L))
LLhLL(L(L))

2.3.4 4음절 체언

4음절 체언은 그 예가 많지 않다. 몇 있는 낱말들은 LHHL~LLHL를 넘나드는데 LHHL조가 우세한 듯하여 그것을 기본형으로 잡아 둔다.

(1) LHHL조 체언

(81) 갈가'마'구[鴉]. 까부'든'지(진드기). 기뚜'라'미[蟋]. 고슴'도'치[蝟]. 노고'지'리[叫天鳥]. 딱다'구'리[啄木鳥]. 두루'매'기[周衣]. 미꾸'라'지[鰍]. 미친'개'이[狂人]. 멍텅'구'리[愚]. 소두'배'이(솥뚜껑). 아주'까'리[萞麻子]. 자트'래'이[腋] …

■ 고저장단형

㉠ LHHLL(L(L))
갈가'마'구[鴉] + 가. 는. 를. 와. 라. 면. 로. 만. 도. 캉. 에는. 에도. 에서. 부터. 까지. 조차. 하고. 부터는. 까지만. 조차도

LHHLL조 체언의 고저장단형은 LHHLL(L(L))조다.

2.4 체언의 고저장단 요약

지금까지 살펴본 체언의 고저장단형을 여기게 다 모아 보면 다음과 같다.

1음절 체언

(H)HL(L))
LH(L(L))
LL(L(L))
H:L(L(L))
LH:L(L)
L:L(L(L))
LhHL(L)
LhL(L(L))

2음절 체언

(H)HLL(L)
LH(H)L(L)
L:LL(L(L))
(L)H:LL(L)
LhLL(L(L))

3음절 체언

(H)HLLL(L)
LH(H(H))L(L)
L:LLL(L(L))
LLH:L(L(L))

LLhLL(L(L))

4음절 체언

LHHLL(L(L))

1음절에서 4음절까지의 고장단형을 중복 없이 7음절 내로 압축하면 다음과 같다.

H(H)L(L(L(L(L))))
LH(H(H))L(L(L))
LL(L(L(L(L(L)))))
L:L(L(L(L(L(L)))))
(L(L))H:LL(L(L))
LhHL(L)
LhL(L(L))

경상도방언의 어떤 체언이든 어떤 곡용형이든 위의 고저장단형 중 어느 한 형에 해당된다는 의미다.

3 용언의 고저장단

이제부터 용언(동사와 형용사)의 고저장단을 살펴보기로 한다.

3.1 용언의 고저장단 기본형 설정

체언은 체언 단독으로 쓰이는 경우가 있어 체언이 단독으로 쓰일 때의 고저장단을 그 체언의 기본형으로 잡았다.

용언 중에 형용사도 형용사 기본형이 단독으로 쓰이므로 그 때의 고저장단형을 기본형으로 잡으면 된다.

(82) 눈:은 <u>히다</u>(희－).　'히다[白]'의 기본형 LL조

옛이 달'다. 　　　'달'다[甘]'의 기본형 HL조
꽃'이 곱:다. 　　　'곱:다[麗]'의 기본형 L:L조

그러나 동사는 기본형이 쓰이지 않는다. 쓰이지 않는 동사 기본형의 고저장단을 그 동사 고저장단의 기본형으로 설정할 수는 없다.

(83) ?나비를 잡다. ??조
나비를 잡'자. HL조
나비를 잡는'다. LHL조

(83)에서 '잡다[捕]'의 고저장단을 기본형으로 삼을 수 없고, '잡'자HL, 잡는'다LHL'에서 보듯이 활용형에 따라 어간의 고저장단이 변동하므로 어느 것을 기본형으로 잡을 것인지 난감하다. 그래서 다음 (84)와 같이 어간의 고저장단이 동일한 '－게, －고, －기, －지'어미가 붙은 활용형의 고저장단을 그 동사의 기본형으로 하기로 잠정적으로 정해 둔다.

(84) 나비를 잡'게 해라. HL조
나비를 잡'고 가자. HL조
나비를 잡'기 싫다. HL조
나비를 잡'지 마라. HL조

그러면 '잡'다'의 어간 '잡'－'의 기본형은 고단조 H조로 보는 것이다. 앞으로의 기술에서 독자는 이점에 유념해야 한다.

3.2 어미 분류

용언의 활용형 고저장단은 어떤 어미와 활용하는가에 따라 고저장단이 변동하므로 그것을 확인하기 위해서 다음 어미들로 대체 틀을 만들어 둔다.

(85) ㈎ －고. －게. －지. －고도. －지만. －다가. －는데. －능교.
－더라. －거나. －겠다. －겠습니더
㈏ －(으)ㄴ. －(으)ㄹ. －(으)ㄹ래. －(느)ㄴ다. －(스)ㅂ니더.

－(스)ㅂ니꺼. －(으)며. －(으)나. －(으)시면. －(으)시더라
(다) －아. －아서. －아도. －았나. －았다. －았어

(가)는 자음어간과 모음어간에 두루 붙는 어미
(나)는 음절 수가 달라질 수 있음에 유의하기 위한 어미
(다)는 어미 {－아}, {－았－}과의 음운변동에 따른 고저장단 변동을 살피기 위한 어미

이하에서는 위의 어미 중에서 몇 개를 추려 용언의 고저장단을 살펴보기로 한다.

용언은 어간말음이 자음(子音)인 폐음절(閉音節)인가 모음(母音)인 개음절(開音節)인가에 따라 고저장단이 많이 다르다. 그래서 폐음절어간, 개음절어간을 나누어 살펴보기로 한다.

3.3 폐음절말음 어간의 고저장단

3.3.1 1음절 어간

1음절 용언어간 기본형은 H조, L조, L:조, H:조의 4가지가 있다.

(1) H조 용언

(86) 갈′－[更]. 갉′－[爬]. 갖′－[具]. 갚′－[報]. 걷′－[收]. 겹′－[不勝]. 곧′－[直]. 곱′－[曲指]. 굳′－[固]. 굽′－[曲]. 궂′－[惡]. 깎′－[削]. 꽂′－[揷]. 끊′－[折]. 긁′－[爬]. 끓′－[沸]. 꺾′－[折]. 낚′－[釣]. 낡′－[古]. 낮′－[低]. 넓′－[廣]. 녹′－[溶]. 높′－[高]. 놓′－[放]. 눕′－[臥]. 늙′－[老]. 늦′－[晩]. 닫′－[閉]. 달′－[甘]. 달′－[測]. 닳′－[消]. 닿′－[接]. 덮′－[覆]. 돋′－[昇]. 듣′－[聞]. 들′－[擧]. 딲′－[修]. 엮′－[編]. 막′－[防]. 말′－[捲]. 말′－[飡]. 맑′－[淸]. 맞′－[適]. 맡′－[任]. 맡′－[嗅]. 맵′－[辛]. 묵′－[食]. 묵′－[陳·老]. 물′－[咬]. 묽′－[稀]. 믿′－[信]. 밉′－

[憎]. 박'－[揷]. 받'－[受]. 밝'－[明]. 밭'－[唾]. 벗'－[脫]. 붉'－[赤]. 붊'－[羨]. 붙'－[附]. 뻗'－[伸]. 볶'－[炒]. 빗'－[梳]. 삭'－[酵]. 샇'－[積]. 섞'－[混]. 속'－[欺]. 솎'－[拔]. 솓'－[注]. 솟'－[聳]. 숙'－[俯]. 싞'－[洗]. 싚'－[咀]. 앉'－[坐]. 앓'－[痛]. 약'－[謀]. 얕'－[淺]. 얹'－[載]. 엮'－[編]. 업'－[負]. 엮'－[編]. 엲'－[編]. 옅'－[薄]. 옇'－[入]. 욹'－[編]. 읊'－[吟]. 익'－[熟]. 읽'－[讀]. 잃'－[失]. 입'－[被]. 있'－[有]. 잊'－[忘]. 잡'－[捕]. 잦'－[頻]. 적'－[記]. 접'－[摺]. 젖'－[濕]. 죽'－[死]. 짚'－[深]. 짚'－[杖]. 짧'－[短]. 좁'－[狹]. 쫓'－[啄]. 좇'－[從]. 쫓'－[逐]. 찍'－[搗]. 찝'－[把]. 찧'－[搗]. 핥'－[舐]. 훑'－[扱] …

고저장단형

㉠ HL(L(L))
잡'[捕] ＋ 고. 지만. 아. 아도. 았다. 아라. 은. 을. 으면

㉡ LL
잡'[捕] ＋ 는

㉢ LH(H(H))L
잡'[捕] ＋ 는다. 능교. 겠다. 겠습니더

3가지 고저장단형이 있다. ㉠에 포함된 것 중에서 '－으나, －으면, －을래, －을라고'는 수의적으로 LHL(L)로 변동한다.

H조 용언의 고저장단형은 HL(L(L))조, L(L)조, LH(H(H))L조의 3가지다.

(2) L조 용언

(87) 갈－[磨]. 같－[如]. 골－(코를). 굶－[飢]. 깔－[敷]. 깜－[沐]. 깜－[瞑]. 꿇－[跪]. 끌－[引]. 늘－[增]. 달－[懸]. 들－[入]. 뜯－[取]. 빨－[吸]. 빨－[洗]. 뽑－[拔]. 살－[燒]. 설－[切]. 숨－[隱]. 실－[掃]. 싫－[厭]. 옳－[是]. 접－[希]. 졸－[眠]. 참－[忍]. 참－[冷]. 찾－[尋]. 칩－[寒]. 팔－[賣]. 풀－[解] …

고저장단형

㉠ LL

숨[隱] + 고. 지. 는. 은. 을

ⓛ HHL(L(L))

숨[隱] + 는다. 능교. 지만. 더라. 습니더. 습니꺼. 겠다. 겠습니더. 어도. 었다

L조 용언의 고저장단형은 L(L)조, HHL(L(L))조의 2가지다.

(3) H:조 용언

(88) 벌″－[稼]

고저장단형

㉠ H:L(L(L(L)))

벌″[稼] + 고. 게. 지만. 다. ㅂ니더. ㅂ니꺼. 더라. 겠다. 겠습니더. ㄴ. ㄹ. 면. 시면. 시더라. 어. 어도. 었다

H:조 용언의 고저장단형은 H:L(L(L(L)))조다.

(4) L:조 용언

(89ㄱ) 곱:－[麗]. 굵:－[太]. 떫:－[澁]. 많:－[多]. 벌:－[列]. 섧:－[哀]. 숩:－[易]. 얻:－[得]. 엄ㅅ:－[無]. 없:－[無]. 작:－[小]. 적:－[少]. 좋:－[好] …

(89ㄴ) 갈:－[耕]. 갊:－[並]. 감:－[捲]. 걷:－[步]. 걸:－[掛]. 검:－[黑]. 곪:－[膿]. 굶:－[飢]. 긋:－[劃]. 긷:－[汲]. 굽:－[炙]. 남:－[餘]. 낫:－[勝]. 낫:－[癒]. 널:－[布]. 넘:－[越]. 놀:－[遊]. 눋:－[焦]. 달:－[弄]. 닮:－[似]. 담:－[盛]. 덜:－[減]. 덥:－[署]. 돌:－[廻]. 떨:－[振]. 뚫:－[貫]. 말:－[勿]. 멀:－[遠]. 몰:－[逐]. 묻:－[問]. 물:－[辨]. 밀:－[推]. 벌:－[列]. 볿:－[踏]. 붇:－[增·漲]. 불:－[吹]. 붓:－[注]. 빌:－[禱]. 살:－[生]. 삶:－[烹]. 삼:－[爲]. 설:－[未熟]. 솔:－[狹]. 신:－[履]. 싣:－[載]. 안:－[抱]. 알:－[知]. 얇:－[薄]. 얼:－[氷]. 열:－[開]. 엷:－[薄]. 옮:－[移]. 웃:－[笑].

일:－[興]. 잇:－[續]. 잣:－[捲]. 전:－[編]. 절:－[跛]. 젊:－[壯]. 젓:－[攪]. 좃:－[拾]. 좋:－[好]. 줄:－[減]. 줏:－[拾]. 질:－[長]. 짓:－[作], 헐:－[傷] …

L:조 체언 고저장단형은 (89ㄱ), (89ㄴ)으로 구분하였다. (89ㄱ)은 어간이 모음어미 앞에서도 단음화(短音化)하지 않는 L:조고, (89ㄴ)은 단음화하는 L:조다.

고저장단형

㉠ L:L(L(L(L)))
곱:[麗] + 고. 게. 지만. 다. 습니더. 습니꺼. 더라. 겠다. 겠습니더. 운. 울. 우머. 우시먼. 우시더라. 아. 아도. 았다

(ㄱ)의 고저장단형은 L:L(L(L(L)))조다.

- L:L(L(L(L)))
  덥:[署] + 고. 지만. 다. 습니더. 습니꺼. 다가. 는데. 능교. 더라. 겠다. 겠습니더
- HL(L(L))
  덥:[署] + 운. 울. 우먼. 우시먼. 어. 어서. 어도. 어서도. 었다

(ㄴ)의 고저장단형은 L:L(L(L(L)))조와 HL(L(L))조다.

L:조 어간의 고저장단형은 (ㄱ), (ㄴ)를 묶어 L:(L(L(L(L))))조, HL(L(L))조의 2가지다.

(5) 간추리기

이상 어간말음이 자음인 1음절 어간 용언의 고저장단형을 정리하면 다음과 같다.

H조 어간	HL(L(L)). L(L). LH(H(H))L
L조 어간	L(L). HHL(L(L))
H:조 어간	H:L(L(L(L)))
L:조 어간	L:(L(L(L(L)))). HL(L(L))

이들을 다시 5음절로 압축하면 아래 5가지 고저장단형이 된다.

(H)HL(L(L))
LH(H(H))L
L(L(L(L(L))))
H:L(L(L(L)))
L:(L(L(L(L))))

어간말음이 자음인 것 중, 1음절 어간이 고저장단만으로 최소대립어(最小對立語)가 되는 것을 뽑아 보면 다음과 같다. (독자는 어미 '－고, －게, －기, －지'와의 활용형으로 비교해 볼 일이다.)

	H조	L조	H:조	L:조
갈－	[更]	[磨]		[耕]
곱－	[曲指]			[麗]
달－	[測·甘]	[懸]		[弄]
들－	[擧]	[入]		
말－	[捲·浪]			[勿]
물－	[咬]			[辦]
벌－			[稼]	[列]

3.3.2 2음절 용언

2음절 용언 어간 기본형은 HH조, HL조, LH조, L:L조의 4가지가 있다.

(1) HH조 용언

(90) 가'늘'－[細]. 가'물'－[旱]. 기'럽'－[不足]. 기'찮'－[厭]. 깨'닫'－[覺]. 드'물'－[稀]. 따'갑'－[刺]. 뜨'겁'－[熱]. 반'갑'－[歡]. 어'질'－[仁]. 왜'롭'－[孤]. 즐'겁'－[樂]. 차'갑'－[冷]. 헐'겁'－[弛·緩] …

▶ 고저장단형

㉠ HHL(L(L(L)))
깨'닫'(覺) + 고. 게. 지만. 다. 습니더. 습니꺼. 더라. 겠다. 겠습니더. 은. 을. 으먼. 으시먼. 으시더라. 아. 아도. 았다

HH조 용언의 고저장단형은 HHL(L(L(L)))조다. HHL(L(L(L)))조는 수의적으로 LLL(L(L(L)))조로 변동한다.

(2) HL조 용언

(91) 더'듬-[摸]. 머'금-[含]. 무'섭-[恐]. 아'물-[癒]. 애'럽-[難]. 재'업-[厭]. 저'물-[暮]. 지'겹-[厭]. 추'접-[醜] …

▶ 고저장단형

㉠ HLL(L(L(L)))
더'듬[摸] + 고. 게. 지만. 는다. 습니더. 습니꺼. 더라. 겠다. 겠습니더. 은. 을. 으먼. 으시먼. 으시더라. 어. 어도. 었다

HL조 용언의 고저장단형은 HLL(L(L(L)))조다.

(3) LH조 용언

(92) 간질'-[搔]. 개작'-[近]. 괜찮'-[良]. 까불'-[輕擧]. 까불'-[箕]. 꾸불'-[轉]. 꾸짖'-[叱]. 끈질'-[搔]. 따듬'-[整]. 뚜껍'-[厚]. 맨들'-[造]. 머물'-[留]. 무겁'-[重]. 받들'-[捧]. 붙잡'-[扶]. 싱겁'-[淡]. 아깝'-[惜]. 알맞'-[適]. 어둡'-[暗]. 이끌'-[引]. 자불'-[眠]. 지불'-[傾]. 치솟'-[聳]. 파묻'-[埋]. 해깝'-[輕]. 헐벗'-[貧] …

▶ 고저장단형

㉠ LHL(L(L))
파묻'[埋] + 고. 게. 지만. 은. 을. 을래. 으머. 으나. 으시먼. 으시더라. 어. 어도. 었다

㉡ LHH(H(H))L

파묻′[埋] + 는다. 는데. 더라. 습니더. 습니꺼. 겠다. 겠습니더

ⓒ LLL
파묻′[埋] + 는

LH조 용언의 고저장단형은 LHL(L(L))조, LHH(H(H))L조, LLL조의 3가지다. 이것은 LHH(H(H))L조, LLL조 둘로 묶을 수 있다

(4) L:L조 어간

(93) 거:들－[助]. 고:맙－[謝]. 까:맣－[黑]. 노:랗－[黃]. 놀:래－[驚]. 더:럽－[汚]. 말:갛－[淸]. 모:질－[惡]. 발:갛－[赤]. 서:럽－[悲]. 젊:잖－[鄭]. 파:랗－[靑]. 하:얗－[白] …

고저장단형

㉠ L:LL(L(L(L)))
고:맙(謝) + 고. 게. 지만. 다. 습니더. 습니꺼. 더라. 겠다. 겠습니더. 은. 을. 으면. 으시면. 으시더라. 아. 아도. 았다

L:L조 어간의 고저장단형은 L:LL(L(L(L)))조다.

(5) 간추리기

이상 어간 말음이 자음인 것 중 2음절 어간의 고저장단형을 살펴보았다. 이것을 정리하면 다음과 같다.

HH조 어간 HHL(L(L(L))
HL조 어간 HLL(L(L(L)))
LH조 어간 LHH(H(H))L, LLL
L:L조 어간 L:LL(L(L(L)))

이들을 다시 6음절로 압축하면 아래 4가지 고저장단형이 된다.

(H)HL(L(L(L)))
LH(H(H(H)))L

LLL(L(L(L)))
L:LL(L(L(L)))

3.3.3 3음절 용언

3음절 용언 기본형은 HHL조, HLL조, LHH조, LHL조, L:LL조, LH:L조의 6가지다.

3음절 용언은 대부분 파생어이거나 복합어다.

(1) HHL조 어간

(94) 어'지'럽-. 학'생'답-. 얼'부'풀- …

고저장단형

㉠ HHLL(L(L(L)))
어'지'럽 + 고. 게. 지만. 다. 습니더. 습니꺼. 더라. 겠다. 겠습니더. 운. 울. 우머. 우시먼. 우시더라. 어. 어도. 었다

HHL조 용언의 고저장단형은 HHLL(L(L(L)))조다.

(2) HLL조 어간

(95) 향'기롭-

고저장단형

㉠ HLLL(L(L(L)))
향'기롭 + 고. 게. 지만. 다. 습니더. 습니꺼. 더라. 겠다. 겠습니더. 운. 울. 우머. 우시먼. 우시더라. 아. 아도. 았다.

HLL조 어간의 고저장단형은 HLLL(L(L(L)))조다.

(3) LHH조 어간

(96) 간지'럽'-. 끈지'럽'-. 미끄'럽'-. 방정'맞'-. 보드'랍'-. 부

끄'럽'-. 아름'답'-. 어리'숙'-. 재미'있'- …

고저장단형

㉠ LHH(H(H(H)))L
간지'럽' + 고. 게. 지만. 다. 습니더. 습니꺼. 더라. 겠다. 겠습니더. 운. 울. 우머. 우시먼. 우시더라. 어. 어도. 었다

LHH조 어간의 고저장단형은 LHHH(H(H))L조다.

(4) LHL조 어간

(97) 탐시'럽-. 행팬'없-. 히날'리- …

고저장단형

㉠ LHLL(L(L(L)))
탐시'럽 + 고. 게. 지만. 다. 습니더. 습니꺼. 더라. 겠다. 겠습니더. 운. 울. 우머. 우시먼. 우시더라. 어. 어도. 었다

LHL조 용언의 고저장단형은 LHLL(L(L(L)))조다.

(5) L:LL조 어간

(98ㄱ) 사:람답-. 신:용있-. 애:처럽-. 장:가들- …

(98ㄴ) 시:커멓-. 시:퍼렇-. 샛:까맣-. 샛:노랗-. 샛:빨갛-. 새:하얗- …

(98ㄷ) 커:다랗-. 곱:다랗-. 굴:다랗-. 기:다랗-. 높:다랗-. 쫍:다랗- …

L:LL조 어간은 그 기본형의 고저장단이 유동적인 것이 많다. 접두사 '시-, 새-, 샛-'과 결합된 것은 이들 접사가 다분히 정의적(情意的) 요소가 강한 것이기 때문에 운소(韻素)로서의 고저장단과 정의적 요소로서의 고저장단의 분별이 어렵다. L:LL조 아니면 LHH조에 들겠는데, LHH로 발음하고 보면 접두사 '시-, 새-, 샛-'의 의미가 약해진 듯하다. 접

두사의 의미가 약해지면 접두사를 붙인 의미가 없어진다. 따라서 이들 접미사는 정의적이면서도 운소적 의미가 있는 것으로 간주하여 이 항에 넣었다.

접미사 '－다랗－'이 결합된 것도 그렇다. 접미사의 뜻을 살리면 L:LL조이고, LHH조가 되면 접미사의 뜻이 약해진다. 이들도 위에서 말한 것과 같은 것으로 간주하여 이 항에 포함시킨다.

고저장단형

㉠ L:LLL(L(L(L)))
애:처럽 + 고. 게. 지만. 다. 습니더. 습니꺼. 더라. 겠다. 겠습니더.
운. 울. 우머. 우시먼. 우시더라. 어. 어도. 었다

L:LL조 용언의 고저장단형은 L:LLL(L(L(L)))조다.

(6) LH:L조 어간

(99) 사나"답－. 예나"답－(여자애답－)

고저장단형

㉠ LH:LL(L(L(L)))
사나"답 + 고. 게. 지만. 다. 습니더. 습니꺼. 더라. 겠다. 겠습니더.
운. 울. 우머. 우시먼. 우시더라. 아. 아도. 았다

LH:L조 용언의 고저장단형은 LH :LL(L(L(L)))조다.

(7) 간추리기

이상 어간말음이 자음인 3음절 어간의 고저장단형을 정리하면 다음과 같다.

HHL조 용언 HHLL(L(L(L)))
HLL조 용언 HLLL(L(L(L)))
LHH조 용언 LHH(H(H(H)))L

LHL조 용언 LHLL(L(L(L)))
L:LL조 용언 L:LLL(L(L(L)))
LH:L조 용언 LH:LL(L(L(L)))

이들을 다시 7음절로 압축하면 아래 4가지 고저장단형이 된다.

(H)HLL(L(L(L)))
LHH(H(H(H)))L
L:LLL(L(L(L)))
LH:LL(L(L(L)))

3.4 폐음절말음 어간 용언의 고저장단 요약

지금까지 어간말음이 자음인 용언의 고저장단형을 살펴보았다. 지금까지 알아 낸 고저장단형을 음절 수 별로 정리하면 다음과 같다.

1음절 용언
(H)HL(L(L))
LH(H(H))L
L(L(L(L(L))))
H:L(L(L(L)))
L:(L(L(L(L))))

2음절 용언
(H)HL(L(L(L)))
LH(H(H(H)))L
LLL(L(L(L)))
L:LL(L(L(L)))

3음절 용언
(H)HLL(L(L(L)))
LHH(H(H(H)))L
L:LLL(L(L(L)))
LH:LL(L(L(L)))

이것을 다시 중복을 피하고, 하나의 고저장단형으로 묶을 수 있는 것은 묶어 보면 다음 5가지로 압축된다.

(H)HLL(L(L(L)))
LH(H(H(H(H)))L
L(L(L(L(L(L)))))
(L)H:LL(L(L(L)))
L:(L(L(L(L(L(L))))))

어간말음이 폐음절인 용언은 위의 5가지 고저장단형 중 어느 한 형에 해당된다는 의미다.

3.5 개음절말음 어간의 고저장단

개음절 어간의 용언에 많은 수의 피동사와 사동사가 포함되어 있다. 피동사와 사동사는 피동접미사와 사동접미사의 특이성 때문에 따로 다루었다. ('4. 피동사와 사동사의 고저장단' 참조)

3.5.1 {－아}, {－았－}의 이형태

어간 말음이 모음인 어미와의 결합과정에서 비음절화(非音節化) 즉 축약(縮約), 활음화(滑音化), 탈락(脫落)이 일어난다. 그럴 때면 따라서 고저장단의 변동도 생기게 되어 매우 복잡해진다. 개음절어간 말음 용언의 고저장단을 살필 때는 이 점에 유의해야 한다.

모음어미에 대한 중복되는 설명을 피하기 위해서 먼저 이것에 대해 간략히 설명해 두기로 한다. ('3장 3.2. 모음어미 {－아}, {－았－}의 이형태가 여럿인 경향' 참조)

표준어에서 모음어미 {－아}는 / －아 / －어 / －여 / 의 세 이형태를, 모음 선어말어미 {－았－}은 / －았－ / －었－ / －였－ / 의 세 이형태를 가지고 다음과 같은 음운변동을 한다.

(100) 가－[去]. 가아 → 가. 가아도 → 가도. 가았다 → 갔다
주－[授]. 주어 → 줘. 주어도 → 줘도. 주었다 → 줬다
하－[爲]. 하여 → 해. 하여도 → 해도. 하였다 → 했다

이 방언의 모음어미 {－아}는 / －아 / －애 / －어 / (－오) / －우 / －이 / －여 / 의 (7)6개 이형태를, 모음 선어말어미 {－았－}은 / －았－ / －앴－ / －었－ / (－왔－) / －읐－ / －있－ / －였－ / 의 (7)6개 이형태를 가지고 있어 표준어보다 복잡하다.

(101) 가'－[去]. 가'아 → 가. 가'아도 → 가도. 가'았다 → 갔다
내:－[出]. 내'애 → 내". 내'애도 → 내"도. 내'앴다 → 냈"다
서'－[立]. 서어 → 서. 서어도 → 서도. 서었다 → 섰다
주'－[授]. 주'오 → 조". 주'오도 → 조"도. 주'웠다 → 좠"다
묵'－[食]. 묵'우 → 무". 묵'우도 → 무"도. 묵'웠다 → 뭈"다[8]
피－[發]. 피이 → 피:. 피이도 → 피:도. 피있다 → 핐:다
하'－[爲]. 하'여 → 해. 하'여도 → 해도. 하'였다 → 했다

이 책에서는 / －오 / 가 / －어 / 와의 결합에서 다음과 같은 변형을 거친 것으로 보고 / －오 / 는 설정하지 않기로 한다.[9]

---

8 '－우'는 독특하게도 '묵－[食]. 뿌－(조동사)'아래에서만 실현된다. 이 경우 필수적으로 '묵－'의 말음 'ㄱ'이 묵음된다.

[食] 묵'우도 → 무'우도 → 무"도
묵'웠나 → 무'웠나 → 뭈"나
묵'웠다 → 무'웠다 → 뭈"다

9 이 방언에서 초성을 가진 '워'는 '오'로 실현되는 경향이 있다.

권리 → 곤'리(權利)
권한다 → 곤:한다(勸－－)
꿩 → 꽁[雉]
뭐 → 모[何]

활용에서 초성을 가진 '우－'가 '－어'와 결합하면 '우＋어 → 오'의 경향이 강하다.

[置]두'어라 → 둬"라 → 도"라

주'－[授] 주'어→줘"→조", 주'어도→줘"도→조"도, 주'었다
→줬"다→좄"다

이하 고저장단을 살필 적에 {－아}, {－았－}의 이러한 특징을 잘 살펴야 한다. 이들 어미의 이형태가 다양한 고저장단의 어간을 만나 활용할 때 비음절화가 일어나서 매우 다양한 고저장단으로 실현되는 것을 보게 될 것이다.

3.5.2 1음절 어간

1음절 어간의 기본형은 H조, L조, H:조, L:조의 4가지다.

(1) H조 어간

H조 어간은 자음어미와의 활용에 따라 둘로 나누어진다.

(102ㄱ) 가'－[去]. 나'－[出]. 누'－[尿]. 두'－[置]. 보'－[見]. 오'－[來]. 자'－[寢]. 주'－[授]. 하'－[爲] …

(102ㄴ) 깨'－[破]. 띠'－[躍]. 매'－[結]. 서'－[立]. 이'－[戴]. 지'－[負]. 지'－[敗]. 캐'－[點火]. 티'－[跳]. 패'－[伸] …

[棋]뚜어라→뚸:라→또:라
[尿]누'어라→눠"라→노"라

활용에서는 이것을 모음어미 '어'와의 활용과정에 일어난 축약을 거쳐 위와 같은 경향으로 변음된 것으로도 볼 수 있겠다.

[尿] 누'어→ 눠"→ 노"
[置] 두'어→ 둬"→ 도"
[授] 주'어→ 줘"→ 조"
[夢] 꾸어→ 꿔: → 꼬:
[碁] 뚜어→ 뚸: → 또:

여기서는 보다 간결한 설명을 위해서 '－오'는 설정하지 않기로 하고 이에 해당되는 것은 '－어'항에 넣는다.

자음어미와의 활용형을 먼저 (102ㄱ), (102ㄴ) 순으로 보겠다.

고저장단형

(102ㄱ)

㉠ HL(L)

가′(去) + 고. 게. 지. 고도. 지만. 먼. 니

㉡ HHL

가′(去) + 다가. 는데. 더라. 거나. ㅂ니더. 시먼

㉢ LH(H(H))L

가′(去) + 겠다. 겠더라. 겠습니더

㉣ L(L)

가′(去) + ㄴ. ㄹ. ㄴ다. ㄹ래. 는

매우 다양한 고저장단형을 보여 준다. '－ㄴ, －ㄹ, －는'과의 결합형 L(L)조는 H(H)조로 수의적으로 변동한다. '－ㄴ, －ㄹ' 모두 관형사형 어미인데 뒤의 피수식어에 따라 달라진다. 대체로, 피수식어가 목′[頸], 말′[馬], 달′[鷄], 꽃′[花], 집′[家], 똥′[糞] 등 H조나, 불[火], 논[畓], 못[池], 꿀[蜜], 옷[衣] 등 L조이면 L(L)조이고, 중:[僧], 돈:[錢], 개:[犬], 돌:[石], 눈:[雪] 등 L:조이면 H(H)조로 변동한다. 그러나 종잡기 어려울 정도로 유동적이어서 L(L)조를 대표로 정해 둔다.

고저장단형은 어절단위로 형성되지만 1음절 관형사형은 그 독립성이 다소 불안전함을 보여준다. 그것은 뒤따르는 피수식어와의 결합성이 강하기 때문이라 생각한다.

한편 HHL조는 수의적으로 LLL조로 변한다.

(102ㄴ)

· HL(L)

깨′[破] + 고. 게. 지. 고도. 지만. ㄹ래. 면. 니. ㄴ다

· LH(H(H))L

깨′[破] + 다가. 는데. 더라. 거나. ㅂ니다. 겠다. 겠더라. 겠습니더. 시면

· L(L)

깨′[破] + ㄴ. ㄹ. 는

(102ㄴ)도 역시 매우 다양하다. 고저장단 가운데 이 H조가 가장 복잡한 것이다. (102ㄱ), (102ㄴ) 모두 HL(L)조, LH(H(H))L조, L(L)조가 있는 점은 같으나 어미의 분포가 세부적으로 다르고, (102ㄱ)에 있는 HHL조가 (102ㄴ)에는 없다. '－ㄴ, －ㄹ' 어미의 결합형이 유동적인 것은 (102ㄱ)과 같다.

모음어미 {－아}, {－았－}과의 활용에 따라 (102ㄷ), (103ㄹ). (104ㅁ)로 다시 나눌 수 있다.

(102ㄷ) 가'－[去]. 나'－[出]. 서'－[立]. 오'－[來]. 자'－[寢]. 지'－[負]. 지'－[敗]. 하'－[爲] …

(102ㄹ) 누'[屎]. 두'－[置]. 보'－[見]. 주'－[授] …

(102ㅁ) 깨'－[破]. 띠'－[躍]. 매'－[結]. 이'－[戴]. 캐'－[點火]. 티'－[跳]. 패'－[伸] …

모음어미와의 활용형은 다음 세 가지다.

㉣ 가'[去] + 아. 아도. 았다 → 가. 가도. 갔다 L(L)
서'[立] + 어. 어도. 었다 → 서. 서도. 섰다 L(L)
오'[來] + 아. 아도. 았다 → 와. 와도. 왔다 L(L)
자'[寢] + 아. 아도. 았다 → 자. 자도. 잤다 L(L)
하'[爲] + 여. 여도. 였다 → 해. 해도. 했다 L(L)

㉤ 누'[屎] + 어. 어도. 었다 → 눠:. 눠:도. 눴:다 →
노:. 노:도. 놌:다 L:(L)
보'[見] + 아. 아도. 았다 → 봐:. 봐:도. 봤:다 →
바:. 바:도. 밨:다 L:(L)
두'[置] + 어. 어도. 었다 → 둬:. 둬:도. 뒀:다 →
도:. 도:도. 돘:다 L:(L)

㉥ 매'[結] + 애. 애도. 앴다 → 매". 매"도. 맸"다 H:(L)
이'[戴] + 이. 이도. 있다 → 이". 이"도. 있"다 H:(L)
티'[跳] + 이. 이도. 있다 → 티". 티"도. 팄"다 H:(L)
패'[伸] + 애. 애도. 앴다 → 패". 패"도. 팼"다 H:(L)

H조 어간이 모음어미와 결합하면 예외 없이 한 음절이 준다는 공통점이 있다. ㉣은 어간의 고조(高調)가 사라졌다. 이것은 어간+어미에서 어간 모음이 완전탈락한 것으로 보인다. ㉤은 어간+어미에서 활음화(滑音化)하였다. ㉥은 동음생략에서 H+L→H: 의 전형을 보여 준다. 실현되는 결과는 L(L)조, L:L조, H:L조의 3가지다.

이하에서는 모음탈락, 축약, 활음화, 완전탈락, 부분탈락 등의 설명은 생략하고 결과의 고저장단만을 보기로 한다.[10]

이상의 H조 고저장단형은 HL(L)조, HHL조, LH(H(H))L조, L(L)조 4가지와, 모음어미와의 결합형 L(L)조, L:(L)조, H:(L)조의 3가지로 모두 7가지인데, 이들은 H(H)L조, LH(H(H))L조, L(L)조, H:(L)조, L:(L)조의 5가지로 묶을 수 있다.

(2) L조 어간

(103ㄱ) 까-[剝]. 까-[孵]. 끄-[消]. 따-[摘]. 뜨-[浮]. 뜨-[覺]. 매-[鏟]. 뿌-(조동사). 사-[抱]. 사-[買]. 시-[書]. 시-[用]. 짜-[織]. 찌-[烹]. 차-[盈]. 차-[佩]. 차-[蹴]. 차-[寒]. 치-[打]. 치-[收]. 캐-[採]. 크-[大]. 타-[燒]. 타-[乘]. 타-[混]. 트-[開]. 파-[掘]. 패-[打] …

(103ㄴ) 기-[匍]. 깨-[覺]. 꾸-[夢]. 뚜-[碁]. 띠-[帶]. 삐-[折]. 수-[射]. 추-[舞]. 추-[探]. 패-[開]. 피-[開]. 히-[白] …

L조 어간은 모음어미와의 변동 차이로 ㄱ과 ㄴ으로 나누었다.

➡ 고저장단형

㉠ L(L(L(L(L))))

---

10 모음의 완전탈락, 불완전탈락, 동음탈락, 약모음탈락, 활음의 탈락 등에 대해서는 신기상(2020) 『울산방언 피동사와 사동사』에 수록된 「동부경남방언 활용에서의 모음탈락 연구」 참조.

따[摘] + 고. 게. 지. 고도. 지만. 다가. 는데. 능교. 더라. 겠다. 겠습니더. ㄴ. ㄹ. 는. ㄹ래. ㄴ다. ㅂ니더. ㅂ니꺼. 머. 나. 시먼. 시더라

다음은 모음어미 {－아}, {－았－}과의 활용을 보겠다.

㉡ 차[蹴] + 아. 아도. 았다 → 차. 차도. 찼다 L(L)
뜨[浮] + 어. 어도. 었다 → 떠. 떠도. 떴다 L(L)
뿌 - (조동사) + 우. 우도. 웠다 → 뿌. 뿌도. 뿠다 L(L)

㉢ 깨[覺] + 애. 애도. 앴다 → 깨:. 깨:도. 깼:다 L:(L)
뚜[碁] + 어. 오도. 었다 → 또:. 또:도. 똤:다 L:(L)
피[發] + 이. 이도. 있다 → 피:. 피:도. 핐:다 L:(L)

L조 용언의 고저장단형은 L(L(L(L(L))))조와 L:L조의 2가지다.

(3) H:조 어간

(104) 개″－[晴]. 고″－[烹]. 꼬″－[誘]. 대″－[觸]. 대″－[駐]. 모″－[集]. 비″－(<보이″－[被見]). 비″－(<보′이－[使見]). 뽀″－[碎]. 이″－[蓋]. 재″－[測]. 쪼″－[啄] …

이 예 중에 '대″－, 재″－'는 역사적으로 '다히－, 자히－'에 소급되는 것이고, '고″－, 꼬″－, 모″－, 뽀″－, 이″－, 쪼″－'는 '고′우－, 꼬′우－, 모′우－, 뽀′우－, 이′우－, 쪼′우－'의 제2음절의 '우'가 약화, 비음절화하면서 그 보상(報償)으로 장조화한 것이다. 즉, HL → Hl → H:의 과정을 거친 개신어간(改新語幹)이다. 피동사 '비″－'는 '보이″－'가 축약한 것인데 LH: → H:의 과정을 거친 것이고 사동사 '비″－'는 '보′이－'가 축약한 것이니 HL → H:의 과정을 거친 것이다.

고저장단

㉠ H:(L(L(L(L))))
모″[集] + 고. 게. 지. 고도. 지만. 다가. 는데. 능교. 더라. 겠다. 겠습니더. ㄴ. ㄹ. 는. ㄹ래. ㄴ다. ㅂ니더. ㅂ니꺼. 며. 나. 시면. 시더라

㉡ 고″[烹] + 아. 아도. 았다 → 과″. 과″도. 괐″다 H:(L)

재″[測] + 애. 애도. 앴다 → 재″. 재″도. 쟀″다 H:(L)
이″[蓋] + 이. 이도. 있다 → 이″. 이″도. 있″다 H:(L)

H:조의 고저장단형 H:(L(L(L(L))))조와 H:(L)조의 2가지를 H:(L(L(L(L))))조로 묶을 수 있다.

(4) L:조 어간

(105) 기:-[匍]. 내:-[出]. 디:-[火傷]. 때:-[燒]. 띠:-[帶]. 미:-[擔]. 비:-[枕]. 비:-[空]. 비:-[刈]. 시:-[强]. 시:-[休] …

고저장단형

㉠ L:(L(L(L)))
내:(出] + 고. 게. 지. 고도. 지만. 다가. 는데. 능교. 더라. 겠다. 겠습니더. ㄴ. ㄹ. 는. ㄹ래. ㄴ다. ㅂ니더. ㅂ니꺼. 머. 나. 시먼. 시더라
㉡ 내:[出] + 애. 애도. 앴다 → 내″. 내″도. 냈″다 H:(L)
비:[空] + 이. 이도. 있다 → 비″. 비″도. 빘″다 H:(L)

L:조의 고저장단형은 L:L(L(L(L)))조 H:L조의 2가지다.

(5) 간추리기

이상의 1음절 어간의 고저장단형을 간추리면 다음과 같다.

H조 어간 H(H)L. LH(H(H))L. L(L). H:(L). L:(L)
L조 어간 LL(L(L(L))). L:L
H:조 어간 H:(L(L(L(L))))
L:조 어간 L:L(L(L(L))). H:L

이것을 5음절만으로 압축하면 다음과 같다.

(H)HL(L(L))
LH(H(H))L

LL(L(L(L)))
H:(L(L(L(L))))
L:L(L(L(L)))

어간 말음이 모음인 1음절 어간 중에서 고저장단에 의한 최소대립어를 몇 뽑아 보면 다음과 같다.

	H조	L조	H:조	L:조
개−	[疊]	[醇]	[晴]	
깨−	[破]	[覺]		
꼬−		[繩]	[誘]	
대−	[爲]	[升]	[觸]	[硬·苦]
매−	[結]	[鏟]		
이−	[戴]		[蓋]	
캐−	[點火]	[採]		
패−	[伸]	[打]		

3.5.3 2음절 어간

2음절 어간의 기본형은 HH조, HL조, LH조, LL조, H:L조, L:L조, LH:조의 7가지다.

(1) HH조 어간

(106) 기'리'−[畵]. 기'리'−[望]. 꺼'지'−[陷]. 끝'나'−[終]. 바'래'−[望]. 부'리'−[使]. 빠'지'−[溺]. 질'기'−[樂]. 처'지'−[遲]. 터'지'−[坼] …

고저장단형

㉠ HHL(L(L(L)))
바'래'[望] + 고. 게. 지. 고도. 지만. 다가. 는데. 능교. 더라. 겠다. 겠습니더. ㄴ. ㄹ. 는. ㄹ래. ㄴ다. ㅂ니더. ㅂ니꺼. 머. 나. 시먼. 시더라

HH조의 고저장단형은 이것 하나로 안정되어 있으나 어간의 HH는 LL로 수의적으로 변동한다.

㉡ 바'래'[望] + 애. 애도. 앴다 → 바'래'. 바'래'도. 바'랬'다 HHL
기'리'[使] + 이. 이도. 있다 → 기'리'. 기'리'도. 기'릿'다 HHL

HH조 어간의 고저장단형은 HHL(L(L(L)))조다.

(2) HL조 어간

(107) 가'리-[遮]. 가'리-[避]. 가'시-[除]. 가'지-[持]. 고'우-[烹]. 곤'치-[改]. 깨'우-[使覺]. 껀'지-[渡]. 꼬'우-[誘]. 끈'치-[止]. 끼'리-[沸]. 내'리-[降]. 넘'기-[過]. 놀'리-[弄]. 누'리-[黃]. 느'리-[緩]. 니'비-[縫]. 다'리-[尉]. 댕'기-[行]. 더'디-[遲]. 돌'리-[使回]. 디'디-[踏]. 때'리-[打]. 떤'지-[投]. 마'시-[飮]. 만'내-[逢]. 만'치-[撫]. 모'우-[集]. 물'리-[退]. 바'치-[贈]. 배'우-[學]. 베'리-[捨]. 베'끼-[脫]. 부'치-[送]. 부'치-[付]. 비'기-[相殺]. 비'우-[使空]. 뽀'우-[碎]. 살'피-[省]. 삼'가-[謹]. 새'기-[交]. 새'기-[譯]. 생'기-[生]. 생'키-[呑]. 섬'기-[事]. 수'시-[刺]. 애'끼-[惜]. 어'기-[違]. 에'리-[幼]. 여'리-[弱]. 이'기-[勝]. 자'라-[育]. 재'우-[使寢]. 전'디-[忍]. 제'치-[除]. 죽'이-[殺]. 지'리-[使育]. 지'우-[使負]. 지'우-[使除]. 질'기-[靭]. 쪼'우-[啄]. 채'리-[設]. 채'우-[使盈]. 치'우-[撤]. 키'우-[使育]. 태'우-[使乘]. 태'우-[使燒]. 푸'리-[靑]. 흐'리-[曇]. 히'리-[淡] …

■ 고저장단형

㉠ HL(L(L(L(L))))
가'리[遮] + 고. 게. 지. 고도. 지만. 다가. 는데. 능교. 더라. 겠다. 겠습니더. ㄴ. ㄹ. 는. ㄹ래. ㄴ다. ㅂ니더. ㅂ니꺼. 머. 나. 시먼. 시더라

㉡ 삼'가[謹] + 아. 아도. 았다 → 삼'가. 삼'가도. 삼'갔다 HL(L)
만'내[逢] + 애. 애도. 앴다 → 만'내. 만'내도. 만'냈다 HL(L)
가'리[遮] +이. 이도. 있다 → 가'리. 가'리도. 가'릿다 HL(L)

모′우[集] + 아. 아도. 았다 → 모′아. 모′아도. 모′았다 HL(L)
배′우[學] + 아. 아도. 았다 → 배′야. 배′야도. 배′얐다 HL(L)

HL조 어간의 고저장단형은 HL(L(L(L(L))))조, HL(L)조다. HL(L)조는 HL(L(L(L(L))))조에 포함된다.

(3) LH조 어간

(108ㄱ) 가리′-[分]. 가리′-[選]. 가쁘′-[窒]. 고리′-[均]. 고푸′-[飢]. 그리′-[非]. 꼬시′-[芳]. 끄리′-[解]. 나쁘′-[邪]. 나쁘′-[不足]. 다리′-[異]. 두리′-[帳]. 마리′-[乾]. 바리′-[正]. 바리′-[塗]. 바쁘′-[忙]. 부리′-[呼]. 부리′-[飽]. 슬푸′-[悲]. 아푸′-[痛]. 야푸′-[淺] 오리′-[登]. 짜리′-[短]. 흐리′-[流] …

(108ㄴ) 낫우′-[使癒]. 낮추′-[使低]. 달개′-[說]. 따시′-[溫]. 무디′-[鈍]. 무리′-[軟]. 뭉개′-[崩]. 바꾸′-[換]. 보내′-[送]. 보태′-[加]. 비비′-[刮]. 빈추′-[使照]. 오무′-[蹙]. 이개′-[捻]. 지루′-[使育]. 쪼개′-[割]. 포개′-[疊].

LH조 어간은 모음어미와 결합할 때의 고저장단 차이로 ㄱ, ㄴ으로 나눌 수 있다.

고저장단형

㉠ LHL(L)
오리′[登] + 고. 게. 지. 고도. 지만. ㄴ다. ㄹ래. 머. 먼서

㉡ LHH(H(H))L
오리′[登] + 다가. 는데. 더라. 거나. ㅂ니더. ㅂ니꺼. 겠다. 겠더라. 겠습니더

㉢ LL(L)
오리′[登] + ㄴ. ㄹ. 는

자음어미 앞에서는 LHL(L)조, LHH(H(H))L조, LL(L)조다.

㉣ 고푸′[飢] + 아. 아도. 았다 → 고′파. 고′파도. 고′팠다 HL(L)
바뿌′[忙] + 아. 아도. 았다 → 바′빠. 바′빠도. 바′빴다 HL(L)
오리′[登] + 아. 아도. 았다 → 올′라. 올′라도. 올′랐다 HL(L)

㉤ 달개′[說] + 애. 애도. 앴다 → 달개″. 달개″도. 달갰″다 LH:(L)
바꾸′[換] + 아. 아도. 았다 → 바까″. 바까″도. 바깠″다 LH:(L)
비비′[刮] + 이. 이도. 있다 → 비비″. 비비″도. 비빘″다 LH:(L)

모음어미와의 결합에서는 HL(L)조와 LH:(L)조다.

LH조 어간의 고저장단형은 LHL(L)조, LHH(H(H))L조, LL(L)조, HL(L)조, H:LL조의 5가지다. 첫째 LHL(L)조는 둘째 LHH(H(H))L조에 포함되어 4가지다.

(4) LL조 어간

(109) 모리－[不知]. 지내－[過] …

고저장단형

㉠ LLL(L(L(L)))
지내[過] + 고. 게. 지. 고도. 지만. 다가. 는데. 능교. 더라. 겠다. 겠습니더. ㄴ. ㄹ. 는. ㄹ래. ㄴ다. ㅂ니더. ㅂ니꺼. 머. 나. 시머. 시더라

자음어미 앞에서는 LLL(L(L(L)))조다.

㉡ 모리[不知] + 아. 아도. 았다 → 몰라. 몰라도. 몰랐다 LL(L)
지내[過] + 애. 애. 앴다 → 지내. 지내도. 지냈다 LL(L)

모음어미 앞에서는 LL(L)조다.

LL조 어간의 고저장단형은 LL(L(L(L(L))))조다.

(5) H:L조 어간

(110) 디″지－[死]. 미″지－[塞]. 삐″지－[忿] …

▶ 고저장단형

㉠ H:L(L(L(L(L))))
디″지[死] + 고. 게. 지. 고도. 지만. 다가. 는데. 능교. 더라. 겠다. 겠습니더. ㄴ. ㄹ. 는. ㄹ래. ㄴ다. ㅂ니더. ㅂ니꺼. 머. 나. 더라

자음어미 앞에서는 H:L(L(L(L(L))))조다.

㉡ 디″지[死] + 어. 어도. 었다 → 디″져 → 디″저. 디″져도 → 디″저도. 디″졌다 → 디″젔다 H:L(L)

모음어미 앞에서는 H:L(L)조다.
H:L조 어간의 고저장단은H:L(L(L(L(L))))조다.

(6) L:L조 어간

(111) 건:너-[渡]. 계:시-[存]. 꺼:리-[忌]. 놀:래-[驚]. 눌:리-[壓]. 도:지-[回]. 모:시-[侍]. 벌:리-[開]. 이:지-[肥]. 자:시-[食] …

▶ 고저장단형

㉠ L:L(L(L(L(L))))
놀:래[驚] + 고. 게. 지. 고도. 지만. 다가. 는데. 능교. 더라. 겠다. 겠습니더. ㄴ. ㄹ. 는. ㄹ래. ㄴ다. ㅂ니더. ㅂ니꺼. 머. 나. 시먼. 시더라

자음어미 앞에서는 L:L(L(L(L(L))))조다.

㉡ 건:너[渡] + 어. 어도. 었다 → 건:너. 건:너도. 건:넜다 L:L(L)
꺼:리[忌] + 이. 이도. 있다 → 꺼:리. 꺼:리도. 꺼:맀다 L:L(L)
놀:래[驚] + 애. 애도. 앴다 → 놀:래. 놀:래도. 놀:랬다 L:L(L)

모음어미 앞에서는 L:L(L)조다.
L:L조 어간의 고저장단형은 L:L(L(L(L(L))))조다.

(7) LH:조 어간

(112) 갈리″－[被耕]. 개이″－[被晴]. 개이″－[被捏]. 걷히″－[被收]. 고이″－[被烹]. 고이″－[被拄]. 까이″－[被孵·被剝]. 깎이″－[被削]. 끌리″－[被曳]. 날리″－[被飛]. 닫히″－[被閉]. 닳기″－[被磨]. 담기″－[被盛]. 돋히″－[被旭]. 들리″－[被擧]. 말리″－[被捲]. 말리″－[被飡]. 묻히″－[被埋]. 물리″－[被咬]. 믹히″－[被食]. 바래″－[漂]. 벌리″－[被稼]. 뻗히″－[被暢]. 뽑히″－[被拔]. 삔치″－[被照]. 얽히″－[被繫]. 업히″－[被負]. 자래″－[充]. 잡히″－[被捕]. 찍기″－[被搗]. 칭기″－[被轢] …

대부분 피동사다.

고저장단형

㉠ LH:L(L(L(L)))
담기″[被盛] + 고. 게. 지. 고도. 지만. 다가. 는데. 능교. 더라. 겠다. 겠습니더. ㄴ. ㄹ. 는. ㄹ래. ㄴ다. ㅂ니더. ㅂ니꺼. 머. 나. 시먼. 시더라

자음어미 앞에서는 LH:L(L(L(L)))조다.

- 담기″[盛] + 이. 이도. 있다 → 담기″. 담기″도. 담깄″다 LH:(L)
- 바래″[漂] + 애. 애도. 앴다 → 바래″. 바래″도. 바랬″다 LH:(L)

모음어미 앞에서는 LH:(L)조다.
LH:조 어간의 고저장단형은 LH:(L(L(L(L))))조다.

(8) 간추리기

이상 어간말음이 모음인 2음절 어간의 고저장단형을 간추리면 다음과 같다.

HH조 어간	HHL(L(L(L)))
HL조 어간	HL(L(L(L(L))))

LH조 어간 LHH(H(H))L. LL(L). HL(L) LH:L
LL조 어간 LL(L(L(L(L))))
H:L조 어간 H:L(L(L(L(L))))
L:L조 어간 L:L(L(L(L(L))))
LH:조 어간 LH:(L(L(L(L))))

이것을 6음절만으로 압축하면 다음과 같다.

(H)HLL(L(L))
LH(H(H(H)))L
LL(L(L(L(L))))
(L)H:L(L(L(L)))
L:L(L(L(L(L))))

끝으로 모음어미와의 활용만을 뽑아 따로 살펴보자. 어간말음이 모음일 때, 고저장단형이 다양해지는 것은 모음어미와 활용일 때이다.

(A) HH [望] 바'래' + 애도 → 바'래'도 HHL
(B) HL ㈎ [謹] 삼'가 + 아도 → 삼'가도 HLL
(C) ㈏ [集] 모'우 + 아도 → 모'아도 HLL ~ 마"도 H:L
(D) ㈐ [學] 배'우 + 아도 → 배'야도 HLL
(E) LH ㈎ [登] 오리' + 아도 → 올'라도 HLL
(F) ㈏ [換] 바꾸' + 아도 → 바까"도 LH:L
(G) LL [過] 지내 + 애도 → 지내도 LLL
(H) L:L [驚] 놀:래 + 애도 → 놀:래도 L:LL
(I) LH: [漂] 바래" + 애도 → 바래"도 LH:L

그 수로는 9가지다. 이것을 다시 중복되지 않은 것만 보면 HHL조, HLL조, LLL조, L:LL조, LH:L조, H:L조의 6가지가 된다. 이들은 바로 위의 6음절 압축형에 다 포함된다.

어간말음이 모음인 2음절 어간의 어절 중 고저장단에 의한 최소대립어를 뽑아 보면 다음과 같다.

	HH	HL	LH	L:L	LH:
가리-		[遮·避]	[分·擇]		
꺼(끄)리-			[解]	[忌]	
기리-	[畵]	[祝]			
누리-		[黃]	[壓]		
다리-		[熨]	[異]		
바래-	[望]				[漂]
벌리-				[開]	[被稼]
부리-	[使]		[呼·飽]		
질기-	[樂]	[靭]			
흐리-		[曇]	[流]		

3.5.4 3음절 어간

3음절어는 1, 2음절에 비하여 고유어의 수가 눈에 띄게 적고, 그 대신 '한자어－하다'를 비롯한 접사에 의한 파생어가 많다. 고유어와 한자어는 어원이 다르긴 하지만 고저장단의 차이는 찾을 수 없다.

3음절 어간의 기본형은 HHL조, HLL조, LHH조, LHL조, L:LL조, LLH:조의 6가지다.

3음절 어간의 고저장단도 모음어미와의 결합이 다양한 편이기는 하나 다분히 유동적이고 더러는 어근과 접사 사이에 휴지를 두어 2음절어에 준하는 고저장단형을 보이기도 한다.

(1) HHL조 어간

(113) 궁'리'하－. 늘'어'나－. 들'어'가－. 불'상'하－. 불'팬'하－ …

고저장단형

HHLL(L(L(L)))

HHL조 어간의 고저장단형은 HHLL(L(L(L)))조다. 이것은 수의적으로 LLLL(L(L(L)))조로 변동한다. 활용 예는 생략한다.

(2) HLL조 어간

(114) 돌'아가－. 떨'어지－. 무'사하－. 연'결하－. 용'서하－. 자'빠지－ …

고저장단형

HLLL(L(L(L)))

HLL조 어간의 고저장단형은 HLLL(L(L(L)))조다. 활용 예는 생략한다.

(3) LHH조 어간

(115) 가난'하'－. 가파'리'－. 궁금'하'－. 든든'하'－. 널찍'하'－. 따따'하'－. 딱딱'하'－. 만만'하'－. 사랑'하'－. 시원'하'－. 엄청'나'－. 조용'하'－. 훌륭'하'－ …

(115)의 ○○하－LHH조는 수의적으로 LLH조이기도 하다. 대표적인 수의적 변동 LHH∼LLH이다.

고저장단형

㉠ LHHL(L)
사랑'하' ＋ 고. 게. 지. 고도. 지만. 며. 니

㉡ LHHH(H(H))L
사랑'하' ＋ 다가. 는데. 더라. 거나. ㅂ니더. 겠다. 겠더라. 겠습니더

㉢ LLLL
사랑하 ＋ ㄴ. ㄹ. ㄹ래. 는. ㄴ다. 여도. 여서. 였다

다만, '가파'리'－'는 모음어미와의 결합에서 다음 ㉣로 실현된다.

㉣ LHLL
가파'리' ＋ 아. 아도. 았다 → 가팔'라. 가팔'라도. 가팔'랐다

LHH조 어간의 고저장단형은 LHHL(L)조, LHHH(H(H))L조, LLLL조, LHLL조의 4가지다. 이들은 LH(H(H(H(H))))L조, LLLL조로 압축된다,

(4) LHL조 어간

(116) 가리'치-. 거니'리-. 건디'리-. 꾸부'리-. 뚜디'리-. 수구'리-. 시부'리-. 엎디'리-. 오구'리-. 오무'리-. 이리'키-. 쪼구'리-. 지다'리-. 지우'리- …

LHL조의 어간은 어간말음이 모두 '이'란 점이 눈길을 끈다.

고저장단형

LHLL(L(L(L)))

LHL조 어간의 고저장단형은 LHLL(L(L(L)))조다. 활용 예는 생략한다.

(5) L:LL조 어간

(117) 감:사하-. 연:구하-. 원:망하-. 성:가시-. 조:심하- …

고저장단형

L:LLL(L(L(L)))

L:LL조 어간의 고저장단형은 L:LLL(L(L(L)))조다. 활용 예는 생략한다.

(6) LLH:조 어간

(118) 까불리"-. 깔보이"-. 끄실리"-. 내쫓기"-. 다물리"-. 더럽히"-. 들뽁이"-. 따돌리"-. 떠밀리"-. 바라비"-. 모지래"-. 부푸리"-. 붙잽히"-. 시달키"-. 어불리"-. 여닫기"-. 지불리"-. 짓눌리"-. 처박히"-. 쳐다비"-. 파묻히"-. 허물리"-. 헐뜯기"- …

대부분 피동사다.

고저장단형

LLH:L(L(L(L)))

LLH:조 어간의 고저장단형은 LLH:L(L(L(L)))조다. 활용 예는 생략한다.

(7) 간추리기

이상의 어간말음이 모음인 3음절 어간의 고저장단형을 간추리면 다음과 같다.

HHL조 어간	HHLL(L(L(L)))
HLL조 어간	HLLL(L(L(L)))
LHH조 어간	LH(H(H(H(H))))L, LLLL
LHL조 어간	LHLL(L(L(L)))
LLH:조 어간	LLH:L(L(L(L)))
L:LL조 어간	L:LLL(L(L(L)))

이것을 다시 중복을 피하여 7음절로 압축하면 다음과 같다.

(H)HLLL(L(L))
LH(H(H(H(H))))L
LLLL(L(L(L)))
LLH:L(L(L(L)))
L:LLL(L(L(L)))

3.6 개음절말음 어간 용언의 고저장단 요약

지금까지 살펴본 어간말음이 모음인 용언의 고저장단형을 간추리면 다음과 같다.

1음절 어간

(H)HL(L(L))
LH(H(H))L
LL(L(L(L)))
H:(L(L(L(L))))
L:L(L(L(L)))

2음절 어간

(H)HLL(L(L))
LH(H(H(H)))L
LL(L(L(L(L))))
(L)H:L(L(L(L)))
L:L(L(L(L(L))))

3음절 어간

(H)HLLL(L(L))
LH(H(H(H(H))))L
LLLL(L(L(L)))
LLH:L(L(L(L)))
L:LLL(L(L(L)))

이것을 다시 중복을 피하고, 한 고저장단형으로 묶을 수 있는 것은 묶어 보면 다음 5가지로 압축된다.

(H)HLLLLL
LH(H(H(H(H))))L
LL(L(L(L(L(L)))))
(L(L))H:(L(L(L(L))))
L:L(L(L(L(L(L)))))

어간말음이 개음절인 용언은 위의 5가지 고저장단형 중 어느 한 형에 해당된다는 의미다.

4 피동사와 사동사의 고저장단

지금까지 살펴본 용언 중에 피동사와 사동사의 일부가 포함되기도 하였지만 여기에 피동사와 사동사만을 따로 모아 그 고저장단을 살펴보기로 한다.[11]

4.1 피동사의 고저장단

울산방언 피동접미사는 '－가－, －리－, －ㅇ기－, －이－, －키－, －히－'의 6가지다.

피동접미사가 모두 개음절이므로 피동사는 개음절어간이다.

(1) －기－피동접미사

(119) 감기″－[捲]. 까래비뜯기″－(까래′비뜯다). 깔찌이뜯기″－(깔찌′이뜯다). 깜기″－[沐]. 깜기″－[暝]. 끊기″－[切]. 끟기″－[切]. 내쫓기″－[逐]. 닫기″－[閉]. 담기″－[盛]. 담기″－[漬]. 듣기″－[聞]. 땋기″－[辮]. 뜯기″－[採]. 믿기″－[信]. 벗기″－[脫]. 빼앗기″－[奪]. 빨가벗기″－[脫]. 뺏기″－[奪]. 빗기″－[梳]. 삶기″－[烹]. 섞기″－[混]. 솓기″－[瀉]. 식기″－[洗]. 신기″－[履]. 안기″－[抱]. 여닫기″－[開閉]. 옇기″－[編]. 잇기″－[繼]. 잊기″－[忘]. 잠기″－[沈]. 지이뜯기″－(지′이뜯다). 쫓기″－[逐]. 찍기″－[斧]. 찍기″－[撮]. 헐뜯기″－(헐뜯다). 히감기″－[捲] …

－기－ 피동접미사는 어간의 음절 수에 관계없이 H:조다.

■ 고저장단형

㉠ (L(L(L)))LH:(L(L(L(L))))
감기″[捲] + 고. 게. 지. 고도. 지만. 다가. 는데. 능교. 더라. 거나. 겠다. 겠습니더. 이. 이서. 이도. 있다. ㄴ. ㄹ. ㄹ래. ㄴ다. ㅂ니더. ㅂ니꺼. 며. 나. 시면. 시더라

－기－ 피동접미사 피동사의 고저장단형은 (L(L(L)))LH:(L(L(L(L)))) 조다.

11 신기상 (2020) 『울산방언 피동사와 사동사』 참조.

(2) －리－ 피동접미사

(120) 갈리″－[更]. 갈리″－[耕]. 갈리″－[磨]. 갈리″－[分]. 갈리″－[選·擇]. 건딜리″－[觸]. 걸리″－[步]. 걸리″－[濾]. 걸리″－[懸]. 까불리″－[箕]. 깔리″－[席]. 깨물리″－[咬]. 끄실리″－燻]. 끄질리″－[燻]. 끌리″－[解]. 끌리″－[刮·搔·曳]. 날리″－[飛]. 내걸리″－[懸]. 내몰리″－[驅]. 내밀리″－[追]. 널리″－[晾]. 놀리″－[弄]. 눌리″－[押·壓]. 다물리″－[喊]. 달리″－[甘]. 달리″－[弄]. 달리″－[衡]. 달리″－[懸]. 덜리″－[減]. 돌리″－[廻]. 둘리″－[圍]. 들리″－[擧]. 들리″－[聞]. 디틀리″－[捻]. 따돌리″－(따돌′리다). 떠밀리″－[推]. 떨리″－[振]. 말리″－[乾]. 말리″－[捲]. 말리″－[飡]. 맞물리″－[嚼]. 매달리″－[懸]. 몰리″－[驅]. 물리″－[咬]. 밀리″－[推]. 발리″－[塗]. 발리″－[剝]. 벌리″－[稼]. 볼리″－[塗]. 부풀리″－[增·漲·殖]. 불리″－[吹]. 불리″－[膨·脹·殖]. 불리″－[呼·唱]. 붙들리″－[逮]. 비틀리″－[捻]. 빨리″－[吸]. 빨리″－[洗]. 뺏들리″－[奪]. 설리″－[切]. 실리″－[掃]. 실리″－[擦]. 실리″－[載]. 알리″－[知]. 어불리″－[與]. 얼말리″－[乾]. 열리″－[開]. 열리″－[實]. 울리″－[泣·鳴]. 이끌리″－[牽]. 자불리″－[睡]. 절리″－[編·篇]. 주물리″－[揉]. 줄리″－[減]. 지불리″－[傾]. 짤리″－[切]. 쫄리″－[促]. 쫄리″－[搾·握]. 쭈물리″－[揉]. 찔리″－[刺]. 처들리″－[擧]. 털리″－[拂]. 틀리″－[捻]. 팔리″－[賣]. 풀리″－[解]. 허물리″－[毁]. 헌틀리″－[混]. 헐리″－[毁]. 헛갈리″－(헛가리다). 헛돌리″－(헛돌다). 홀리″－[惑]. 흔들리″－[搖]. 흔틀리″－[混]. 히말리″－[捲]. 힙실′리″－(힙실′다) …

－리－ 피동접미사는 H"조다.

고저장단형

㉠ (L)LH : (L(L(L(L))))

갈리″[磨] + 고. 게. 지. 고도. 지만. 다가. 는데. 능교. 더라. 거나. 겠다. 겠습니더. 이. 이서. 이도. 있다. ㄴ. ㄹ. ㄹ래. ㄴ다. ㅂ니더. ㅂ니꺼. 머. 나. 시먼. 시더라

−리− 피동접미사 피동사의 고저장단형은 (L)LH:(L(L(L(L))))조다.

(3) −ㅇ기−피동접미사

(121) 걸머징기"−[負]. 낑기"−[揷]. 징기"−[負]. 찡기"−[揷]. 칭기"−[轢]. 팅기"−[跳]

−ㅇ기− 피동접미사는 H: 조다.

고저장단형

㉠ (L)L))LH:(L(L(L(L))))

낑기"[揷] + 고. 게. 지. 고도. 지만. 다가. 는데. 능교. 더라. 거나. 겠다. 겠습니더. 이. 이서. 이도. 있다. ㄴ. ㄹ. ㄹ래. ㄴ다. ㅂ니더. ㅂ니꺼. 며. 나. 시면. 시더라

−ㅇ기− 피동접미사 피동사의 고저장단형은 (L(L))LH:(L(L(L(L))))조다.

(4) −이−피동접미사

(122) 가디"−[圍]. 가리"−<가리이"−[遮]. 개비"−[盛]. 개이"−[捏]. 개이"−[晴]. 걷이"−[收]. 고이"−[烹]. 고이"−[拄]. 까이"−[孵·剝]. 깎이"−[削]. 깨이"−[醒]. 꼬이"−[誘]. 꾸이"−[夢]. 꾸이"−[繩]. 끼이"−[介]. 끼이"−<뀌이"−<꾸이"−[夢]. 끎이"−[切]. 낑기"−[介]. 낚이"−[釣]. 내놓이"−[放]. 낶이"−[釣]. 놓이"−[放]. 누질리"−<누질리이"−[壓]. 눌리"−<눌리이"−[壓]. 다디"−<다디이"−[固]. 대싶이"−[嚼]. 덮이"−[蓋]. 돋이"−[聳]. 둘러사이"−[包]. 들뽂이"−[炒]. 디덮이"−[蓋]. 디바끼"−<디바꾸이"−[換]. 디섞이"−[混]. 디엵이"−[繫]. 딲이"−[拭]. 딲이"−[責]. 딸리"−<따리이"−[隨]. 때끼"−[責]. 땡기"− < 땡기이"−[引]. 뚧이"−[鑿]. 뜨이"−[覺]. 띠"−<띄"− < 뜨이"−[覺]. 띠"−<띠이"−[脫]. 띠이"−<뜨이"−[覺]. 띠이"−[脫]. 매이"−[紐]. 매이"−[耘]. 미이"−[塞]. 바끼"−<바뀌"−<바꾸이"−[換]. 박이"−[釘]. 밭이"−[濾]. 배이"−[滲]. 보이"−[見]. 비"−<뵈"−<보이"−

[見.] 비″－<비이″－[切]. 뽀이″－<뽀우이″－[粉]. 볶이″－[炒]. 사이″－[包]. 상이″－[積]. 섞이″－[混]. 수이″－[射]. 시이″－[用]. 시이″－[冠]. 시이″－[書]. 싶이″－[嚼]. 억눌리″－<억누리이″－[壓]. 얽매이″－[繫]. 엎이″－[覆]. 엮이″－[編]. 엮이″－[編]. 엵이″－[編]. 용시″－<용시이″－(용: 시다). 잇이″－[繼]. 짚이″－[杖]. 짜이″－[織]. 째이″－[曝]. 쪼이″－<쪼우이″－[啄]. 쪼이″－[啄]. 찌이″－[介]. 차이″－[蹴]. 추이″－[舞]. 치″－<치이″－[價]. 치″－<치이″－[轢]. 치이″－[價]. 치이″－[轢]. 캐이″－[點火]. 트이″－[茁]. 트이″－[通]. 파이″－[鑿]. 패이″－[斧]. 패이″－[伸]. 피이″－[伸]. 헛짚이″－[杖]. 훑이″－[舐]. 훌기″－<훌기이″－[逐]. 훌치″－<훑이″－[扱]. 훑이″－[扱]. 홏이″－[逐]. 흝이″－[散]. 흩이″－[散]. 히″－<휘″－ < 후이″－[枉]. 히덮이″－[覆·蓋]. 힙사이″－[包] …

－이－ 피동접미사는 H:조다.

고저장단형

㉠ (L(L))LH : (L(L(L(L))))
차이″[蹴] + 고. 게. 지. 고도. 지만. 다가. 는데. 능교. 더라. 거나. 겠다. 겠습니더. 이. 이서. 이도. 있다. ㄴ. ㄹ. ㄹ래. ㄴ다. ㅂ니더. ㅂ니꺼. 머. 나. 시먼. 시더라

－이－ 피동접미사 피동사의 고저장단형은 (L(L))LH : (L(L(L(L))))조다.

(5) －키－ 피동접미사

(123) 달키″－[弄]. 시달키″－[弄]. 실키″－[摩]. 줄키″－[減]. 할키″－[毁]. 홀키″－[誘]

－키－ 피동접미사는 H:조다.

고저장단형

㉠ (L)LH : (L(L(L(L))))
달키″[弄] + 고. 게. 지. 고도. 지만. 다가. 는데. 능교. 더라. 거나. 겠

다. 겠습니더. 이. 이서. 이도. 있다. ㄴ. ㄹ. ㄹ래. ㄴ다. ㅂ니더. ㅂ니꺼. 며. 나. 시면. 시더라

－키－ 피동접미사 피동사의 고저장단형은 (L)LH:(L(L(L(L))))조다.

(6) －히－피동접미사

(124) 갇히″－[圍]. 개피″－<괩히″－<곱히″－[盛]. 걷히″－[收]. 고롭히″－[苦.] 곱히″－[盛]. 굽히″－[曲]. 까랩히″－<까래비히″－[爪]. 꼽히″－[揷]. 꼽히″－[指]. 꽂히″－[揷]. 꿉히″－[曲]. 꿉히″－[炙·燒]. 긁히″－[刮·搔]. 눕히″－[臥]. 넙히″－<넙히″－<눕히″－[臥]. 닫히″－[閉]. 대싢히″－[嚼]. 더럽히″－[汚]. 덮히″－[覆·蓋]. 돋히″－[培·聳]. 디덮히″－[腹·蓋]. 디얽히″－[繫]. 디집히″－[反·飜]. 뚧히″－[鑿]. 막히″－[防·閉]. 맺히″－[結]. 묻히″－[埋]. 믹히″－<뮉히″－<묵히″－[食]. 박히″－[釘]. 볿히″－[踏]. 붙잡히″－[執·捕]. 뻗히″－[暢]. 뽑히″－[拔]. 생각히″－(생′각′다). 속히″－(속′다). 손꼽히″－[指]. 싢히″－[嚼]. 어지럽히″－[紛·亂]. 엎히″－(엎′다). 얽히″－[繫]. 업히″－[負]. 여닫히″－[開閉]. 읽히″－[讀]. 입히″－[被]. 잊히″－[忘]. 잡히″－[執·捕]. 잦히″－[傾]. 적히″－[記·錄]. 접히″－[摺]. 젖히″－[傾]. 집히″－[撮·拈]. 짓볿히″－[踏]. 짚히″－[杖]. 잽히″－<째비히″－[抓]. 찍히″－[斧]. 찍히″－[撮]. 찍히″－[押·印]. 찍히″－[搗]. 찝히″－[撮·拈]. 처박히″－(처박′다). 치받히″－(치받′다). 파묻히″－[埋]. 헛잡히″－[捕]. 헛짚히″－[杖]. 히덮히″－[蓋]. 히잡히″－[捕] …

－히－ 피동접미사는 H:조다.

고저장단형

㉠ (L)LH:(L(L(L(L))))

걷히″[收] + 고. 게. 지. 고도. 지만. 다가. 는데. 능교. 더라. 거나. 겠다. 겠습니더. 이. 이서. 이도. 있다. ㄴ. ㄹ. ㄹ래. ㄴ다. ㅂ니더. ㅂ니꺼. 며. 나. 시면. 시더라

－히－ 피동접미사 피동사의 고저장단형은 (L)LH:(L(L(L(L))))조다.

(7) 간추리기

－기－ 피동접미사 피동사	(L(L(L)))LH:(L(L(L(L))))
－리－ 피동접미사 피동사	(L)LH : (L(L(L(L))))
－ㅇ기－ 피동접미사 피동사	(L(L))LH : (L(L(L(L))))
－이－ 피동접미사 피동사	(L(L))LH : (L(L(L(L))))
－키－ 피동접미사 피동사	(L)LH : (L(L(L(L))))
－히－ 피동접미사 피동사	(L)LH : (L(L(L(L))))

위의 것들은 (L(L(L)))LH:(L(L(L(L))))조 하나에 다 묶인다.

모든 피동접미사는 H:조임을 확인하였다. 동시에 그 많은 피동사의 고저장단형은 모두 이 (L)L)L)))LH:(L(L(L(L))))조 하나에 다 포함됨도 확인하였다.

한국어의 운소에 조금이라도 관심을 가져 본 사람이라면 이 경이로운 현상에 놀라지 않을 수 없을 것이다.

여기에 이와 관련된 한 가지 현상을 간략히 추가해 둔다.

어간과 접미사가 축약이나 동음생략된 피동접사도 모두 H:조다. 피동접미사 '－이－'에서 그 보기를 찾으면 다음과 같다.

(125) 끼″－ <뀌″－ <꾸이″－[被夢]
끼″－ <끼이″－[被貫·被通]
끼″－ <끼이″－[被揷·被介]
띠″－ <띠이″－ <띄이″－ <뜨이″－[被覺]
비″－ <뷔″－ <보이″－[被見]
시″－ <시이″－[被用]
시″－ <시이″－[被冠]
시″－ <시이″－[被書]
시″－ <쉬″－ <수이″－[被射]
지″－ <지이″－[被握·被執]
치″－～채″－ <채이″－ <차이″－[被蹴]
티″－ <틔″－ <트이″－[被茁·被通]

피″－ <피이″－[被展·被伸]
히″－ <휘″－ <후이″－[被枉]

(126) 깔비″－ <깔뷔″－ <깔보이″－[被見]
낮비″－ <낮뷔″－ <낮보이″－[被見]
다지″－ <다지이″－[被頓·被固]
무끼″－ <무뀌″－ <무꾸이″－[被束]
배끼″－ <바끼″－ <바뀌″－ <바꾸이″－[被換]
숭기″－ <숭귀″－ <숭구이″－[被植]
시치″－ <시치이″－[被擦]
찡기″－ <찡귀″－ <찡구이″－[被挿·被介]
채이″－ <차이″－[被蹴]
쳐다비″－ <쳐다뷔″－ <쳐다보이″－[被見]
칭기″－ <칭귀″－ <칭구이″－[被軋·被轢]
헛비″－ <헛뷔″－ <헛보이″－[被見]
홀치″－ <홀치이″－[被結]
후치″－ <후치이″－[被逐]

파생어나 복합어에서도 아무런 차이 없이, 음절 수에도 아무 차이 없이 피동접사는 H:조다. '보－[見]'를 어근으로 하고 '－이－'를 접사로 한 보기를 찾으면 다음과 같다.

(127) 깔비″－ <깔뷔″－ <깔보이″－
낮비″－ <낮뷔″－ <낮보이″－
내다비″－ <내다뷔″－ <내다보이″－
돋비″－ <돋뷔″－ <돋보이″－
돌아비″－ <돌아뷔″－ <돌아보이″－
들바다비″－ <들바다뷔″－ <들바다보이″－
디돌아비″－ <디돌아뷔″－ <디돌'아보이″－
밉비″－ <빕뷔″－ <밉보이″－
바라다비″－ <바라다뷔″－<바라다보이″－
바라비″－ <바라뷔″－<바라보이″－
얕비″－ <얕뷔″－ <얕보이″－

쳐다비″－ <쳐다뷔″－ <쳐다보이″－
헛비″－ <헛뷔″－ <헛보이″－

피동접미사와 피동사의 고저장단은 참으로 독특한 현상임을 다시 강조한다.

4.2 사동사의 고저장단

피동사의 고저장단이 놀랍도록 정연한데 비해 사동사는 다양하고 복잡한 편이다.

울산방언 사동접미사는 '－개－, －구－, －기－, －꾸－, －루－, －류－, －리－, －배－, －수－, －시－, －ㅇ구－, －ㅇ기－, －애－, －우－, －우리－, －이－, －이애－, －이우－, －추－, －치－, －캐－, －쿠－, －키－, －후－, －히－'의 25가지다.

사동접미사가 모두 개음절이므로 사동사는 모두 개음절어간이다.

(1) －개－ 사동접미사

(128) 늘개′－[增]

－개－ 사동접미사는 H조다.

고저장단형

㉠ LH(H(H(H)))L
늘개′[增] + 고. 게. 지. 고도. 지만. 다가. 는데. 능교. 더라. 거나. 겠다. 겠습니더. ㄹ래. ㄴ다. ㅂ니더. ㅂ니꺼. 머. 나. 시먼. 시더라

㉡ LL
늘개′[增] + ㄴ. ㄹ

㉢ LH:(L)
늘개′[增] + 애. 애도. 앴다 → 늘개″. 늘개″도. 늘갰″다

－개－ 사동접미사 사동사의 고저장단형은 LH(H(H(H)))L조, LL조, LH:(L)조다.

(2) －구－ 사동접미사

(129) 굶구′－[飢]. 깜구′－[沐]. 깜구′－[瞑]. 남구′－[餘]. 널구′－[廣]. 넘구′－[越]. 넘구′－[溢]. 늘구′－[增]. 달구′－[熱]. 달구′－[弄]. 닳구′－[磨·耗]. 덥구′－[熱]. 돋구′－[培]. 떨구′－[脫]. 불구′－<붇구′－[增·漲·殖]. 살구′－[生]. 섞구′－[混]. 신구′－[履]. 얼구′－[凍]. 울구′－[拔]. 일구′－[起]. 잠구′－[沈]. 줄구′－[減]. 질구′－[長] …

－구－ 사동접미사는 H조다.

고저장단형

㉠ LH(H(H(H)))L
질구′[長] + 고. 게. 지. 고도. 지만. 다가. 는데. 능교. 더라. 거나. 겠다. 겠습니더. ㄹ래. ㄴ다. ㅂ니더. ㅂ니꺼. 머. 나. 시먼. 시더라

㉡ LL
질구′[長] + ㄴ. ㄹ

㉢ LH:(L)
질구′[長] + 아. 아도. 았다 → 질가″. 질가″도. 질갔″다

－구－ 사동접미사 사동사의 고저장단형은 LH(H(H(H)))L조, LL조. LH:(L)조다.

(3) －기－ 사동접미사

(130) 굶′기－[飢]. 굽′기－[曲]. 깜′기－[沐]. 깜′기－[瞑]. 남′기－[餘]. 넘′기－[越]. 넘′기－[溢]. 닳′기－[磨·耗]. 도맡′기－[任]. 따듬′기－[琢]. 떠맡′기－[任]. 말′기－[勿]. 맡′기－[任]. 발:기－[開]. 벌거벗′기－[脫]. 벌:기－[開]. 벗′기－[脫]. 빗′기－[梳]. 숨′기－[隱]. 씻′기－[洗]. 신′기－[履]. 안′기－[抱]. 옮′기－[移·染]. 윗′기－[笑]. 잦′기－[傾]. 티′기－[跳] …

－기－ 사동접미사는 L조다.

고저장단형

㉠ (L(L))HLL(L(L(L)))
굶′기[飢] + 고. 게. 지. 고도. 지만. 다가. 는데. 능교. 더라. 거나. 겠다. 겠습니더. 이. 이도. 있다. ㄴ. ㄹ. ㄹ래. ㄴ다. ㅂ니더. ㅂ니꺼. 머. 나. 시먼. 시더라

㉡ L:LL(L(L(L)))
벌:기 - [開] + 고. 게. 지. 고도. 지만. 다가. 는데. 능교. 더라. 거나. 겠다. 겠습니더. 이. 이서. 이도. 있다. ㄴ. ㄹ. ㄹ래. ㄴ다. ㅂ니더. ㅂ니꺼. 며. 나. 시면. 시더라

㉢ (L(L))HL(L)
굶′기[飢] + 이. 이도. 있다 → 굶′기. 굶′기도. 굶′깄다

－기－ 사동접미사 사동사의 고저장단형은 (L(L))HLL(L(L(L)))조, L:LL(L(L(L)))조, (L(L))HL(L)조인데 맨뒷 것은 맨앞의 것에 포함된다.

(4) －꾸－ 사동접미사

(131) 깨꾸′－[醒]. 깨꾸′－[覺]. 더꾸′－<덥꾸′－[熱·暑]. 메꾸′－[塞]. 미꾸′－<메꾸′－[塞] …

－꾸－ 사동접미사는 H조다.

고저장단형

㉠ LH(H(H(H)))L
메꾸′[塞] + 고. 게. 지. 고도. 지만. 다가. 는데. 능교. 더라. 거나. 겠다. 겠습니더. ㄹ래. ㄴ다. ㅂ니더. ㅂ니꺼. 머. 나. 시머. 시더라

㉡ LL
메꾸′[塞] + ㄴ. ㄹ.

㉢ LH:(L)
메꾸′[塞] + 아. 아도. 았다 → 메까″. 메까″도. 메깠″다

－꾸－ 사동접미사 사동사의 고저장단형은 LH(H(H(H)))L조, LL조,

LH:(L)조다.

(5) －루－ 사동접미사

(132) 달루′－ ～달루″－[弄]. 들루′－ ～들루″－[入·染]. 부풀루″－ ～부풀′루″－[膨]. 시달루″－ ～시달′루″－[苦]. 애달루″－ ～애달′루″－[燥]. 얼루′－ ～얼루″－[凍]. 줄루′－ ～줄루″－[減]. 질루′－ ～질루″－[長]. 홀루′－ ～홀루″－[誘] …

－루－ 사동접미사가 붙어 된 2음절 사동사의 고저장단은 LH～LH:조로 유동적이고, 3음절 사동사는 LLH:～LHH:조로 유동적이다. 따라서 －루－ 사동접미사는 유동적인 H～H:조다.

고저장단형

㉠ (L)LH(H(H(H)))L～(L)LH:L(L(L(L)))
얼루′～얼루″[凍] + 고. 게. 지. 고도. 지만. 다가. 는데. 능교. 더라. 거나. 겠다. 겠습니더. ㄴ. ㄹ. ㄹ래. ㄴ다. ㅂ니더. ㅂ니꺼. 머. 나. 시머. 시더라

㉡ LLH:L(L(L(L)))～LHH:L(L(L(L)))
애달루″-～애달′루″[燥] + 고. 게. 지. 고도. 지만. 다가. 는데. 능교. 더라. 거나. 겠다. 겠습니더. ㄴ. ㄹ. ㄹ래. ㄴ다. ㅂ니더. ㅂ니꺼. 머. 나. 시먼. 시더라

㉢ (L)LH:(L)
얼루′～얼루″[凍] + 아. 아도. 았다 → 얼라″. 얼라″도. 얼랐″다

㉣ LLH:(L)～LHH:(L)
애달루″-～애달′루″[燥] + 아. 아도. 았다 → 애달라″～애달′라″. 애달라″도～애달′라″도. 애달랐″다～애달′랐″다

－루－ 사동접미사 사동사의 고저장단형은 (L)LH(H(H(H)))L조, (L)LH:L(L(L(L)))조, LLH:L(L(L(L)))조, LHH:L(L(L(L)))조, (L)LH:(L)조 LLH:(L)조, LHH:(L)조다. 중복을 피하여 묶으면 LH(H(H(H)))L조와 (L)L(H)H:L(L(L(L)))조가 된다.

(6) -류- 사동접미사

사동접미사 -류-는 '-류″-<-리′우-<-이′우-'의 과정을 거친 것이다.

(133) 갈류″-<갈리′우-<가리이′우-[遮·擇]. 걸류″-<걸리′우-<거리이′우-[濾]. 걸류″-<걸리′우- <걷이′우-[步]. 골류″-<골리′우-<고리이′우-[均]. 골류″-<골리′우-<골이′우-[飢]. 곯류″-<곯리′우-<곯이′우-[飢]. 구불류″-<구불리′우-<구불이′우-[曲·轉]. 날류″-<날리′우-<날이′우-[飛]. 널류″-<널리′우-<너리이′우-[廣]. 널류″-<널리′우-<널이′우-[廣]. 놀류″-<놀리′우-<놀이′우-[遊]. 눌류″-<눌리′우-<눋이′우-[焦]. 눌류″-<눌리′우-<눌리이′우-[壓]. 늘류″-<늘리′우-<늘이′우-[增]. 대살류″-<대살리′우-<대살이′우-[生]. 들류″-<들리′우-<들이′우-[入]. 들류″-<들리′우-<들이′우-[擧]. 딜류″-<딜리′우-<들리′우-<들이′우-[入·染]. 딸류″-<딸리′우-<따리이′우-[隨]. 떨류″-<떨리′우-<떨이′우-[振·毁]. 말류″-<말리′우-<마리이′우-[乾]. 물류″-<물리′우-<물이′우-[辨]. 물류″-<물리′우-<물이′우-[咬]. 발류″-<발리′우-<바리이′우-[正]. 부풀류″-<부풀리′우-<부풀이′우-[膨]. 불류″-<불리′우-<부리이′우-[飽]. 불류″-<불리′우-<부리이′우-[呼·唱]. 불류″-<불리′우-<붇이′우-[增·漲·殖]. 불류″-<불리′우-<불이′우-[吹]. 빨류″-<빨리′우-<빨이′우-[吸]. 빨류″-<빨리′우-<빨이′우-[洗]. 살류″-<살리′우-<살이′우-[生]. 실류″-<실리′우-<싣이′우-[載]. 알류″-<알리′우-<알이′우-[知]. 애달류″-<애달리′우-<애달이′우-[燥]. 얼류″-<얼리′우-<얼이′우-[凍]. 얼말류″-<얼말리′우-<얼마리이′우-[乾]. 울류″-<울리′우-<울이′우-[泣·鳴]. 일류″-<일리′우-<이리이′우-[讀]. 줄류″-<줄리′우-<줄이′우-[減]. 질류″-<질리′우-<질이′우-[長]. 쭈물류″-<쭈물리′우-<쭈무리이′우-[揉]. 홀류″-<홀리′우-<호리이′우-[誘]. 홀류″-<홀리′우-<홀이′우-[誘]. 흘류″-<흘리′우

－<흐리이′우－[流] …

사동접미사 －류－는 H:조다.

고저장단형

㉠ (L)LH:(L(L(L(L))))
살류″[生] + 고. 게. 지. 고도. 지만. 다가. 는데. 능교. 더라. 거나. 겠다. 겠습니더. ㄴ. ㄹ. ㄹ래. ㄴ다. ㅂ니더. ㅂ니꺼. 머. 나. 시먼. 시더라

㉡ (L)LH:(L)
살류″[生] + 아. 아도. 았다 → 살랴″. 살랴″도. 살랴″다

－류－사동접미사 사동사의 고저장단형은 (L)LH:(L(L(L(L))))조, (L)LH:(L)조다. 뒤의 것은 앞의 것에 포함되므로 결국 앞의 것 (L)LH:(L(L(L(L))))조 하나다.

(7) －리－사동접미사

－리－사동접미사는 ‘－리－<－이－’의 과정을 거친 것이다.

(134ㄱ) 갈′리－<가리′이－[分·擇]. 갈′리－<갈′이－[耕]. 갈′리－<갈′이－[磨]. 갈′리－<갈′이－[更]. 거실′리－<거실′이－[逆]. 걸′리－<거리′이－[濾]. 걸′리－<걸′이－[肥]. 걸′리－<걸′이－<걷′이－[步]. 곯′리－<곯′이－[飢]. 구불′리－<구불′이－[曲·轉]. 까불′리－<까부′리이－[箕]. 까불′리－<까불′이－[箕]. 꿀′리－<꾸′리′이－[跪]. 꿇′리－<꿇′이－[跪]. 끄질′리－<끄질′이－[燻]. 날′리－<날′이－[飛]. 널′리－<너리′이－[廣]. 널′리－<널′이－[廣]. 놀′리－<놀′이－[弄·遊]. 눌′리－<누리′이－[壓]. 눌′리－<눌′이－<눋′이－[焦]. 늘′리－<늘′이－[增]. 다물′리－<다물′이－[喊]. 대살′리－<대살′이－[生]. 돌′리－<돌′이－[廻]. 둘′리－<두′리이－[圍]. 들′리－<들′이－<듣′이－[聞]. 들′리－<들′이－[擧]. 디돌′리－<디돌′이－[廻]. 디딸′리－<디따리′이－[屬]. 딸′리－<따′리이－[屬]. 떠올′리－<떠오리′이－[浮]. 말′리－<마리′이－[乾]. 말′리－<말′이－[勿]. 몰′리－<몰′이－[驅]. 물′리－

<무리′이－[軟]. 물′리－<물′이－[咬]. 물′리－<물′이－[辨]. 볼′리－<보리′이－[塗]. 부풀′리－<부풀′이－[膨·脹]. 불′리－<부리′이－[飽]. 불′리－<부리′이－[呼·唱]. 불′리－<불′이－<붇′이－[增·漲·殖]. 불′리－<불′이－[吹]. 빨′리－<빨′이－[吸]. 빨′리－<빨′이－[洗]. 살′리－<살′이－[生]. 실′리－<실′이－<싣′이－[載]. 알′리－<알′이－[知]. 얼′리－<얼′이－[凍]. 얼말′리－<얼마리′이－[乾]. 올′리－<오리′이－[登]. 울′리－<울′이－[泣·鳴]. 지불′리－<지불′이－[傾]. 질′리－<질′이－[長]. 쭈물′리－<쭈무′리이－[揉]. 털′리－<털′이－[拂]. 헌틀′리－<헌틀′이－[混]. 흘′리－<흐리′이－[流] …

(134ㄴ) 벌:리－<벌:이－[開]

－리－ 사동접미사는 L조다.

고저장단형

㉠ (L)HL(L(L(L(L))))
살′리[生] + 고. 게. 지. 고도. 지만. 다가. 는데. 능교. 더라. 거나. 겠다. 겠습니더. ㄴ. ㄹ. ㄹ래. ㄴ다. ㅂ니더. ㅂ니꺼. 머. 나. 시먼. 시더라

㉡ L:LL(L(L(L)))
벌:리[開] + 고. 게. 지. 고도. 지만. 다가. 는데. 능교. 더라. 거나. 겠다. 겠습니더. 이. 이서. 이도. 있다. ㄴ. ㄹ. ㄹ래. ㄴ다. ㅂ니더. ㅂ니꺼. 머. 나. 시먼. 시더라

㉢ (L)HL(L)
살′리[生] + 이. 이도. 있다 → 살′리. 살′리도. 살′릤다

'벌:리－[開]' 하나가 L:L조여서 이외의 고저장단을 취한다.

－리－ 사동접미사 사동사의 고저장단은 (L)HL(L(L(L(L))))조, L:LL(L(L(L)))조, (L)HL(L)조의 셋인데 (L)HL(L)조는 앞의 것에 포함된다. －리－ 사동접미사 사동사의 고저장단형은 (L)HL(L(L(L(L))))조, L:LL(L(L(L)))조다.

(8) －배－ 사동접미사

(135) 깨배′－[覺]

－배－ 사동접미사는 H조다.

고저장단형

㉠ LH(H(H(H)))L
깨배′[覺] + 고. 게. 지. 고도. 지만. 다가. 는데. 능교. 더라. 거나. 겠다. 겠습니더. ㄹ래. ㄴ다. ㅂ니더. ㅂ니꺼. 머. 나. 시먼. 시더라

㉡ LL
깨배′[覺] + ㄴ. ㄹ.

㉢ LH:L
깨배′[覺] + 애. 애도. 앴다 → 개배″. 깨배″도. 깨뱄″다

－배－ 사동접미사 사동사의 고저장단형은 LH(H(H(H)))L조, LL조, LH:L조다.

(9) －수－ 사동접미사

(136) 질수′－ ~ 질수″－[長]

－수－ 사동접미사는 H~H:조다.

고저장단형

㉠ LH(H(H(H)))L ~ LH:(L(L(L)))L
질수′~질수″[長] + 고. 게. 지. 고도. 지만. 다가. 는데. 능교. 더라. 거나. 겠다. 겠습니더. ㄹ래. ㄴ다. ㅂ니더. ㅂ니꺼. 머. 나. 시먼. 시더라

㉡ LL
질수′~질수″[長] + ㄴ. ㄹ.

㉢ LH:(L)
질수′~질수″[長] + 아. 아도. 았다 → 질사″. 질사″도. 질샀″다

－수－ 사동접미사 사동사의 고저장단형은 LH(H(H(H)))L조, LH:

(L(L(L)))L조, LL조, LH:(L)조다. 끝의 LH:(L)조는 앞의 것에 포함된다.

(10) －시－사동접미사

(137ㄱ) 꾸불′시－[曲]. 꼬불′시－[曲]. 지불′시－[傾] …

(137ㄴ) 벌:시－[開]. 빌:시－<벨:시－<벌:시－[開].

－시－사동접미사는 L조다.

고저장단형

㉠ LHL(L(L(L(L))))
꾸불′시[曲] + 고. 게. 지. 고도. 지만. 다가. 는데. 능교. 더라. 거나. 겠다. 겠습니더. ㄴ. ㄹ. ㄹ래. ㄴ다. ㅂ니더. ㅂ니꺼. 머. 나. 시먼. 시더라

㉡ L:L(L(L(L(L))))
벌:시[開] + 고. 게. 지. 고도. 지만. 다가. 는데. 능교. 더라. 거나. 겠다. 겠습니더. ㄴ. ㄹ. ㄹ래. ㄴ다. ㅂ니더. ㅂ니꺼. 머. 나. 시먼. 시더라

㉢ LHL(L)
꾸불′시曲] + 이. 이도. 있다 → 꾸불′시. 꾸불′시도. 꾸불′싰다

㉣ L:L(L)
벌:시[開] + 이. 이도. 있다 → 빌:시. 빌:시도. 빌:싰다

－시－사동접미사 사동사의 고저장단형은 LHL(L(L(L(L))))조, L:L(L(L(L(L))))조, LHL(L)조, L:L(L)조다. 뒤의 둘은 앞의 둘에 포함되므로 결국 앞의 둘이 이 사동사의 고저장단형이다.

(11) －ㅇ구－사동접미사

(138) 걸머징구′－<걸머지ㅇ구′－[負]. 낑구′－<끼ㅇ구′－[介]. 징구′－<지ㅇ구′－[負]. 찡구′－<찌ㅇ구′－[介]. 칭구′－<치ㅇ구′－[轢]. 팅구′－<티ㅇ구′－[跳] …

－ㅇ구′－사동접미사는 H조다.

고저장단형

㉠ (L(L))LH(H(H(H)))L
징구′[負] + 고. 게. 지. 고도. 지만. 다가. 는데. 능교. 더라. 거나. 겠다. 겠습니더. ㄹ래. ㄴ다. ㅂ니더. ㅂ니꺼. 머. 나. 시면. 시더라

㉡ (L)L))LL
징구′[負] + ㄴ. ㄹ

㉢ (L(L))LH:(L)
징구′[負] + 아. 아도. 았다 → 징가″. 징가″도. 징갔″다

－ㅇ구′－사동접미사 사동사의 고저장단형은 (L(L))LH(H(H(H)))L조, (L)L))LL조, (L(L))LH:(L)조다,

(12) －ㅇ기－사동접미사

(139) 탱′기－<팅′기－<티′ㅇ기－[跳]. 팅′기－<티′ㅇ기－[跳]

－ㅇ기－사동접미사는 L조다.

고저장단형

㉠ HL(L(L(L(L))))
팅′기[跳] + 고. 게. 지. 고도. 지만. 다가. 는데. 능교. 더라. 거나. 겠다. 겠습니더. ㄴ. ㄹ. ㄹ래. ㄴ다. ㅂ니더. ㅂ니꺼. 머. 나. 시면. 시더라

㉡ HL(L)
팅′기[跳] + 이. 이도. 있다 → 팅′기. 팅′기도. 팅′깄다

－ㅇ기－사동접미사 사동사의 고저장단형은 HL(L(L(L(L))))조, HLL조다. HL(L)조는 앞의 것에 포함되므로 결국 HL(L(L(L(L))))조가 이 사동사의 고저장단형이다.

(13) －애－사동접미사

(140) 엾:애－[無]. 없:애－[無]

－애－ 사동접미사는 L조다.

▣ 고저장단형

㉠ L : L(L(L(L(L))))
없 : 애[無] + 고. 게. 지. 고도. 지만. 다가. 는데. 능교. 더라. 거나. 겠다. 겠습니더. ㄴ. ㄹ. ㄹ래. ㄴ다. ㅂ니더. ㅂ니꺼. 머. 나. 시먼. 시더라

㉡ L : L(L)
없 : 애[無] + 애. 애도. 앴다 → 없:애. 없 : 애도. 없 : 앴다

－애－ 사동접미사 사동사의 고저장단형은 L : L(L(L(L(L))))조, L : L(L)조다. 뒤의 것은 앞의 것에 포함되므로 이 사동사의 고저장단형은 L : L(L(L(L(L))))조다.

(14) －우－ 사동접미사

－우－ 사동접미사 사동사는 좀 복잡하다.
어간의 고저장단에 따라 분류해 보면 다음과 같다.

(141ㄱ) 개′우－[酵]. 그늘지′우－[蔭]. 깨′우－[覺]. 꽃피′우－[開]. 끼′우－[介]. 덧시′우－[冠]. 덮어시′우－[冠]. 데′우－[溫]. 메′우－[塞]. 미″－<메′우－[塞]. 밤새′우－[明]. 비′우－[空·枕]. 살찌′우－[肥]. 새′우－[明]. 서′우－[立]. 시′우－[冠]. 시′우－[書]. 앞서′우－(앞서′다). 앞장서′우－(앞장서′다). 이′우－[戴·蓋]. 지′우－[負]. 지′우－[除]. 쪼′우－[握]. 찌′우－[肥]. 찌′우－[介]. 피′우－[開]. 피′우－[燒] …

여기서의 －우－ 사동접미사는 L조다.

(141ㄴ) 걸우′－[肥]. 나수′－ ~나수″－ < 낫우′－[癒]. 낫우′－ ~낫우″－[癒]. 누루′－ ~누루″－<눌우′－<눋우′－[焦]. 다루′－<달우′－[弄]. 돋우′－[培]. 떠루′－<떨우′－[毁·脫]. 막우′－[防]. 물우′－[辨]. 미루′－<밀우′－[推]. 불우′－<붇우′－[增·漲·殖]. 섞우′－[混]. 얼우′－[凍]. 엎우′－[覆]. 오구′－ ~오

구″－<옥우′－[曲]. 우구′－～우구″－<욱우′－[曲]. 이루′－<일우′－[起]. 이수′－～이수″－<잇우－[繼]. 잇우′－～잇우″－[繼]. 줄우′－[減]. 질우′－[長]. 쪼루′－<쫄우′－[握]. 쪼루′－<쫄우′－[促]. 쭈루′－<쭐우′－[減]. 쭐우′－[減] …

여기서의 －우－ 사동접미사는 H～H:조다.

(141ㄷ) 고루″－<고류″－<고리′우－[均]. 구불추″－<구불츄″－<구불치′우－[轉]. 꺼주″－<꺼쥬″－<꺼지′우－[消·滅·陷]. 내루″－<내류″－<내리′우－[降]. 너쭈″－<너쮸″－<너찌′우－[墜]. 널쭈″－<널쮸″－<널찌′우－[墜]. 노푸″－<노푸′우－[高]. 디엉쿠″－<디엃우″－[繫]. 따수″－<따슈″－<따시′우－[暖]. 떠수″－<떠슈″－<떠시′우－[暖]. 떠주″－<떠쥬″－<떠지′우－[醱]. 떠주″－<떠쥬″－<떠지′우－[脫]. 바루″－<바류″－<바리′우－[正]. 바추″－<바츄″－<바치′우－[濾]. 바추″－<바츄″－<바치′우－[支]. 부푸″－<부푸′우－[膨·脹]. 빚주″－<빚쥬″－<빚지′우－[負]. 빠주″－<빠쥬″－<빠지′우－[拔]. 빠주″－<빠쥬″－<빠지′우－[溺]. 시″－<시′우－[冠]. 시″－<시′우－[書]. 엉쿠″－<엃우″－[繫]. 이″－<이′우－[戴·蓋]. 지푸″－<지푸′우－[深]. 처주″－<처쥬″－<처지′우－[遲]. 터주″－<터쥬″－<터지′우－[破]. 퍼주″－<퍼쥬″－<퍼지′우－[播] …

여기서의 －우－ 사동접미사는 H 조다.

고저장단형

㉠ (L(L))HL(L(L(L(L))))

깨′우[覺] + 고. 게. 지. 고도. 지만. 다가. 는데. 능교. 더라. 거나. 겠다. 겠습니더. ㄴ. ㄹ. ㄹ래. ㄴ다. ㅂ니더. ㅂ니꺼. 머. 나. 시먼. 시더라

㉡ LH(H(H(H)))L

얼우′[凍] + 고. 게. 지. 고도. 지만. 다가. 는데. 능교. 더라. 거나. 겠다. 겠습니더. ㄹ래. ㄴ다. ㅂ니더. ㅂ니꺼. 머. 나. 시먼. 시더라

㉢ LL

얼우′[凍] + ㄴ. ㄹ

㉣ (L)LH:(L(L(L(L))))
내루"[降] + 고. 게. 지. 고도. 지만. 다가. 는데. 능교. 더라. 거나. 겠다. 겠습니더. ㄴ. ㄹ. ㄹ래. ㄴ다. ㅂ니더. ㅂ니꺼. 머. 나. 시먼. 시더라

㉤ (L(L))HL(L)
깨'우[覺] + 아. 아도. 았다 → 깨'아. 깨'아도. 깨'았다

㉥ LH:(L)
얼우'[凍] + 아. 아도. 았다 → 얼아". 얼아"도. 얼았"다

㉦ (L)LH:(L)
내루"[降] + 아. 아도. 았다 → 내라". 내라"도. 네랐"다

－우－ 사동접미사 사동사의 고저장단형은 (L(L))HL(L(L(L(L))))조, LH(H(H(H)))L조, (L)LH:(L(L(L(L))))조, LL조, (L(L))HL(L)조, LH:(L)조, (L)LH:(L)조다. 첫째 것은 둘째 것에 포함된다. 중복을 피해 묶으면 LH(H(H(H)))L조 (L)LH:(L(L(L(L))))조, LL조다.

(15) －우리－ 사동접미사

(142) 오구'리－ < 옥우'리－[曲]. 우구'리－ < 욱우'리－[曲] …

－우리－ 사동접미사는 HL조다.

고저장단형

㉠ LHL(L(L(L(L))))
오구'리[曲] + 고. 게. 지. 고도. 지만. 다가. 는데. 능교. 더라. 거나. 겠다. 겠습니더. 이. 이서. 이도. 있다. ㄴ. ㄹ. ㄹ래. ㄴ다. ㅂ니더. ㅂ니꺼. 며. 나. 시면. 시더라

－우리－ 사동접미사 사동사의 고저장단형은 LHL(L(L(L(L))))조다.

(16) －이－ 사동접미사

－이－ 사동접미사 사동사의 고저장단은 매우 다양하고 복잡하다. 어간

의 고저장단별로 살펴보기로 한다.

(143ㄱ) 기죽'이-(기죽'다). 까불'이-[箕]. 깎'이-[削]. 끓'이-<끓'이-<끓'이-[沸]. 내보'이-[見]. 노'피-<노'퓌-<노'푸이-[高]. 녹'이-[鎔]. 높'이-[高]. 눌'리-<눌'리이-[壓]. 니'이-<뉘'이-<누'이-<눕'이-[臥]. 니'이-<뉘'이-<누'이-[尿]. 덧붙'이-[附]. 딲'이-[拭]. 띪'이-[蒸]. 맞붙'이-[附]. 미'이-[擔]. 보'이-[見]. 불붙'이-(불붙'다). 붙'이-[附]. 비'이-[枕]. 석'이-[腐]. 선보'이-(선보'다). 속'이-(속'다). 숙'이-[俯]. 시'이-[冠]. 시'이-[書]. 엎'이-[覆]. 욕보'이-(욕보'다). 이'이-[蓋·戴]. 젤'이- <절'이-[醃]. 죽'이-[死]. 줄'이-[減]. 지'이-[執]. 지'피-<지'퓌-<지'푸이-[深]. 지불'이-[傾]. 직'이-<쥑'이-<죽'이-[死]. 질'이-[長]. 짚'이-[深]. 쭐'이-[減]. 찌울'이-[傾]. 호'이-[逐]. 흩'이-[散]. 흗'이-[散] …

여기서의 -이- 사동접미사는 L조다.

■ 고저장단형

㉠ (L)HL(L(L(L(L))))
보'이[見] + 고. 게. 지. 고도. 지만. 다가. 는데. 능교. 더라. 거나. 겠다. 겠습니더. ㄴ. ㄹ. ㄹ래. 이. 이도. 있다. ㄴ다. ㅂ니더. ㅂ니꺼. 머나. 시먼. 시더라

(143ㄱ) 사동사의 고저장단형은 (L)HL(L(L(L(L))))조다.

(143ㄴ) 떠믹이'-<떠뮉이'-<떠묵이'-[食]. 믹이'-<뮉이'-<묵이'-[食]

여기서의 -이- 사동접미사는 H조다.

■ 고저장단형

㉠ (L)LH(H(H(H)))L
믹이'[食] + 고. 게. 지. 고도. 지만. 다가. 는데. 능교. 더라. 거나. 겠

다. 겠습니더. ㄹ래. ㄴ다. ㅂ니더. ㅂ니꺼. 머. 나. 시먼. 시더라

㉡ (L)LL
믹이′[食] + ㄴ. ㄹ

㉢ (L)LH:(L)
믹이′[食] + 이. 이도. 있다 → 믹이″. 믹이″도. 믹있″다

(143ㄴ) 사동사의 고저장단형은 (L)LH(H(H(H)))L조, (L)LL조, (L)LH:(L)조다.

(143ㄷ) 딜′이′－<딜′이′－<들′이′－[入·染]. 물딜′이′－<물딜′이′－<물들′이′－[染]. 심딜′이′－<심딜′이′－<심들′이′－(심들다). 질딜′이′－<질딜′이′－<질들′이′－(질들다). 장개딜′이′－<장개딜′이′－<장개들′이′－(장:개들다). 정딜′이′－<정딜′이′－<정들′이′－(정들다) …

'들－[入], 들－[染]'과 합성된 사동사는 (L(L))HH조다. 여기서의 －이－ 사동접미사는 H조다.

고저장단형

㉠ (L(L))HH(L(L(L(L))))
들′이′[入] + 고. 게. 지. 고도. 지만. 다가. 는데. 능교. 더라. 거나. 겠다. 겠습니더. 이. 이서. 이도. 있다. ㄴ. ㄹ. ㄹ래. ㄴ다. ㅂ니더. ㅂ니꺼. 머. 나. 시먼. 시더라

㉡ (L(L)HH(L)
들′이′[入] + 이. 이도. 있다 → 들′이′. 들′이′도. 들′있′다

(143ㄷ) 사동사의 고저장단형은 (L(L))HH(L(L(L(L))))조, (L(L)HH(L)조다. 뒤의 것은 앞의 것에 포함된다. HH조 부분은 수의적으로 LL조이기도 하다.

(143ㄹ) 내비″－<내뷔″－<내보′이－[見]. 니″－<뉘″－<누′이－[尿]. 니″－<뉘″－<누′이－<눕′이－[臥]. 대″－<닿′이－[觸]. 미″－<미′이－[擔]. 비″－<뵈′이－<보′이－[見]. 비″－<비′이－[枕]. 선비″－<선뷔″－<선보′이－(선보′다). 손대″－<손닿′

이-[觸]. 시″-<시'이-[冠]. 시″-<시'이-[書]. 욕비″-<욕비'이-<욕뵈'이-<욕보'이-[見]. 이″-<이'이-[戴·蓋]. 잠재″<잠자'이-[寢]. 재″-<자'이-[寢]. 재″-<자'이-[積]. 지″-<지'이-[握] …

사동접미사 -이-가 H+L의 환경에서 어간의 모음과 동음생략이나 축약을 거쳐 H:조가 된 경우다.

고저장단형

㉠ (L)H:(L(L(L(L))))
대″[觸] + 고. 게. 지. 고도. 지만. 다가. 는데. 능교. 더라. 거나. 겠다. 겠습니더. ㄴ. ㄹ. ㄹ래. ㄴ다. ㅂ니더. ㅂ니꺼. 머. 나. 시먼. 시더라

㉡ (L)H:(L)
대″[觸] + 애. 애도. 애앴다 → 대″. 대″도. 댔″다

(L)H:조 사동사의 고저장단형은 (L)H:(L(L(L(L))))조, (L)H:(L)조다. 뒤의 것은 앞의 것에 포함된다.

(143ㅁ) 골내:-<골나'이-(골나'다). 끝내:-<끝나'이-[終]. 끝장내:-<끝장나'이-[終]. 내:-<나'이-[出]. 드러내:-<드러나'이-(드러나'다). 보골내:-<보골나'이-(보골나'다). 불내:-<불나'이-(불나'다). 빛내:-<빛나'이-[輝]. 욕심내:-<욕심나'이-(욕심나'다). 우러내:-<우러나'이-(우러나'다). 절딴내:-<절딴나'이-(절딴나'다). 축내:-<축나'이-(축나'다). 혼내:-<혼나'이-('혼나'다). 흠내:-<흠나'이-('흠나'다) …

'나'-[出]'와 합성된 사동사들이다. 'H: <H+L'가 일반적인데 이 보기들은 'L: <H+L'인 것이 독특하다. 그래서 그 변화 과정을 둘로 볼 수 있다.

하나는 다음처럼 'L: <LL <HL'의 'LL'과정을 거친 것으로 볼 수 있다.

내:- <나이- <나'이- ('나'다[出]'의 사동)

다른 하나는 고단조 '나'-[出]'가 유동적으로 저단조 '나-[出]'로 보

고 다음 같은 과정으로 볼 수 있다.

내:− <나이− ('나다[出]'의 사동)
후자로 보는 것이 단순한 과정이다.

고저장단형

㉠ (L(L))L:(L(L(L(L))))
내:[出] + 고. 게. 지. 고도. 지만. 다가. 는데. 능교. 더라. 거나. 겠다. 겠습니더. ㄴ. ㄹ. ㄹ래. ㄴ다. ㅂ니더. ㅂ니꺼. 며. 나. 시면. 시더라

㉡ (L(L))HL(L)~(L(L))H:(L)
내:[出] + 애. 애도. 애았다 → 내′애~내″. 내′애도~내″도. 내′았다~냈″다

㉡은 저장조 어간이 모음 어미 앞에서 고단조로 변동한 것이다. (모음 어미 앞에서도 변동하지 않는 장조어간 몇이 있다. '3.3. 폐음절말음 어간, 3.3.1. 1음절 어간, (4) L:조 용언' 참조)

'나′−[出]'와 합성된 사동사의 고저장단형은 (L(L))L:(L(L(L(L))))조, (L(L))HL(L)~(L(L))H:(L)조다.

이제 −이− 사동접미사 사동사의 고저장단형을 한자리에 모아 정리해 둔다.

(143ㄱ) (L)HL(L(L(L(L))))

(143ㄴ) (L)LH(H(H(H)))L. (L)LL. (L)LH:(L)

(143ㄷ) (L(L))HH(L(L(L(L))))

(143ㄹ) (L)H:(L(L(L(L))))

(143ㅁ) (L(L))L:(L(L(L(L))))조. (L(L))HL(L)~(L(L))H:(L)조다.

이들을 중복 없이 다시 정리하면 다음 넷이다.

(L)LH(H(H(H)))L
(L(L))H:(L(L(L(L))))
(L)LL

(L(L))L:L(L(L(L)))

(17) －이애－사동접미사

(144ㄱ) 잠재'애－<잠자이'애－[寢], 재'애－<자이'애－[寢]

(144ㄴ) 잠재"－<잠재'애－<잠자이'애－[寢]. 재"－<재'애－<자이'애－[寢]

－이애－사동접미사는 HL조다.

고저장단형

㉠ (L)HL(L(L(L(L))))
재'애[寢] + 고. 게. 지. 고도. 지만. 다가. 는데. 능교. 더라. 거나. 겠다. 겠습니더. ㄴ. ㄹ. ㄹ래. ㄴ다. ㅂ니더. ㅂ니꺼. 머. 나. 시먼. 시더라

㉡ (L)H:(L(L(L(L))))
재"[寢] + 고. 게. 지. 고도. 지만. 다가. 는데. 능교. 더라. 거나. 겠다. 겠습니더. ㄴ. ㄹ. ㄹ래. ㄴ다. ㅂ니더. ㅂ니꺼. 머. 나. 시먼. 시더라

㉢ (L)HL(L)
재'[寢] + 애. 애도. 앴다 → 재'애. 재'애도. 재'앴다

㉣ (L)H:(L)
재"[寢] + 애. 애도. 앴다 → 재". 재"도. 잿"다

－이애－사동접미사 사동사의 고저장단형은 (L)HL(L(L(L(L))))조, (L)H:(L(L(L(L))))조, (L)HL(L)조, (L)H:(L)조다. 뒤의 둘은 앞의 둘에 포함된다.

(18) －이우－사동접미사

(145ㄱ) 디'우－<데'우－<덥이우－[溫]. 띠'우－＜띄'우－＜뜨이'우－[隔]. 띠'우－＜띄'우－＜뜨이'우－[醱]. 띠'우－＜띄'우－＜뜨이'우－[浮]. 벌시'우－<벌세'우－<벌서이'우－(벌서'다). 불태'우－<불타이'우－[燒]. 시'우－<세'우－<서이'우

-[立]. 앞시'우-<앞세'우-<앞서이'우-(앞서'다). 애태'우-<애타이'우-(애타다). 잠재'우-<잠자이'우-(잠자'다). 재'우-<자이'우-[寢]. 채'우-<차이'우-[佩]. 채'우-<차이'우-[盈]. 키'우-<킈'우-<크이'우-[長]. 태'우-<타이'우-[燒]. 태'우-<타이'우-[乘]. 태'우-<타이'우-[感]. 태'우-<타이'우-[受]. 티'우-<틔'우-<트이'우-[苗·通] …

(145ㄴ) 디딸류″-<디딸리'우-<디따리이'우-[隨]. 바추″-<바츄″-<바치'우-<밭이'우-[濾]

-이우- 사동접미사는 HL조다.

고저장단형

㉠ (L)HL(L(L(L(L))))
띠'우[醱] + 고. 게. 지. 고도. 지만. 다가. 는데. 능교. 더라. 거나. 겠다. 겠습니더. ㄴ. ㄹ. ㄹ래. ㄴ다. ㅂ니더. ㅂ니꺼. 머. 나. 시먼. 시더라

㉡ (L)LH:(L(L(L(L))))
바추″[濾] + 고. 게. 지. 고도. 지만. 다가. 는데. 능교. 더라. 거나. 겠다. 겠습니더. ㄴ. ㄹ. ㄹ래. ㄴ다. ㅂ니더. ㅂ니꺼. 머. 나. 시먼. 시더라

㉢ (L)HLL
띠'우[醱] + 아 아도 았다 → 띠'아. 띠'아도. 띠'았다

㉣ (L)LH:(L)
바추″[濾] + 아 아도 았다 → 바차″. 바차″도. 바찼″다

-이우- 사동접미사 사동사의 고저장단형은 HL(L(L(L(L))))조, (L)LH:(L(L(L(L))))조, (L)HLL조, (L)LH:(L)조다. 뒤의 둘은 앞의 둘에 포함된다.

(19) -추- 사동접미사

(146ㄱ) 갖추'-[具]. 낮추'-[低]. 늦추'-[遲]. 맞추'-[的]. 앉추'-[坐] …

(146ㄴ) 구불추″－ ~구불′추″－[曲·轉]. 비틀추″－[捻]. 주저앉추″－(주저앉′다) …

－추－ 사동접미사는 H~H:조다.

고저장단형

㉠ LH(H(H(H)))(L)
갖추′[具] + 고. 게. 지. 고도. 지만. 다가. 는데. 능교. 더라. 거나. 겠다. 겠습니더. ㄹ래. ㄴ다. ㅂ니더. ㅂ니꺼. 머. 나. 시먼. 시더라

㉡ LL
갖추′ + ㄴ. ㄹ

㉢ (L)LLH:(L(L(L(L))))
구불추″[轉] + 고. 게. 지. 고도. 지만. 다가. 는데. 능교. 더라. 거나. 겠다. 겠습니더. ㄴ. ㄹ. ㄹ래. ㄴ다. ㅂ니더. ㅂ니꺼. 며. 나. 시면. 시더라

㉣ LH:(L)
갖추′[具] + 아. 아도. 았다 → 갖차″. 갖차″도. 갖찼″다

㉤ (L)LLH:(L)
구불추″[轉] + 아. 아도. 았다 → 구불차″. 구불차″도. 구불찼″다

－추－ 사동접미사 사동사의 고저장단형은 LH(H(H(H)))(L)조, LL조, (L)LLH:(L(L(L(L))))조, LH:(L), (L)LLH:(L)조다. 뒤의 둘은 앞의 것에 포함된다.

(20) －치－ 사동접미사

(147) 앉′치－[坐]. 지불′치－[傾]. 찌울′치－[傾] …

－치－ 사동접미사는 L조다.

고저장단형

㉠ (L)HL(L(L(L(L))))
앉′치[坐] + 고. 게. 지. 고도. 지만. 다가. 는데. 능교. 더라. 거나. 겠다. 겠습니더. ㄴ. ㄹ. ㄹ래. ㄴ다. ㅂ니더. ㅂ니꺼. 며. 나. 시면. 시더라

㉡ (L)HL(L)
앉′치 + 이. 이도. 있다 → 앉′치. 앉′치도. 앉′칬다

아래 형도 채집되는데 어간의 고저장단이 LH조로 바뀌는 것이므로 아래 (25) 항에 넣어야 할 것이다. 참고로 여기 소개하여 비교해 본다.

LH:(L)
앉치′[坐] + 아. 아도. 았다 → 앉차″. 앉차″도. 앉찼″다

－치－ 사동접미사 사동사의 고저장단형은 (L)HL(L(L(L(L))))조, (L)HL(L)조다. 뒤의 것은 앞의 것에 포함된다.

(21) －캐－ 사동접미사

(148) 널캐′－[廣]. 늘캐′－[增]

－캐－ 사동접미사는 H조다.

고저장단형

㉠ LH(H(H(H)))L
널캐′[廣] + 고. 게. 지. 고도. 지만. 다가. 는데. 능교. 더라. 거나. 겠다. 겠습니더. ㄹ래. ㄴ다. ㅂ니더. ㅂ니꺼. 머. 나. 시면. 시더라

㉡ LL
널캐′[廣] + ㄴ. ㄹ

㉢ LH:(L)
널캐′[廣] + 애. 애도. 앴다 → 널캐″. 널캐″도. 널캤″다

－캐－ 사동접미사 사동사의 고저장단형은 LH(H(H(H)))L조, LL조, LH:(L)조다.

(22) －쿠－ 사동접미사

(149ㄱ) 널쿠′－[廣]. 늘쿠′－[增]. 달쿠′－[苦]. 메쿠′－[塞]. 물쿠′－[軟]. 미쿠′－[塞]. 불쿠′－<붇쿠′－[增·漲·殖]. 살쿠′－[生].

숨쿠′－[隱]. 신쿠′－[履]. 알쿠′－[知]. 얼쿠′－[凍]. 줄쿠′－[減]. 질쿠′－[長]. 홀쿠′－[誘] …

(149ㄴ) 시달쿠″－ ～시달′쿠″－[弄]. 애달쿠″－ ～애달′쿠″－[焦].

－쿠－ 사동접미사는 H조, H:조다.

고저장단형

㉠ LH(H(H(H)))L
널쿠′[廣] + 고. 게. 지. 고도. 지만. 다가. 는데. 능교. 더라. 거나. 겠다. 겠습니더. ㄹ래. ㄴ다. ㅂ니더. ㅂ니꺼. 머. 나. 시면. 시더라

㉡ LL
널쿠′ + ㄴ. ㄹ

㉢ LLH:(L(L(L(L))))～LHH:(L(L(L(L))))
시달쿠″ - ～시달′쿠″ - [弄] + 고. 게. 지. 고도. 지만. 다가. 는데. 능교. 더라. 거나. 겠다. 겠습니더. ㄴ. ㄹ. ㄹ래. ㄴ다. ㅂ니더. ㅂ니꺼. 머. 나. 시면. 시더라

㉣ LH:(L]
널쿠′ + 아. 아도. 았다 → 널카″. 널카″도. 널캈″다

㉤ LLH:(L)～LHH:(L)
시달쿠″～시달′쿠″ + 아. 아도. 았다 → 시달카″～시달′카″. 시달카″도～시달′카″도. 시달캈″다～시달′캈″다

－쿠－ 사동접미사 사동사의 고저장단형은 LH(H(H(H)))L조, LL조, LLH:(L(L(L(L))))～LHH:(L(L(L(L))))조, LH:(L)조, LLH:(L)～LHH:(L)조다. 중복을 피해 묶으면 LH(H(H(H)))L조, LL조, L(H)H:(L(L(L(L))))조다.

(23) －키－ 사동접미사

(150) 달′키－[弄]. 바리′키－[正]. 숨′키－[隱]. 시달′키－[弄]. 신′키－[履]. 알′키－[知]. 애달′키－[燥]. 엉′키－[構]. 홀′키－[誘] …

－키－ 사동접미사는 L조다.

고저장단형

㉠ (L)HL(L(L(L(L))))
숨′키[隱] + 고. 게. 지. 고도. 지만. 다가. 는데. 능교. 더라. 거나. 겠다. 겠습니더. ㄴ. ㄹ. ㄹ래. ㄴ다. ㅂ니더. ㅂ니꺼. 머. 나. 시먼. 시더라

㉡ (L)HL(L)
숨′키[隱] + 이. 이도. 있다 → 숨′키. 숨′키도. 숨′킸다

－키－ 사동접미사 사동사의 고저장단형은 (L)HL(L(L(L(L))))조, (L)HL(L)조다. 뒤의 것은 앞의 것에 포함된다.

(24) －후－ 사동접미사

(151) 갖후′－[具]. 깔앉후′－(깔앉′다). 꿇어앉후′－[跪]. 낮후′－[低]. 넓후′－[廣]. 녹후′－[鎔]. 높후′－[高]. 눕후′－[臥]. 늙후′－[老]. 늦후′－[遲]. 덥후′－[熱]. 둘러앉후′－[坐]. 들어앉후′－[坐]. 막후′－[閉]. 맑후′－[淸]. 맞후′－[的]. 묵후′－[腐]. 바람맞후′－(바람맞′다). 삭후′－[酵]. 석후′－[腐]. 설익후′－[熟]. 속후′－(속′다). 식후′－[冷]. 앉후′－[坐]. 얽후′－[繫]. 업후′－[負]. 익후′－[熟]. 읽후′－[讀]. 잦후′－[傾]. 주저앉후′－(주저앉′다). 짚후′－[深]. 좁후′－[狹] …

－후－ 사동접미사는 H조다.

고저장단형

㉠ (L(L))LH(H(H(H)))L
갖후′[具] + 고. 게. 지. 고도. 지만. 다가. 는데. 능교. 더라. 거나. 겠다. 겠습니더. ㄹ래. ㄴ다. ㅂ니더. ㅂ니꺼. 며. 나. 시면. 시더라

㉡ (L(L))LL
갖후[具] + ㄴ. ㄹ

㉢ (L(L))LH:(L)
갖후′[具] + 아. 아도. 았다 → 갖하″. 갖하″도. 갖핬″다

－후－ 사동접미사 사동사의 고저장단은 (L(L))LH(H(H(H))))조, (L(L))LL조, (L(L))LH:(L)조다.

(25) －히－ 사동접미사

(152ㄱ) 걸앉'히－[半跏]. 곰삭'히－[酵]. 굳'히－[固]. 굽'히－[曲]. 깊'히－[深]. 까라앉'히－(까라앉다). 꿇어앉'히－[跪]. 꿉'히－[曲]. 끼입'히－[被]. 넓'히－[廣]. 높'히－[高]. 눕'히－[臥]. 늙'히－[老]. 닙'히－<닙'히－<눕'히－[臥]. 덥'히－[熱]. 뎁'히－<덥'히－[熱]. 드러눕'히－[臥]. 들어앉'히－[坐]. 맑'히－[淸]. 묵'히－[腐]. 묻'히－[粘]. 묽'히－[淡]. 믹'히－<뮉'히－<묵'히－[腐]. 밝'히－[明]. 볽'히－[明]. 볿'히－[踏]. 붉'히－[明·赤]. 삭'히－[酵]. 석'히－[腐]. 설익'히－[熟]. 식'히－[冷]. 앉'히－[坐]. 얽'히－[繫]. 업'히－[負]. 익'히－[熟]. 읽'히－[讀]. 입'히－[被]. 잡'히－[執]. 잦'히－[傾]. 주저앉'히－[坐]. 짚'히－[深]. 해묵'히－[腐] …

(152ㄱ)에서는 －히－ 사동접미사는 L조다.

(152ㄴ) 간지럽히"－ ～간지럽'히"－(간지리다). 갈아입'히－ ∽갈아입히"－(갈아입'다]. 고'롭'히－[苦]. 더럽히"－[汚]. 어'지'럽히－ ∽어지럽히"－[亂] …

(152ㄴ)에서는 －히－ 사동접미사는 H:～L조다.

고저장단형

㉠ (L(L))HL(L(L(L(L))))
굳'히[固] + 고. 게. 지. 고도. 지만. 다가. 는데. 능교. 더라. 거나. 겠다. 겠습니더. ㄴ. ㄹ. ㄹ래. ㄴ다. ㅂ니더. ㅂ니꺼. 머. 나. 시먼. 시더라

(152ㄴ)은 종잡기 힘들지만 LL(L)H:조로 보면 다음과 같다.

- (L)LLH:(L(L(L(L))))
  더럽히"[汚] + 고. 게. 지. 고도. 지만. 다가. 는데. 능교. 더라. 거나. 겠다. 겠습니더. ㄴ. ㄹ. ㄹ래. ㄴ다. ㅂ니더. ㅂ니꺼. 머. 나. 시먼. 시

더라

- (L)L))HL(L)

  굳′히 + 이. 이도. 있다 → 굳′히. 굳′히도. 굳′힜다
- (L)LLH:(L)

  더럽히″ + 이. 이도. 있다 → 더럽히″. 더럽히″도. 더럽힜″다

－히－사동접미사 사동사의 고저장단형은 (L(L))HL(L(L(L(L))))조, (L)LLH:(L(L(L(L)))))조, (L(L))HL(L)조, (L)LLH:(L)조다. 뒤의 둘은 앞의 것에 포함된다.

(26) 간추리기

사동접미사의 고저장단과 사동사의 고저장단형을 한자리에 다 모으면 다음과 같다.

(1) －개－ H LH(H(H(H)))L. LL. LH:(L)
(2) －구－ H LH(H(H(H)))L. LL. LH:(L)
(3) －기－ L (L(L))HLL(L(L(L))). L:LL(L(L(L)))
(4) －꾸－ H LH(H(H(H)))L. LL. LH:(L)
(5) －루－ H～H: LH(H(H(H)))L. (L)L(H)H:L(L(L(L)))
(6) －류－ H: (L)LH:(L(L(L(L))))
(7) －리－ L (L)HL(L(L(L(L)))). L:LL(L(L(L)))
(8) －배－ H LH(H(H(H)))L. LL. LH:L
(9) －수－ H～H: LH(H(H(H)))L. LH:(L(L(L)))L LL.
(10) －시－ L LHL(L(L(L(L)))). L:L(L(L(L(L))))
(11) －우－ H (L(L))LH(H(H(H)))L. (L)L))LL. (L(L))LH:(L)
(12) －ㅇㄱ－ L HL(L(L(L(L))))
(13) －애－ L L:L(L(L(L(L))))
(14) －우－ L～H～H: L(L))HL(L(L(L(L)))). LH(H(H(H)))L. (L)LH:(L(L(L(L)))). LL
(15) －우리－ LHL(L(L(L(L))))
(16) －이－ L～H～H:～L: (L)LH(H(H(H)))L. (L(L))H(L(L(L(L)))). (L)LL. (L(L))L:L(L(L(L)))

(17) －이애－ HL (L)HL(L(L(L(L)))). (L)H:(L(L(L(L))))
(18) －이우－ HL HL(L(L(L(L)))). (L)LH:(L(L(L(L))))
(19) －추－ H～H: LH(H(H(H)))(L). LL. (L)LLH:(L(L(L(L))))
(20) －치－ L (L)HL(L(L(L(L))))
(21) －캐－ H LH(H(H(H)))L. LL. LH:(L)
(22) －쿠－ H～H: LH(H(H(H)))L. LL. L(H)H:(L(L(L(L))))
(23) －키－ L (L)HL(L(L(L(L))))
(24) －후－ H (L(L))LH(H(H(H)))). (L(L))LL. (L(L))LH:(L)
(25) －히－ H:～L (L(L))HL(L(L(L(L)))). (L)LLH:(L(L(L(L))))

이것들을 중복됨이 없이 7음절로 묶으면 다음과 같다.

(L(L))H(H(H(H)))L
(L)(H)H:(L(L(L)L))))
(L)L))LL(L(L(L)
(L(L))L:L(L(L(L)))

사동사의 고저장단형은 위의 4가지다.

4.3 피동사, 사동사의 고저장단 요약

피동사와 사동사의 고저장단형을 묶어 요약하기로 하는데 이는 매우 간단하다.

피동사는 아래 한 가지 형이다

(L(L(L)))LH:(L(L(L(L))))조

사동사는 아래 네 가지다

(L(L))H(H(H(H)))L조
(L)(H)H:(L(L(L)L))))조
(L)L))LL(L(L(L)조
(L(L))L:L(L(L(L)))조

7음절로 다시 묶으면 아래 것이다.

(L(L))H(H(H(H)))L
(L(L))(H)H:(L(L)L)))
(L)L))LL(L(L(L)
(L(L))L:L(L(L(L)))

피동사와 사동사는 위의 4가지 고저장단형 중 어느 한 형에 해당된다는 뜻이다.

5 불변화사의 고저장단

지금까지 '체언+조사, 어간+어미'의 고저장단을 살펴보았다. 이들은 조사나 어미에 따라 고저장단의 변동이 있었다. 이제 형태와 고저장단이 고정불변인 불변화사(不變化辭) 관형사, 부사, 감탄사의 고저장단에 대하여 살펴보도록 한다. 품사와는 관계없이 음절 수 별로 묶어서 보기로 한다.

(1) 1음절어

L조어

(153) 갓[新]. 곧[卽]. 꼭[無違]. 그[彼]. 날[生]. 딴[他]. 더[加]. 되[再]. 못[不能]. 및[及]. 순[純]. 새[新]. 안[不]. 이[此]. 저[彼]. 전(前). 즉(則]) 참[眞]. 첫[初]. 한[一] …

L:조어

(154) 내:[常]. 늘:[常]. 덜:[少]. 옛:[古]. 오:[對答]. 잘:[善]. 헌:[古] …

(2) 2음절어

HL조어

(155) 가'장[最]. 갖'은[皆]. 거'의[幾]. 거'덥[重]. 겨'우[僅]. 구'지(굳이) 다'시[再]. 더'디[遲]. 더'욱[益]. 마'침[適]. 모'두[皆]. 무'슨[何]. 매'우[甚]. 미'리[豫]. 빨'리[速]. 부'로[故]. 아'주[甚]. 아'직[尙]. 일'찍[早]. 자'주[頻]. 전'혀(全-). 하'마[旣]. 혼'차[獨] …

LL조어

(156) 가로[橫]. 같이[如]. 결코(決-). 고루[均]. 그리[其]. 그저[空]. 너무[過]. 다만[單]. 다른[異]. 도로[反]. 두루[周]. 또는[亦]. 먼저[先]. 바로[正]. 부디[必]. 사뭇[全]. 새로[新]. 서로[相]. 손수[直]. 설마[莫]. 아니[不]. 어서[速]. 어찌[何]. 얼른[速]. 옳다[是]. 외딴[獨]. 어느[何]. 어떤[何]. 얼쭈(거의). 오른[正]. 저리[彼]. 혹은(或-) …

L:L조어

(157) 가:득[滿]. 가:끔[稀]. 곰:곰[深]. 모:든[諸]. 수:이[易]. 실:컹[極]. 아:마. 온:갖[諸]. 웬:걸. 제:발 …

장조 속에는 정의적 요소가 다분히 있는 듯하다.

(3) 3음절어

HHL조어

(158) 나'날'이[每日]. 다'달'이[每月]. 외'따'로[獨]. 차'라'리[寧]. 참'으'로[眞] …

HLL조어

(159) 그'러나[而]. 그'래서[而]. 그'리고[而]. 마'침내[終]. 비'로소[始]. 천'만에(千萬-). 하'여금[使]. 함'부래(함부로) …

LHL조어

(160) 가까'이[近]. 구태'여[敢]. 깨끗'이[潔]. 넉넉'히[豊]. 단단'이(단단히). 도리'어[及]. 반드'시[必]. 오히'려. 조용'히[寂]. 저절'로

[自]. 하물'며[況] …

LLL조어

(161) 가만히[靜]. 넌지시[緩]. 쪼르르. 사르르 …

L : LL조어

(162) 근:근이[僅僅히]. 낱:낱이[各個]. 말:끔이(말끔히). 아:무리[雖] …

장조 속에는 정의적 요소가 다분히 있는 듯하다.

(4) 4음절어

HLLL조어

(163) 가'지가지. 그'러므로 …

LHHL조어

(164) 가지'러'이(가지런히). 모름'지'기. 부지'러'이(부지런히) …

LLLL조어

(165) 덜컹덜컹. 데굴데굴. 바야흐로. 아무쪼록. 성큼성큼 …

(5) 간추리기

이상 불변화어(不變化語]의 고저장단형을 간추리면 다음과 같다.

1음절어
L조
L:조

2음절어
HL조
LL조
L:L조

3음절어

HHL조

HLL조

LHL조

LLL조

L:LL조

4음절어

HLLL조

LHHL조

LLLL조

이것을 중복 없이 4음절어로 묶으면 아래와 같다.

H(H)(L)L

LH(H)L

L(L(L(L)))

L:(L(L(L)))

불변화사는 이 네 고저장단형에 속한다.

6 어절 단위의 고저장단

지금까지 체언(體言). 용언(用言). 불변화사(不變化辭)의 고저장단을 살펴보았다. 지금까지의 연구는 분석과 결합의 양면을 병행한 것이었다. 우리말의 발화에서 호흡을 또박또박 끊을 수 있으며 온전한 의미전달을 할 수 있는 단위는 단어가 아니라 어절(語節)이다. 고저장단의 참모습도 이와 같이 호흡을 단위로 끊어야 제대로 파악할 수 있다. 즉. 이 방언 고저장단의 단위는 어절이다.[12]

---

12 許雄(1955) 86~87

이제 지금까지 살펴본 것을 총망라하여 어절 단위의 고저장단을 종합 정리한다.

(1) 1음절어

(166) H조 : 꽃′[花]. 낯′[顔]. 달′[鷄]. 말′[馬]. 밭′[田]. 숯′[炭]. 집′[家] …
L조 : 갓[笠]. 꿈[夢]. 날[日]. 논[畓]. 달[月]. 봄[春]. 자[尺] …
L:조 : 감:[柿]. 개:[犬]. 널:[板]. 눈:[雪]. 돌:[石]. 말:[語]. 짐:[汽] …
H:조 : 비″－[被視]. 시″－[被用]. 티″－[被隔]. 끼″－[被揷] …
Lh조 : 맘^[心]. 감^[資]. 말^[村] …
Hl조 : 담∨[次]. 감∨[喊]. 삼∨[鬪] …

(2) 2음절어

(167) HH조 : 가′지′[枝]. 번′개′[電]. 안′밖′[內外] …
HL조 : 까′시[荊]. 은′돈[銀貨]. 꽃′이[花]. 익′고[熟] …
LH조 : 가지′[茄]. 바람′[風]. 꽃집′[花商] …
L:L조 : 까:치[鵲]. 임:금[主]. 가:끔[稀]. 눈:은[雪]. 안:고[抱] …
H:L조 : 띠″라[躍]. 대″지[接]. 차″도[除] …
LH:조 : 사나″[男]. 바까″[換]. 날리″[被飛] …
LhL조 : 맘^이[心]. 감^이[資]. 말^이[村] …
HlL조 : 담∨이[次]. 감∨이[喊]. 삼∨이[鬪]. 벌∨이[稼] …

(3) 3음절어

(168) HHL조 : 기′러′기[雁]. 참′으′로[眞]. 가′지′가[枝]. 찾′는′다[尋] …
HLL조 : 매′느리[婦]. 그′러나[而]. 까′시가[荊]. 익′지만[熟] …
LHH조 : 사다′리′[梯]. 살구′꽃′[杏花]. 보리′술′[麥酒] …

LHL조 : 까마'구[烏]. 가까'이[近]. 가지'가[茄]. 익는'다[熟] …
LLL조 : 사르르. 쪼르르. 비웃는[嘲笑] …
L:LL조 : 거:무리[蛭]. 문:디이[癩]. 까:치가[鵲]. 얻:는다[得] …
H:LL조 : 빠"라고[碎]. 마"라고[集]. 대"지만[接] …
LH:L조 : 사나"가[男]. 자래"고[足]. 나차"도[低]. 바까"도[換] …
LLH:조 : 가시나"[女兒]. 까래피"[被搔]. 눈질리"[被壓] …
LhLL조 : 맘^이지[心]. 감^이라[資]. 말^인데[村] …
HlLL조 :: 담ᵛ이면[次]. 감ᵛ이라[喊] 삼ᵛ인데[鬪] …

(4) 4음절어

(169) HHLL조 : 기'러'기가[雁]. 가'지'하고[枝]. 찾'을'라고[尋] …
HLLL조 : 매'느리가[婦]. 은'돈에서[銀貨]. 익'지만은[熟] …
LHHL조 : 사다'리'가[梯]. 살구'꽃'이[杏花]. 익습'니'더[熟] …
LHLL조 : 까마'구가[烏]. 담뱃'대를[煙竹]. 익겠'지만[熟] …
LLLL조 : 아무쪼록[祈]. 지내다가[過]. 비웃는데[嘲] …
L:LLL조 : 까:치까지[鵲]. 돈:지갑이[紙匣]. 얻:을라고[得] …
H:LLL조 : 뽀"지만은[碎]. 모"드라도[集]. 대"지만은[接] …
LH:LL조 : 사나"하고[男]. 자래"지만[足]. 바까"서도[換] …
LLH:L조 : 가시나"가[女兒]. 모지래"고[不足]. 까래피"도[被搔] …
LhLLL조 : 맘^이라도[心]. 감^이라도[資]. 말^인데도[村] …
HlLLL조 : 담ᵛ이라도[次]. 감ᵛ이라도[喊]. 삼ᵛ인데도[鬪] …

(5) 간추리기

이제 1음절부터 4음절까지의 어절단위 고저장단형을 한 자리에 모아 마무리 짓겠다.

1음절어	2음절어	3음절어	4음절어	고저장단형	
H	HH	HHL	HHLL	H(H(L(L)))	H(H(L(L)))
	HL	HLL	HLLL	H(L(L(L)))	
	LH	LHH	LHHL	L(H(H(L)))	L(H(H(L)))
		LHL	LHLL	LHL(L)	
L		LLL	LLLL	LLL(L)	LLL(L)
L:	L:L	L:LL	L:LLL	L:(L(L(L)))	L:(L(L(L)))
H:	H:L	H:LL	H:LLL	H:(L(L(L)))	H:(L(L(L)))
	LH:	LH:L	LH:LL	LH:(L(L))	L(L)H:(L(L))
		LLH:	LLH:	LLLH:(L)	
Lh	LhL	LhLL	LhLLL	Lh(L(L(L)))	
Hl	HlL	HlLL	HlLLL	Hl(L(L(L)))	

1음절서부터 4음절까지의 고저장단형을 총망라한 것이다. 이것은 오른쪽의 11개 고저장단형(高低長短型)으로 집약할 수 있다. 이 가운데 Lh는 L:에 가까운 것이고 Hl는 H:는 가까운 것인데 이 11개 고저장단형을 다시 묶으면 맨 오른 쪽의 6개 고저장단형이 된다.

이것은 경상도방언 어절 고저장단형은 대체로 이 6가지 유형이라는 의미이므로 매우 중요한 요약이다.

7 개별 설명이 필요한 어절들의 고저장단

이상으로 경상도방언 고저장단에 대한 전반을 살펴봤다. 이 단계에 이르면 고저장단 전반에 걸친 대체적인 설명은 다하였지만 어절에 따라서는 그 어절에 따른 특수성의 설명이 필요한 것이 더러 있다. 그러한 것이 여럿이지만 여기서는 여섯 어절을 보기로 좀더 심도 있는 설명을 더하기로 한다.

(1) 낫′았다[癒]와 낫았″다[使癒]의 차이

(170) ㉠ 낫았다
㉡ 낫았다

위의 ㉠, ㉡은 각각 다른 뜻이다. 이대로는 어떤 차이인지 알 수 없다.

(171) ㉠ 병이 낫았다.
㉡ 병을 낫았다.

이렇게 말을 더하면 ㉠, ㉡의 의미가 변별된다.

(172) ㉠ 병이 낫′았다.
㉡ 병을 낫았″다.

고저장단이 명시되어 발음까지 확실하면 의미도 더욱 분명해진다.

이 둘의 차이는 그 기저(基底)를 알아야 완전히 이해할 수 있다.

(173) ㉠ 낫:－[癒]. 낫′아도. 낫′았다
㉡ 낫우′－[使癒]. 낫우′아도 → 낫아″도. 낫우′았다 → 낫았″다

'낫:다 → 낫′았다[癒]'와 '낫우′았다 → 낫았″다[使癒]'는 기본형부터 다른데, 음소만을 보면 활용의 결과가 같아서 혼동된다.

(174)	낫:－[癒]	낫우'－('낫:－[使]'의 사동)
	낫:고	낫우'고
	낫:아 → 낫'아	낫우'아 → 낫아"
	낫:아도 → 낫'아도	낫우'아도 → 낫아"도
	낫:았다 → 낫'았다	낫우'았다 → 낫았"다
	낫:았나 → 낫'았나	낫우'았나 → 낫았"나
	낫'안	낫우'안 → 낫안"

'낫:다[癒]'와 '낫우'다('낫:－[癒]'의 사동)'의 활용형을 음소만으로 보면 동일형이지만 운소를 첨가한 활용형은 다르다. 여기서도 '－우'+아 → －아"' 즉 HL → H:를 확인할 수 있다.

(2) 차라[蹴]와 차"라[撤]의 차이

(175) ㉠ 차라. 찼다. 찼나?
㉡ 차라. 찼다. 찼나?

각각 뜻이 다른 ㉠. ㉡이 있다. 이것만으로는 뜻이 변별되지 않는다.

(176) ㉠ 공을 이리 차라. 공을 저리 찼다. 공 찼나?
㉡ 상을 저리 차라. 상을 저리 찼다. 상 찼나?

말을 이렇게 더하면 뜻이 변별된다.

(177) ㉠ 공을 이리 차라. 공 저리 찼다. 공 찼나?
㉡ 상을 저리 차"라. 상을 저리 찼"다. 상 찼"나?

고저장단을 명시하면 발음까지 구분되어 의미도 더욱 분명해진다.

(178)	차－[蹴]	치'우－[撤]
	차고	치우고
	차아 → 차	치'우아 → 치'아~치'야 → 챠"~차"
	차아라 → 차라	치우'아라 → 치'아라~치'야라 → 차"라~챠"라

차아도 → 차도　치′우아도 → 치′아도~치′야도 → 차″도~챠″도
차았다 → 찼다　치′우았다 → 치′았다~치′얐다 → 찼″다~챴″다
차았나 → 찼나　치′우았나 → 치′았나~치′얐나 → 찼″나~챴″나
찬　치′우안 → 치′안~치′얀

'차-[蹴]'와 '치′우-[撤]'는 기본형부터 다르다. 이들 활용형 중에 음소만 보았을 때 같은 형이 있어 혼동된다.

(3) 묷″다~무″ 뿌라

(179) 떡 무″ 바라. (떡 먹어 봐라.)　떡 무″ 뿐다. (떡 먹어 버린다.)
떡 무″라. (떡 먹어라.)　떡 무″ 뿌라. (떡 먹어 버려라.)
떡 묷″다. (떡 먹었다.)　떡 무″ 뿄다. (떡 먹어 버렸다.)
떡 묷″나? (떡 먹었니?)　떡 무″ 뿄나? (떡 먹어 버렸니?)

'묵′-[食]'과 '뿌-(완료 조동사)'는 특별한 활용을 한다.

(180) 묵′-[食].　뿌-(완료 조동사)
묵′고　뿌고
묵′우 → 무″　뿌우 → 뿌
묵′우도 → 무″도　뿌우도 → 뿌도
묵′우라 → 무″라　뿌우아 → 뿌라
묵′웄다 → 묷″다　뿌웄다 → 뿄다
묵′웄나 → 묷″나　뿌웄나 → 뿄나
묵′은~묵′운 → 문″　뿐

'묵′-'과 '뿌-'는 {-아}, {-았-}의 이형태 '-우, -웄-'을 취한다. '묵′-'은 모음어미 앞에서 어간말음 'ㄱ'이 탈락하는 유일한 동사다. 이 두 가지 특성으로 독특한 활용형이 생성된다.

(4) 빈″다~빈″다

(181) ㉠ 빈″다
㉡ 빈″다

위의 ㉠, ㉡은 각각 다른 뜻이다. 어간의 고저장단까지 같다. 이대로는 어떤 차이인지 알 수 없다.

(182) ㉠ 꽃이 빈″다.
㉡ 꽃을 빈″다.

이렇게 보면 의미 차이가 있다. 그런데 '빈″다'는 동일하다. 이것은 아래 ㉠. ㉡의 준말이다.

(183) ㉠ 꽃이 보인″다.
㉡ 꽃을 보′인다.

이것은 곧 다음의 준말이다.

(184) ㉠ 비″다<보이″다 ('보′다[見]'의 피동)
㉡ 비″다<보′이다 ('보′다[見]'의 사동)

'비″-'의 기저가 각각 다르지만 출현된 형이 동일한 경우여서 혼동되는 경우다.

(5) 내:나?~내:자

(185) 손 내:고
손 내:기
손 내:며
손 내:지
손 내:ㄴ다 → 낸:다
손 내:나?

(185)에서 '나'-[出]의 사동' '내:-'의 기본형 저장조에 관심을 모아 이 저장조의 생성을 살펴보기로 한다.

(185)의 '내:-'와 다음 (186)의 '내"-'를 동일시하거나 혼동하면 안 된다. 전혀 다른 거다.

(186) 손 내" 바라.
손 내"라.
손 냈"다.
손 냈"나?

(186)의 '내"-'는 사동사 어간 '내:-'와 모음어미 '-애, -앴-, -앤'과의 활용형 (187)다

(187) 내:고[使出]
내:애도 → 내'애도 → 내"도
내:애라 → 내'애라 → 내"라
내:앴다 → 내'앴다 → 냈"다
내:앴나 → 내'앴나 → 냈"나
내:앤 → 내'앤 → 낸"

(187)를 보면 저장조L: 어간 '내:-'가 모음어미 '-애, -앴-, -앤' 앞에서 고단조H '내'-'로 변동하고, 어간, 어미 두 동음이 한 음절로 축약한 것이 고장조H: '내"-, 냈"-, 낸"'이다. 이것은 의문이 없는 순리적인 과정이다.

그러나 이에 앞서 '내:-[使出]'는 '나'-[出]'의 사동사이기 때문에 사동사 생성과정을 살펴봐야 한다.

(188) 내:- <나'-이- ('나'-[出]'의 사동)
끝내:- <끝나'-이- ('끝나'-[終]'의 사동)
드러내:- <드러나'-이- (드러나'-[出]'의 사동)
불내:- <불나'-이- ('불나'-'의 사동)
욕심내:- <욕심나'-이- ('욕심나'-(慾心-)'의 사동)

축내:- <축나'-이- ('축나'-(縮-)'의 사동)

(188)에서 '내:-'의 합성어가 모두 '○(○)내:-'임을 알면 '내:-'의 장음이 굳혀져 있음도 확인된다.

문제의 핵심은 '나'-이-[出]'에서 '내:-(나'-[出]의 사동)'의 도출 과정이다.

(189) 깎'이- ('깎'-[削]'의 사동)
녹'이- ('녹'-[鎔]'의 사동)
붙'이- ('붙'-[附]'의 사동)
숙'이- ('숙'-[俯]'의 사동)
죽'이- ('죽'-[死]'의 사동)

(190) 비"-<보'이- ('보'-[見]'의 사동)
내비"<-내보'이- ('내보'-[見]'의 사동)
선비"-<선보'이- ('선보'-'의 사동).
욕비"-욕보'이- ('욕보'-'의 사동)

일반적으로 고단조 어간에 사동접미사 '-이-'가 붙어 파생된 사동사는 (189), (190)에서 확인되는 바와 같이 HL조다.

그렇다면 (191)의 '내"-'가 도출되어야 한다.

(191) ?내"-<나'이- (나'-[出']의 사동)

그러나 그렇지 않고 실재로는 이미 앞에서 확인한 바와 같이 '내:-'다. '내"-<'나'-이-'가 아닌 '내:-'를 어떻게 설명해야 하나? 그 과정을 설명하기 매우 궁색하다.

(192) 내:-<???-<나'-이- ('나'-[出]'의 사동)

현재로서는, 궁색하지만 아마도 이른 어느 시기에 '나-이-다<나'-이-다'를 경험하여 '내:다'가 도출된 것으로 해 둔다. ('3장 5.1. H+L→H:조와 L+L→L:조의 장음화 경향' 참조.)

(6) 낮에″

여기서는 '낮에″'의 조사 '－에″'에 주목한다. 조사가 고장조인 경우는 매우 드문 일이고, 특히 어느 한 단어에서만 고장조라면 필시 독특한 이유가 있음직하다. 그 이유를 밝혀 보기로 한다.

(193ㄱ, ㄴ, ㄷ)의 날[日], 밤[夜], 낮[晝]은 모두 L조다.

(193ㄱ) 날[日]. 납[鉛]. 놈[者]. 담[墻]. 달[月]. 돌[週] …

(193ㄴ) 밤[夜]. 발[足]. 밥[飯]. 봄[春]. 비[雨] 비[帚] …

(193ㄷ) 낮[晝]

(194ㄱ, ㄴ, ㄷ)과 같이 '이, 은, 을, 과, 부터. 까지. 날조차' 등의 조사 앞에서는 모두 동일한 고저장단형이다.

(194ㄱ) 날이. 날은. 날을. 날과. 날′부′터. 날′까′지. 날′조′차

(194ㄴ) 밤이. 밤은. 밤을. 밤과. 밤′부′터. 밤′까′지. 밤′조′차

(194ㄷ) 낮이. 낮은. 낮을. 낮과. 낮′부′터. 낮′까′지. 낮′조′차

그러나 (195ㄱ, ㄴ, ㄷ)과 같이 '에. 에는 에도. 에만. 에꺼정' 등 '에' 앞에서는 각각 다른 고저장단형이다.

(195ㄱ) 날에. 날에는 날에도. 날에만. 날에꺼정

(195ㄴ) 밤′에. 밤′에는. 밤′에도. 밤′에만. 밤′에꺼정

(195ㄷ) 낮에″. 낮에″는. 낮에″도. 낮에″만. 낮에″꺼정

(195ㄷ) '낮'은 홀로 매우 독특한 고저장단을 보인다. 보기 드물게 조사 '에″'의 고장조 실현이다. '낮에″'는 왜 그럴까?

고어의 '저녁[夕]'은 '나조ㅎ'였다.[13] 뒤에 '나조ㅎ'가 '낮'으로 변하면

13 '낮의 절반'이란 의미의 '한 나절, 반 나절'의 '나절'도 어원상으로 '나조ㅎ'와

서 의미도 '夕'에서 '晝'의 어미로 확대된 듯하다. 그렇다면 아마도 이 방언의 고어에서는 '나조LH'였을 개연성이 있다. 그렇다면 '나조에LHL'를 상정(想定)하게 되고, '나조 → 낮'의 축약의 잔영(殘影)이 오늘의 '낮조에LHL → 낮에LH:'로 실현되는 것이라 추정한다. 곧 체언의 일부와 조사가 축약된 것인데,

다음과 같은 보기들은 이러한 주장에 힘을 실어 준다.

(196) 장'[場]아 → 자", 장'아서 → 자"서, 장'아서도 → 자"서도
방'[房]아 → 바", 방'아서 → 바"서, 방'아서도 → 바"서도
마당'[場]아 → 마다", 마당'아서 → 마다"서, 마당'아서도 → 마다"서도

(197) 다리'[脚]에 → 다레". 다리'에도 → 다레"도. 다리'에만 → 다레"만
자리'[袋]에 → 자레". 자리'에도 → 자레"도. 자리'에만 → 자레"만
정지'[廚]에 → 정제". 정지'에도 → 정제"도. 정지'에만 → 정제"만
마루'[廳]에 → 마뤠" → 마레", 마루'에도 → 마뤠"도 → 마레"도, 마루'에만 → 마뤠"만 → 마레"만

(196)은 체언과 조사 '아'가 축약된 경우이고, (197)은 체언의 일부와 조사 '에'가 축약된 경우다. 둘 다 (L)HL → (L)H:로 축약된

참고고어 새 벼리 나지 도ᄃᆞ니 ≪용비어천가(1445)≫
ᄇᆞᄅᆞᇝ 믌겨리 아ᄎᆞᆷ 나조히 업도다 (風浪無晨暮) ≪두시언해초간(1481)≫

한 가지 지명의 예를 들어보기로 한다. 울주군 웅촌면에 두 시내가 마주치는 곳 이름이 '합세"'란 곳이 있다. 어원을 따지지 못한 경우 그냥 그

유관할 듯하다.

곳이 '합세″'라고 불렀었는데, 알고 보니 두 물이 합하는 곳 '합수(合水)에'의 준말이 굳어진 이름이었다. 이 준말도 LH + L → LH:의 실현으로 추정된다.

경상도방언의 고저장단이 얽혀 복잡한 듯해도 정연하다. 복잡해도 어떤 경우는 장황한 설명이긴 해도 명쾌히 설명될 수 있고, 극히 적은 경우이기는 하나 어느 경우는 '내:-'의 저장조, '낮에″'의 고장조처럼 방언사(方言史)의 아득함 속을 헤매어 추정으로써 답할 수 있기도 하다.

8 경상도방언의 고저장단을 맺으며

말의 흐름은 빳빳하거나 평탄하지 않고, 출렁이는 물결 같다. 출렁출렁 일렁이는 율동이 있는 게 말이다. 율동에 감정이 실린다. 감정에 따라 출렁임도 다르다. 잔잔하게 출렁일 때도 있고, 격하게 출렁일 때도 있다.

물결의 출렁임에는 그렇게 출렁이게 되는 원리가 있다. 그렇듯이 말의 출렁임에도 그 원리가 숨어 있다. 그러나 말의 출렁임을 낱낱이 또 정확히 분석하고 살피기는 여간 어려운 게 아니다.

말의 출렁임은 표준어(서울말)이든 경상도방언이든 다 있는데 그 출렁임의 차이가 다르다. 그 출렁임의 차이를, 표준어는 산들바람이 부는 날 호수의 잔잔한 출렁이라면, 경상도방언은 거센 바람이 부는 날 호수의 출렁임이라고나 할까. 이 특징을 일반인들은 소박한 표현으로 '경상도 말은 억양이 억세다'라고 한다. 이 말은 말의 출렁임이 강하다는 표현이다. 억양이 억세다, 출렁임이 강하다는 말에는 달리 ''기(氣)'가 세다'는 것과도 상통한다. 기가 세어서 말도 억센 것이다. 경상도 사람은 기가 세고 말도 억세다.

지금까지 경상도방언의 출렁임을 살펴보았다.

동일 내용, 동일 화자라도 그 때의 대화 환경, 그 때의 감정에 따라 말의 출렁임이 다를 수 있다. 채집자에게는 그러한 차이를 제거하고 본디 지니고 있는 어절의 고저장단을 밝히는 노력이 필요했었다. 만들어진 틀에 억지로 끼워 맞추려 하면 방언이 왜곡되게 기록된다. 방언 채집 기록에 그러한 잘못이 있지 않게 하려고 애를 많이 썼다.

경상도방언권 내에서도 경주, 울산, 포항과 멀어질수록 고저장단에 차이가 많다는 것이 쉽게 이해된다면 그러한 차이가 있음을 전제로 하고 접근해야 한다.

경상도방언의 운소는 고장조(高長調), 고단조(高短調), 저장조(低長調), 저단조(低短調)의 넷이다. 이 4가지 운소가 이어져 만들어낸 고저장단형을 정리하기로 한다.

체언은 아래 7가지 고저장단형 중 어느 한 형에 속한다.

H(H)L(L(L(L(L))))
LH(H(H))L(L(L))
LL(L(L(L(L(L)))))
L:L(L(L(L(L(L)))))
(L(L))H:LL(L(L))
LhHL(L)
LhL(L(L))

어간말음이 폐음절인 용언은 아래 5가지 고저장단형 중 어느 한 형에 속한다.

(H)HLL(L(L(L)))
LH(H(H(H(H)))L
L(L(L(L(L(L)))))
(L)H:LL(L(L(L)))
L:(L(L(L(L(L(L))))))

어간말음이 개음절인 용언은 아래 5가지 고저장단형 중 어느 한 형에 속한다.

(H)HLLLLL

LH(H(H(H(H))))L
LL(L(L(L(L(L)))))
(L(L))H:(L(L(L(L))))
L:L(L(L(L(L(L)))))

피동사와 사동사는 아래 4가지 고저장단형 중 어느 한 형에 속한다.

(L(L))H(H(H(H)))L
(L(L))(H)H:(L(L)L)))
(L)L))LL(L(L(L)
(L(L))L:L(L(L(L)))

불변화사는 아래 4가지 고저장단형 중 어느 한 형에 속한다.

H(H)(L)L
LH(H)L
L(L(L(L)))
L:(L(L(L)))

어절단위는 아래 6가지 고저장단 중 어느 한 형에 속한다.

H(H(L(L)))
L(H(H(L)))
LLL(L)
L:(L(L(L)))
H:(L(L(L)))
L(L)H:(L(L))

이상의 모든 고저장단형에서 Lh조는 L:조에 포함하고, Hl조는 H:조에 포함하여 7음절의 고저장단형으로 압축 정리하면 다음 6가지로 압축된다.

① H(H(H)))L(L(L(L)))
② (L(L))H(H(H)))L(L)
③ LL(L(L(L(L(L)))))

④ L:L(L(L(L(L(L)))))
⑤ H:L(L(L(L(L(L)))))
⑥ (L(L))H:L(L(L(L)))

이것을 다시 ①은 ②에 포함시키고, ⑤는 ⑥에 포함시켜 압축하면 아래 4가지 고저장단형이 된다.

① (L(L))H(H(H)))L(L)
② LL(L(L(L(L(L)))))
③ L:L(L(L(L(L(L)))))
④ (L(L))H:L(L(L(L)))

이 4가지 고저장단형이 울산방언 곧 경상도방언의 고저장단형이란 매우 중요한 결론에 이른다.

이 4가지 고저장단형을 더 간결하게 아래와 같이도 표현할 수 있겠다.

①′ (L⋯)H(H⋯)(L⋯)	H조형(고단조형)
②′ L(L⋯)	L조형(저단조형)
③′ L:(L⋯)	L:조형(저장조형)
④′ (L⋯)H:(L⋯)	H:조형(고장조형)

울산방언 곧 경상도방언의 고저장단형의 특성을 다음 5가지로 요약할 수 있다.

(1) 고저장단은 어절 단위로 파악할 수 있다.
(2) 어절의 시작은 고조(H조, H:조)이거나 저조(L조, L:조)다.
(3) 저조에서 고조로 고조에서 저조로 바뀌기도 한다.
(4) 단조(고단조 H조, 저단조 L조)는 여러 음절 연속되기도 한다.
(5) 고조에서 일단 저조로 바뀌면 다시는 고조로 바뀌지 않는다.

3

경상도방언의 경향

표준어는 여러 가지 규정에 의하여 많은 규제와 제약을 받는다. 그건 틀렸다. 사전에는 그런 말 없다. 맞춤법에 맞지 않다. 등등 세세한 규제와 제약이 다양한 것이 표준어다. 그러나 방언은 아무런 규제도 없고 제약도 없다. '틀렸다'가 없고 '이래라 저래라'가 없는 게 방언이다. 그래서 방언은 표준어에 비해 변하는 방향이 다양하고 변화가 왕성하고 빠르다.

방언마다 그 방언의 특색이 있다. 특색이 있다는 것은 각각 지니고 있는 경향(傾向)이 있다는 뜻이다. 경상도방언에도 여러 가지 경향이 있다. 이러한 경향으로 이 방언 특유의 말맛과 말멋이 우러나고 이 방언 고유의 향기가 풍기게 된다.

이 장에서는 이 방언의 여러 경향을 찾아보기로 한다. 그 경향을 크게 음운(音韻)의 경향, 조어법(造語法)의 경향, 문법의 경향의 세 분야로 나누어서 살펴보기로 한다.

이러한 경향에 대해서는 장황한 설명이 필요한 부분이 있으나 되도록이면 많은 방언을 제시하고 설명은 간결하게 하려고 한다.

1 음운의 경향

1.1 자음의 경향

1.1.1 'ㅅ～ㅆ'의 중화

이 방언의 자음체계에서 'ㅆ'은 존재하지 않는다. 표준어의 'ㅆ'은 'ㅅ'에 중화(中和)되었다.

(1) 삭' / 싹[芽]
살 / 쌀[米]
솓'다 / 쏟다[瀉]
솔리"다 / 쏠리다
수다 / 쏘다[射]
숙 / 쑥[艾]
시'다'듬다 / 쓰다듬다
시'러지다 / 쓰러지다
시'름 / 씨름[相搏]
시'리다 / 쓰리다
시다 / 쓰다[冠]
시다 / 쓰다[書]
시다 / 쓰다[用]
시레'기 / 쓰레기
식식하'다 / 씩씩하다
실다 / 쓸다[掃]
실모 / 쓸모
싥'다 / 쓿다[搗]
십다 / 쓰다[苦]
싶'다 / 씹다[嚼]

1.1.2 구개음화 경향

'기, 히'는 구개음 '지, 시'로 발음하는 경향이 있다.

(1) 지 / 기

(2) 정'기 / 경기(驚氣]
절, 잘 / 곁[傍]
절가지 / 곁가지
지:집 / 계집[女]
지'름 / 기름[油]
지'치다 / 끼치다

지'침 / 기침[嗽]
지대'다, 진대'다 / 기대다[依]
지둥' / 기둥[柱]
지루'다 / 기르다[育·養]
지와' / 기와[瓦]
지울'다 / 기울다[傾]
지푸'다 / 깊다[深]
질 / 길[道]
짐: / 김[烝·汽]
짐: / 김[苔]
짐: / 김[雜草]
짐'치 / 김치
짐장' / 김장
집:다 / 깁다[補]
짓 / 깃[羽]
짚'이 / 깊이[深]
찌'우다, 찡구'다 / 끼우다[使挿]
찌:다 / 끼다[挿]
찌이"다, 찡기"다 / 끼이다[被挿]

(2) 시 / 히

(3) 성'님 / 형님(兄－)
새 / 혀[舌]
새바'닥 / 혓바닥
시알리다 / 헤아리다
시시'거'리다 / 히히거리다

1.1.3 경음화 경향

평음(平音) 'ㄱ, ㄷ, ㅂ, ㅈ'이 경음(硬音) 'ㄲ, ㄸ, ㅃ, ㅉ'으로 발음되는 경향이 있다.

(1) ㄲ / ㄱ

(4) 까'시 / 가시[荊]
까'자 / 과자(菓子)
까락'지 / 가락지
까지'메'기 / 가자미
깜다 / 감다[沐]
깜다 / 감다[瞑]
깨꾸'리 / 개구리[蛙]
깨이 / 괭이[鎒]
껀'지다 / 건지다[濟]
꼬개'이 / 고갱이[芯]
꼬사'리 / 고사리[蕨]
꼬치' / 고추[椒]
꼬치'미 / 고비[薇]
꼰'치 / 고치[繭]
꼼:보 / 곰보
꾸김'살 / 구김살
꾸'리 / 구리[銅]
꾸린'내 / 구린내
꾸부'리다 / 구부리다
꾸중'물 / 구정물
꿀:떡 / 굴뚝[突]
끄시'름' / 그을음[煤]
끄지'름' / 그을음[煤]
끄실'다 / 그슬다[煤]
끄질'다 / 그슬다[煤]
끈지'럽'다 / 근지럽다[癢]
끈질'다 / 긁다[癢]
끈'치다 / 그치다[止]

(2) ㄸ / ㄷ

(5) 따다 / 다르다[異]

따듬'다 / 다듬다[琢]
따딤'이돌 / 다듬잇돌[砧]
딱나'무 / 닥나무[楮]
땎'다 / 닦다[修]
때:추 / 대추[棗]
땡'기다 / 당기다[引]
떤'지다 / 던지다[投]
뚜껍'다 / 두껍다[厚]
뚜께'비 / 두꺼비[蟾]
뚜'께 / 두께[厚]
뚝 / 둑[堤]
장똘'배'이 / 장돌뱅이(場－)

(3) ㅃ / ㅂ

(6) 빰: / 밤[栗]
빠'울 / 방울
빵:자 / 방자(房子)
뽂'다 / 볶다[炒]
뽄'때 / 본때(本－]
뿌'러지다 / 부러지다
뿌수'다 / 부수다[碎]
뿌시'레'기 / 부스러기
뿍디'기 / 북데기
삐가'리 / 병아리
삐둘'깨 / 비둘기
삐'뚤다 / 비뚤다
삐추'다 / 비추다
삐치"다 / 비치다
삣'다 / 빗다[梳]
삧깔 / 빛깔
삧 / 빛[光]

(4) ㅉ / ㅈ

(7) 짜리'다 / 자르다[切]
짜리'다 / 짧다[短]
짝두' / 작두(←斫刀)
짝때'기 / 작대기
짤'기다 / 지리다
쪼'리다 / 조리다
쪼막'손 / 조막손
쪽도'리 / 족두리
쪽쩨'비 / 족제비
쪽집'게 / 족집게
쫍'다 / 좁다[狹]
쫍'히다 / 좁히다[使狹]
쭐'기 / 줄기
찌'지다 / 지지다[烙]
찌짐' / 지짐
찐디'기 / 진드기
찝'께 / 집게
찝'다 / 집다[撮]

1.1.4 ㄴ, ㅇ, ㅎ 약화탈락 경향

유성음(有聲音) '모음과 ㅁ, ㄴ, ㅇ' 사이의 'ㄴ, ㅇ, ㅎ'은 약화탈락(弱化脫落)하는 경향이 짙다.

(1) ㄴ 약화탈락

(8) 간가이 / 간간이(間間－)
곱:다이 <곱단이 / 고운 여자
그'러이 / 그러니
늙'으이 / 늙은이
등:시이 <등:신이 / 등신(等神)

몬:나이 / 못난이
반빙:시이 <반빙:신이 / 반병신(半病身)
반:푸이 / 반푼이(半分－)
번버이 / 번번이(番番－)
빙:시이 <빙:신이 / 병신(病身)
산:사이 / 산산이(散散－)
순:수이 / 순순이(瞬瞬－)
아이'다 / 아니다
양패'이 < 양푼'이 / 양푼(←洋盆子).
어처'구'이 / 어처구니
얼'가'이 / 얼간이
연여'이 / 연년이(年年－)
우두커이 / 우두커니
잡'동'사이 / 잡동사니(雜－)
장구'이 / 장군(缶)
젊'으이 / 젊은이
주무이 / 주머니[囊]
철딱'서'이 / 철딱서니
칠'푸'이 / 칠푼이(七分－)
칸카'이 / 칸칸이(←間間－)
크'일' / 큰일
터무'이 / 터무니
판파이 / 판판이
팔'푸'이 / 팔푼이(八分－)
푸염 / 푸념
푼:푸이 / 푼푼이(分分－)
허'풍'사이 / 허풍선이(虛風扇－)

인명 지명에서

(9) 으여이 / 은영이
혜으이 / 혜은이

아양 / 안양(安養)

어양 / 언양(彦陽)

모음조사 '이, 아/어' 앞에서 'ㄴ'이 묵음(默音)된다.

(10) 가:간이다[－가－ －] / 가관이다(可觀－)
강산이[－사－] / 강산(江山)이
전이[저－] / 전(煎)이
방깐'아서[－까－ －] / 방앗간(－間)에서

어미 '－니'의 'ㄴ'이 모음 뒤에서 탈락한다.

(11) －(으/이/우)이 / －(으)니 가이. 닫으이. 있이이. 곱우이
－(으/이/우)이까 / －(으)니까 가이까. 닫으이까. 있이이까. 곱우이까
－(으/이/우)이까네 / －(으)니까네 가이까네. 닫으이까네. 있이이까네. 곱우이까네
－디이 / －더니 가디이. 가겠디이. 갔디이. 닫디이. 닫았디이
－디이만 / －더니만 가디이만. 갔디이만. 닫디이만. 닫았디이만
－디이마는 / －더니마는 가디이마는. 갔디이마는. 닫디이마는. 닫았디이마는

(2) ㅇ 약화탈락

(12) 가래'이 / 가랑이
가아'지 / 강아지
가재'이 / 가장이[枝]
간'살재이 / 간살장이
간지'깨'이 <간지'깽'이 / 간짓대(竿枝－)
갓'재'이 / 갓쟁이
강내'이 / 강냉이
겁'재'이 / 겁쟁이(怯－)
고'일 / 공일(空日)
곰:패이 / 곰팡이

과:애 / 광어(廣魚)

깍재'이 / 깍쟁이

껄배'이 <껄뱅이(←乞－) / 거지

꼬:개이 / 고갱이[幹]

꼬'알 / 꿩알

꼬재'이 / 꼬챙이

꼭:깨이 / 곡괭이

꼴개'이 / 골갱이[幹]

나부'래'이 / 나부랭이

나시'래'이 <나시'랭'이 / 냉이[薺]

난:재이 / 난쟁이

눈'채'이 <눈'챙'이 / 송사리

늘'개이 <늘'갱이 / 늙은이

다연'코 / 당연코(當然－)

다황' / 당황(唐黃)

달띠'이 / 달덩이

달랑'개'이 <달랑'갱'이 / 달래[蒜]

대'고'이 / 대공이[幹]

돌메'이 / 돌멩이

돌방'배'이 <돌방'뱅'이 / 동그라미

돌재'이 / 돌장이

동개'이 / 동강이

동굴'배'이 <동굴'뱅'이 / 동그라미

때앰'재'이 / 땜장이

마'울 / 망울

머'에 / 멍에

멋재'이 / 멋쟁이

모아'리 / 몽우리

무시말래이 / 무말랭이

물빠'울 / 물방울

미재'이 / 미장이

미친'개'이 <미친'갱'이 / 미치광이

바'애 / 방해(妨害)

바래'이 / 바랭이

바아' / 방아[碓]

바아'깐' / 방앗간(－間)

바애' / 방어(魴魚)

반:고일 / 반공일(半空日)

방마'치 / 방망이

방매'이 / 방망이

방바'이 / 방방이(房房－)

보오'리 / 봉오리

복재'이 <복쟁'이 / 복장(腹臟)

부'어이 / 부엉이

부애' / 붕어(－魚)

부지'깨'이 / 부지깽이

빗재'이 / 빗쟁이

빠'알 / 방울

빠'울 / 방울

빨개'이 / 빨갱이

빵빠'이 / 빵빵이

새'이 <생'이 / 형(兄)

새'일' / 생일(生日)

새원' / 생원(生員)

새이' / 상여(喪輿)

새이'버'섯 / 송이버섯(松栮－)

새이'손 / 생인손

새이'술' / 성애술

새이'집' / 상여집(喪輿－)

선새'임 / 선생님(先生－)

소:애 / 송어(松魚)

사애' / 상어(←鯊魚)

소두'배'이 <소두'뱅'이 / 솥두껑

실'개이 <실'갱이 / 실랑이

실'라이 <실'랑이 / 실랑이

싱'개이 <싱'갱이 / 실랑이

아구'이 / 아궁이
아지'래'이 / 아지랑이
앉인'배'이 / 앉은뱅이
알매'이 / 알맹이
알캐'이 / 알갱이
애수'이 / 애송이
약'재'이 <약'쟁'이 / 약장수(藥－)
연자바아' / 연자방아
엿'재'이 <엿'쟁'이 / 엿장수
영감'재'이 / 영감쟁이(令監－)
여어 / 영어(英語)
오굼'재'이 <오굼'쟁'이 / 오금
올방'배'이 <올'방'뱅이 / 동그라미
올채'이 / 올챙이
요왕' / 용왕(龍王)
욕'심'재이 / 욕심쟁이(慾心－)
욕'재'이 / 욕쟁이(辱－)
이사'하'다 / 이상하다(異常－)
이어' / 잉어(←鯉魚)
자:원 / 장원(壯元)
자:인 / 장인(丈人)
잔채'이 / 잔챙이
장'개이 <장'갱이 / 정강이
장똘'배'이 / 장돌뱅이(場－)
장자이 / 장장이(張張－)
저'월 / 정월(正月)
저어'리 / 정어리
점재'이 / 점쟁이(占－)
조'일 / 종일(終日)
조아'리 / 종아리
주두'아'리 / 주둥아리
주디'이 / 주둥이
주얼거'리다 / 중얼거리다

주요하'다 / 중요하다(重要－)
주우'난방 / 중우난방(衆愚難防), 중구난방(衆口難防)
주전'배'이 / 주정뱅이(酒酊－)
중매'재'이 / 중매쟁이(仲媒－)
지'역 / 징역(懲役)
지꾸'때'이 / 짓고땡
지패'이 / 지팡이[杖]
질개'이 / 질경이
쪼개'이 <쪼갱'이 / 조각
쭐개'이 <쭐갱'이 / 줄기
차주'에 / 차중에(此中－)
처애' / 청어(靑魚)
초'알' / 총알(銃－)
촌:추이 / 촌충(寸蟲)
침'재'이 / 침장이(鍼－)
칭치'이 / 층층이(層層－)
코'알 / 콩알
토:일 / 통일(統一)
토'역 / 통역(通譯)
패'이 / 팽이
패'일 / 평일(平日)
패래'이꽃 / 패랭이꽃
팽'배이 <팽'뱅이 / 팽이
푸'악 / 풍악(風樂)
푸'얼 / 풍월(風月)
풍데'이 / 풍뎅이
호:래이 / 호랑이(虎狼－)
혹'재'이 <혹'쟁'이 / 혹부리

인명, 지명에서

(13) 기사이, 기사아 / 기상이, 기상아
수요이, 수요아 / 수용이, 수용아

미여이, 미여아 / 미영이. 미영아
춘야이, 춘야아 / 춘향이, 춘향아(春香－)
태개이, 태개아 / 태경이. 태경아

바아'진' / 방어진(方魚津)
여'일 / 영일(迎日)
토영 / 통영(統營)
패'양 / 평양(平壤)

모음조사 '이, 아/어' 앞에서 'ㅇ'이 탈락한다.

(14) 강이다[가－－] / 강이다(江－).
걱'정'이다[－저－－] / 걱정이다.
향이[햐－] / 향이(香－)
고향이[고야－] / 고향이(故鄕－)

토여이 / 통영(統營)이
패야이 / 패야(平壤)이
어야이 / 언양(彦陽)이

마당'아서[－다－－] / 마당에서(場)
땅'아서[따－－] / 땅에서(地)
방'아서[바－－] / 방에서(房)
장'아서[자－－] / 장에서(場)
청'어서[처－－] / 청에서(廳)

(15) 방~아서[바아서] 놀지 말고 마당~아서[마다아서] 놀아라.
맨 땅~아[따아] 무신 도~이[도이] 생기나?
그랑~아도[그라아도] 올채이 산다.

접미사에서

(16) －개이 <－갱이: 궁캐'이<궁ㆅ갱이(구멍). 꼬장개'이(꼬챙이). 꼬장캐'이<꼬장ㆅ갱이(꼬챙이). 늙'개이(늙은이). 물캐'이<물ㆅ갱'이(물컹이). 미친'개'이(미치광이). 빼개'이(빨갱이). 알캐'이<알ㆅ갱'이(알갱이) <참조> －캐이

－디이 <－ 둥이: 궁: 디이(궁둥이). 껌디'이(검둥이). 노랑'디'이(노랑둥이). 몽디'이(몽둥이). 주디'이(주둥이). 힌'디'이(흰둥이)

－디이 <－ 딩이 <－ 뎅이 <－ 덩이: 꼬랑디'이(꼬랑이). 멀꺼'디'이(머리끄덩이). 엉:디이(엉덩이)

－띠이 <－ 띵이 <－ 뗑이 <－ 떵이: 간띠'이(간땡이). 눈굵띠'이(왕눈이). 늦띠'이(늦둥이). 달띠'이(달덩이). 돌띠'이(돌덩이). 등띠'이(등). 뚱띠'이(뚱뚱이). 몸띠'이(몸뚱이). 손목띠'이(손목때기)

－래이 <－ 랭이 <－ 랑이: 가래'이(가랑이). 까시래'이(까끄라기)

－베이~－배이 <－ 벵이~－뱅이: 굼:베이(굼벵이). 껄베'이<걸벵'이(乞－. 거지). 소두배'이(솥뚜껑). 앉인배'이(앉은뱅이). 어리배이(어리보기). 장똘배'이(장돌뱅이). 탁배'이(濁－. 탁주)

－비이~－베이 <－ 벵이: 굼:비이(굼벵이)

－빼이 <－ 뺑이: 가짜빼'이(가짜). 대갈빼'이(대갈빼기). 아갈빼'이(아가리). 이마빼'이(이마빼기). 진짜빼'이(진짜)

－애이 <－ 앵이: 가래'이(가랑이). 가재'이(가지). 궁개'이 <궁애'이(구멍). 꼬래'이(꼬리)

－으래이 <－ 으랭이: 자트'래'이 <잩으'랭'이(겨드랑이)

－이: 춘하이(춘향이)(인명). 몽료이(몽룡이)(인명). 미저이(미정이)(인명). 정도이(정동이)(인명)

－재이 <－ 쟁이 <－ 장이: 갓재이(갓쟁이). 거지말재'이(거짓말쟁이). 겁재'이(겁쟁이). 난:재이(난장이). 돌재'이(돌쟁이). 땜재'이(땜장이). 살'재'이(고양이 부르는 소리). 세금재'이(세금장이). 엄'살재이(엄살쟁이). 엿'재'이(엿장수). 영감'재'이(영감쟁이). 욕'재이(욕쟁이). 익'살재이(익살쟁이). 점재'이(점쟁이). 지개재'이(지게꾼). 침재이(침쟁이). 흥감재'이(엄살쟁이)

－채이 <－ 챙이: 눈'채'이(송사리). 잔채'이(잔챙이)

－캐이 <－ 캥이: 궁캐'이(<궁ㅎ 갱이)(구멍). 꼬장캐'이(<꼬장ㅎ 갱이)(꼬챙이). 물캐이(<뭃갱이)(물컹이). 알캐'이(<앓 갱이)(알갱이) (참조) －개이

－태이 <－ 탱이: 염감태'이(영감탱이)

－투서이 <－ 투성이: 돌투서이(돌투성이). 문지투서이(먼지투성이)

－티이 <－ 팅이: 기티'이(귀퉁이). 눈티'이(눈퉁이). 모티'이(모퉁

이). 물렁티'이(물컹이). 뭉티'이(뭉텅이). 영감티이(영감탱이). 젖티'이(젖퉁이)

(3) ㅎ 약화탈락

(17) 감:이 / 감히(敢－)
고양 / 고향(故鄕)
고요'이 / 고요히
나'알 / 나흘
마:나 / 만화(漫畵)
마'안 / 마흔
모:나다 / 못하다
무'사이 / 무사히(無事－)
보오 / 보호(保護)
비영'구' / 비행기(飛行機)
시엄 / 시험(試驗)
심:이 / 심히(深－)
아'옵 / 아홉[九]
아'으레 / 아흐레
아'은 / 아흔
열'을 / 열흘
열심이 / 열심히(熱心－)
오이'러 / 오히려
인영' / 인형(人形)
일'은 / 일흔
전:아 / 전화(電話)
조'압 / 조합(組合)
존암 / 존함(尊銜)
참:아다 / 참하다
찬:압 / 찬합(饌盒)
철'저'이 / 철저히(徹底－)
체'엄' / 체험(體驗)
충'실이 / 충실히(充實－)

캐'왈'하다 / 쾌활하다(快活－)
타양' / 타향(他鄕)
필이 / 필히(必－)
학'실'이 / 확실히(確實－)
해:당와 / 해당화(海棠花)
호'엄 / 효험(效驗)
호'읍 / 호흡(呼吸)
혼열아 / 혼혈아(混血兒)
화'압 / 화합(化合)
화안 / 화환(花環)
훈와 / 훈화(訓話)

(4) ㄴ·ㅎ 약화탈락

(18) 고여'이 / 공연히(空然－)
근그이 / 근근히(僅僅－)
다여'이 / 당연히(當然－)
마:이 / 많이
무다:이 / 무단히(無斷－)
미지그이 / 미지근히
빠:이 / 빤히
뻐:이 / 뻔히
순:수이 / 순순히(順順－)
순:수이 / 순순히(瞬瞬－)
순저'이 / 순전히(純全－)
얌:저이 / 얌전히
얼그이 / 얼근히
여워'이 / 영원히(永遠－)
완저'이 / 완전히(完全－)
은그:이 / 은근히(慇懃－)
자여:이 / 자연히(自然－)
저'여 / 전혀(全－)
차그이 / 차근히

천:처이 / 천천히
튼트'이 / 튼튼히
패'이 / 편히(便－)
팬아'이 / 편안히(便安－)
훠:이 / 훤히
흐'이 / 흔히

인명에서

(19) 혀이 / 현희
수이 / 순희

(5) ㅇ, ㄴ 약화탈락

(20) 선새'임～새'임 / 선생님(先生－)
해'임 / 형님(兄－)

(6) ㅇ·ㅎ 약화탈락

(21) 갱'자이 / 굉장히(宏壯－)
구'압 / 궁합(宮合)
느'이 / 능히(能－)
다왕' / 당황(唐黃)
마'따'이 / 마땅히
멀쩌이 / 멀쩡히
바'애 / 방해(妨害)
분매'이 / 분명히(分明－)
야'애 / 양해(諒解)
요'해이 / 요행히(僥倖－)
자:이 / 장히(壯－)
적다이 / 적당히(適當－)
조요'이 / 조용히
차오'지 / 창호지(窓戶紙)
총초이 / 총총히(忽忽－)

인명에서

(22) 개이 / 경희
매이 / 명희
여이 / 영희
저이 / 정희

1.2 모음의 경향

1.2.1 단모음화 경향

경상도방언의 단모음은 6개 체계다. 표준어 단모음체계로 설명하면, (ㅟ)와 (ㅚ)는 이중모음(二重母音)이라 제외되고, 'ㅔ'와 'ㅐ'는 중화(中和)하여 하나가 되고, 'ㅡ'와 'ㅓ'도 중화하여 하나가 된다.

ㅣ		(ㅜ)
ㅔ/ㅐ	ㅡ/ㅓ	(ㅗ)
	ㅏ	

그러고 보면 경상도방언 단모음체계는 표준어 단모음체계에 비해 매우 단조롭다.

경상도방언은 이중모음을 꺼리고 단모음으로 발음하는 경향이 있다.

(1) ㅏ / ㅘ

(23) 가:부 / 과부(寡婦)
가:실 / 과실(果實)
가정 / 과정(過程)
까'자 / 과자(菓子)
간심 / 관심(關心)
자:석 / 좌석(座席)
하:물 / 화물(貨物)
하장 / 화장(化粧)

하토′ / 화투(花鬪)
학′실′이 / 확실히(確實－)
한:갑 / 환갑(還甲)
한:장 / 환장(換腸)

(24) 고′아 → 과″ → 가″ / 과[烹]
꼬아 → 꽈: → 까 : / 꽈[繩]
놓′아 → 놔″ → 나″ / 놔[放]
모′아 → 뫄″ → 마″ / 뫄[集]
보아 → 봐: → 바 : / 봐[見]
소아 → 솨: → 사 : / 쏴[射]

(2) ㅓ / ㅕ, ㅝ, ㅞ

(25) 건′리～곤′리 / 권리(權利)
얼′급′ / 월급(月給)
처:객 / 췌객(贅客)
험이 / 혐의(嫌疑)

(3) ㅐ / ㅕ, ㅚ, ㅙ, ㅞ

(26) 개 : / 궤(櫃)
갱제′ / 경제(經濟)
깨 / 꾀[術]
대ᵛ지 / 돼지[豚]
대′다 / 되다[爲]
매레치 / 멸치
맨도 / 면도(面刀)
맨:장 / 면장(面長)
맬공 / 멸공(滅共)
머 / 며(조사)
－머 / －며(어미)
－먼서 / －면서(어미)
－먼서도 / －면서도(어미)

재 : / 죄(罪)
채:고 / 최고(最高)
패'다 / 펴다[展]
팰'치다 / 펼치다[展]
풀새'기 / 풀쐐기
해 : / 회(膾)
해:갤 / 해결(解決)
해:방 / 훼방(毁謗)
행재 / 횡재(橫財)
행'제 / 형제(兄弟)
행팬' / 형편(形便)
행핀' / 형편(形便)

인명, 지명에서

(27) 갱자 / 경자
갱숙이 / 경숙이
갱마이 / 경만이

갱남 / 경남(慶南)
갱주 / 경주(慶州)
갱상도 / 경상도(慶尙道)

(4) ㅔ / ㅕ, ㅞ

(28) 게 : / 궤(櫃)
페 : / 폐(弊)
페 : / 폐(肺)
헤:방 / 훼방(毁謗)
헤:성 / 혜성(彗星)
헤:택 / 혜택(惠澤)

(29) 마: 구 + 에 → 마: 궤 → 마: 게 / 마구(馬廏)에
마루' + 에 → 마뤠" → 마레" / 마루[廳]에

(5) ㅗ / ㅛ,ㅝ

(30) 곤리 / 권리(權利)
꽁 / 꿩[雉]
백온 / 백원(百－)
차'포 / 차표(車票)
포 / 표(標)
포시 / 표시(表示)
호:자 / 효자(孝子)
호'엄 / 효험(效驗)

(31) 꾸어도 → 꿔:도 → 꼬:도 / 꽈도[繩]
누'어도 → 눠"도 → 노"도 / 눠도[尿]
뚜어도 → 뚸:도 → 또:도 / 둬도[棋]
주'어도 → 줘"도 → 조"도 / 줘도[授]

(6) ㅜ / ㅠ,ㅟ

(32) 구'칙 / 규칙(規則)
후'가 / 휴가(休暇)
재:추 / 재취(再娶)
후'발유 / 휘발유(揮發油)

(7) ㅣ / ㅟ,ㅢ,ㅞ

(33) 기 / 귀[耳]
기:물 / 귀물(貴物)
기하다 / 귀하다(貴－)
끼:다 / 꿰다[串]
끼"매다 / 꿰매다[縫]
디 : / 뒤[後]
디"지다 / 뒈지다[死]
십:다 / 쉽다[易]
히'망 / 희망(希望)

히다 / 희다[白]
히소'식 / 희소식(喜消息)

1.2.2 양순음과 설근음 아래에서 ㅐ ← ㅕ 경향

양순음(兩脣音) 'ㅁ, ㅂ, ㅃ. ㅍ'과 설근음(舌根音) 'ㄱ, ㅋ, ㅎ' 아래에서 'ㅕ'가 'ㅐ'로 발음되는 경향이 있다. 이 경향은 위의 단모음화의 일환이다.

(1) 매 / 며

(34) 매'늘 / 며느리[婦]
매레'치 / 멸치
매암' / 명함(名銜)
맨:경 / 면경(面鏡)
맨:날 / 만날(萬－)
맨:장 / 면장(面長)
맨:제 / 면제(免除)
맬공 / 멸공(滅共)
맬구 / 멸구
맹'물 / 명물(名物)
맹'백하다 / 명백하다(明白－)
맹'색 / 명색(名色)
맹'필 / 명필(名筆)
맹당' / 명당(明堂)
맹심 / 명심(銘心)
맹아'주 / 명아주
맹지' / 명주(明紬)

인명, 지명에서

(35) 매이 / 명희
맹석이 / 명석이

맹서이 / 명선이
맹곡리 / 명곡리

(2) 배 / 벼,

(36) 배:온 / 병원(病院)
배'락 / 벼룩[蚤]
배'락' / 벼락[雷]
배'로 / 벼루[硯]
배'리다 / 버리다[棄]
배'실 / 벼슬[爵]
배'실 / 볏[冠]
배'이 <뱅'이(瓶－) / 병(瓶)
배루'다 / 벼르다
백 / 벽(壁)
백'오'동 / 벽오동(碧梧桐)
백돌 / 벽돌(甓－)
백'지 / 벽지(壁紙)
백지 / 벽지(僻地)
밴:갱 / 변경(變更)
밴:사 / 변사(辯士)
밴'소 / 변소(便所)
밴두'리 / 변두리(邊－)
밴호사 / 변호사(辯護士)
밸 : / 별[星]
밸:장 / 별장(別莊)
밸'시'리 / 별스레(別－)
밸'안'간 / 별안간(瞥眼間)
밸'천'지 / 별천지(別天地)
뱅 / 병(甁)
뱅'사 / 병사(兵士)
뱅정' / 병정(兵丁)

인명, 지명에서

(37) 배이 / 병희
배석이 / 병석이
정배이 / 정병이

배영 / 병영(兵營)

(3) 빼 / 뼈

(38) 빼 / 뼈[骨]
빼가'지 / 뼈가지[骨]
빼'골 / 뼈골(－骨)
빽따'구 / 뼈다귀[骨]

(4) 패 / 펴

(39) 패'다 / 펴다[展]
패'양감사 / 평양감사(平壤監司)
패'이 / 편히(便－)
패'일 / 평일(平日)
패이"다 / 펴이다[被展]
팬 / 편(篇)
팬:지 / 편지(便紙)
팬도'선' / 편도선(扁桃腺)
팬안'하'다 / 편안하다(便安－)
팽지풍파 / 평지풍파(平地風波)
팬팬하'다 / 평평하다(平平－)
팬하'다 / 편하다(便－)
팮다 / 편하다(便－)
팽 / 평(坪)
팽'지 / 평지(平地)
팽성' / 평생(平生)
팽풍' / 병풍(屛風)
팽화' / 평화(平和)

인명, 지명에서

(40) 등소팽 / 등소평(鄧小平)
팬'작 / 편작(扁鵲)

양팽 / 양평(楊平)
패'양 / 평양(平壤)

(5) 개 / 겨

(41) 개'엄 / 경험(經驗)
개운'기 / 경운기(耕耘機)
갤석 / 결석(缺席)
갱'끼 / 경기(驚氣)
갱'작 / 경작(耕作)
갱'치' / 경치(景致)
갱재' / 경제(經濟)
갱찰' / 경찰(警察)

인명, 지명에서

(42) 갱마이 / 경만이
갱석이 / 경석이
갱자 / 경자
태개이 / 태경이
헌개이 / 현경이

갱상도 / 경상도(慶尙道)
갱남 / 경남(慶南)
갱:주 / 경주(慶州)

(6) 캐 / 켜

(43) 캐다 / 켜다[點火]

(7) 해 / 혀

(44) 핸제 / 현제(現制)
해'이 <행'이(<兄－) / 형(兄)
행'님 / 형님(兄－)
행사' / 형사(刑事)
행수' / 형수(兄嫂)
행'제 / 형제(兄弟)
행팬' / 형편(形便)

1.2.3 원순모음화 경향

평순음(平脣音)이 원순모음(圓脣母音) 'ㅗ, ㅜ'로 발음하는 경향이 짙은데 특히 양순음(兩脣音), 설근음(舌根音), 유음(流音) 아래서 두드러진다.

(1) 양순음 아래서

(45) 기뿌'다 / 기쁘다
나뿌'다 / 나쁘다
바뿌'다 / 바쁘다
슬푸'다 / 슬프다
아푸'다 / 아프다

(2) 설근음 아래에서

(46) 깔꿈하'다 / 깔끔하다
깨꿈하'다 / 깨끔하다
소곰' ~ 소굼' / 소금[鹽]
시굼'치 / 시금치
오'굼 / 오금[膕]
장구'다 / 잠그다[鍵]
지굼 / 지금(只今)
쪼구'리다 / 쪼그리다

쪼꼼 / 조금
쭈구'러지다 / 쭈그러지다
쭈구'리다 / 쭈그리다
포곤하'다~푸군하'다 / 포근하다
풍굼' / 풍금(風琴)

(3) 유음 아래에서

(47) 고루'다 / 고르다[均]
노룸' / 노름[賭]
주'룸 / 주름[皺]
쩔룸'발'이 / 절름발이
포로수룸하'다 / 포르스름하다

1.2.4 전설고모음화 경향

모음 'ㅔ'는 모음 'ㅣ'로 전설고모음화(前舌高母音化)하는 경향이 있고, 치음(齒音) 'ㅈ, ㅊ, ㅅ'아래 'ㅡ'는 'ㅣ'로 전설모음화(前舌母音化)하는 경향이 있다.

(1) ㅣ← ㅔ

(48) 기 / 게(것이)
기 : / 게[蟹]
니 / 네[汝]
니 : / 네[四]
디:다 / 데다[火傷]
띠다 / 떼다[脫]
미:다 / 메다[擔]
미꾸'다 / 메꾸다[塞]
비:개 / 베게[枕]
비:다 / 베다[枕]
시 : / 세[三]

시:다 / 세다[强]
지' / 제[吾]
쭉띠'기 <쭉떼'기 / 쭉정이

(2) 시←스, 쓰

(49) 가'심 / 가슴[胸]
무'신 / 무슨[何]
시'다'듬다 / 쓰다듬다
시'러지다 / 쓰러지다
시'리다 / 쓰리다
시다 / 쓰다[冠]
시다 / 쓰다[書]
시다 / 쓰다[用]
시레'기 / 쓰레기
실다 / 쓸다[掃]
실모 / 쓸모
싦'다 / 쓿다[搗]
십다 / 쓰다[苦]

접미사에서

(50) －시리 / －스레 다정시리, 사랑시리, 엄청시리
－시럽다 / －스럽다 다정시럽다, 사랑시럽다

'ㅅ'아래의 '－으면' －으니'가 '－이면, －이이'로 전설모음화

(51) 낫'이면, 낫'이이 / 나으면, 나으니[癒]
없:이면, 없:이이 / 없으면, 없으니[無]
윗'이면, 윗'이이 / 웃으면, 웃으니[笑]
잇'이면, 잇'이이 / 이으면 이으니[繼]
잣'이면, 잣'이이 / 자으면 자으니[績]
젓'이면, 젓'이이 / 저으면, 저으니[櫓]

(3) 지←즈

(52) 도'민'징 / 도민증(道民證)
쉽징 / 싫증(－症)
직시 / 즉시(卽時)
질'겁'다 / 즐겁다[樂]
질'기'다 / 즐기다[韧]
징:거 / 증거(證據)
징:맹 / 증명(證明)
징:서 / 증서(證書)
징'산 / 증산(增産)
징'조보 / 증조부(曾祖父)
통:찡 / 통증(痛症)

(4) 치←츠

(53) 웃칭' / 위층(－層)
치깐' / 측간(厠間)
칙'량' / 측량(測量)
칙'백' / 측백(側柏)
칙'은'하다 / 측은하다(惻隱－)
칭게' / 층계(層階)
칭치'이 / 층층이(層層－)
칭칭다'리' / 층층다리(層層－)

1.2.5 | 모음 역행동화 경향

'ㅣ모음 역행동화(逆行同化)' 경향이 매우 강하다.

(1) 낱말 내에서의

(54) 가'매이 <가'마이 / 가마니[叺]
가대'기 / 가닥

가래'이 / 가랑이[股]
가재'이 / 가장이[枝]
괴'일 / 공일(空日)
꼬채'이 <꼬창이 / 꼬챙이
꼴째'기 / 골짜기.
끼'미다 <뀌'미'다 / 꾸미다[飾]
나부'래'이 <나부랑이 / 나부랭이
논패'이 / 놈팡이
눈꼽'재'기 / 눈곱자기
두드'레'기 / 두드러기[癮]
두루'매'기 / 두루마기
땡'기다 / 당기다[引]
몬:내미 / 못난이
미꾸'래'이 / 미꾸라지[鰍]
바람'잽'이 / 바람잡이
반괴'일 / 반공일(半空日)
방매'이 / 방망이
보풀래기 / 보푸라기
부시'레'기 / 부스러기
사래기 / 싸라기
산떼'미 / 산더미(山－)
산모'래'이 <산모랑이(山－) / 산모롱이(山－)
새이' / 상여(喪輿)
새이'버'섯 / 송이버섯(松栮－)
소시'래'이 / 쇠스랑
손'잽'이 / 손잡이
색히 <쐭히 / 속히(速－)
애'끼다 / 아끼다
아지'래'이 / 아지랑이
애'비 / 아비[父]
에'미' / 어미[母]
이마'빼'기 / 이마빡
잎새'기 / 잎사귀[葉]

자투'래'기 / 자투리
자트'래'이 / 겨드랑이
잠꾸'레'기 / 잠꾸러기
장'개이 / 정강이[脛]
장'재기 / 장작(長斫)
정내'미 / 정나미(情－)
젖믹'이 <젖멕'이 / 젖먹이
지패'이 / 지팡이
지푸'래'기 / 지푸라기
짝째'기 / 짝짝이
채'리다 / 차리다[設]
채'림 / 차림
핵'교' / 학교(學校]
호:래이 / 호랑이
홀'애'비 / 홀아비
홀'에'미 / 홀어미

(2) 피동접미사에서

(55) 갱기"다 <갬기"다 <감기"다 / 감기다[被捲]
깨이"다 < 까이다 / 까이다[被孵]
깪이"다 <깎이"다 / 깎이다[被削]
깽기"다 <깸기"다 <깜기"다 / 감기다[被瞑]
깽기"다 <깸기"다 <깜기"다 / 감기다[被沐]
낮비"다 <낮뵈"다 <낮보이"다 / 낮보다[被見]
낵이"다 < 낚이"다 / 낚이다[被釣]
닙히"다 <뉩히"다 <눕히"다 / 눕히다[被臥]
댕기"다 <댐기"다 <담기"다 / 담기다[被盛]
돋비"다 <돋뵈"다 <돋보이"다 / 돋보이다
때끼"다 <땍이"다 < 딲이"다 / 꾸중 듣다
땍이"다 < 딲이"다 / 닦이다[被拭]
땍이"다 < 딲이"다 / 꾸중 듣다
뜯기"다 <뜯기"다 < 뜯기"다 / 뜯기다[被採]

맥히″다 <막히″다 / 막히다[被閉]
무끼″다 <무뀌″다 < 무꾸이″다 / 묶이다[被束]
믹히″다 <뮉히″다 <묵히″다 / 먹히다[被食]
밉비″다 <밉뷔″다 <밉보이″다 / 밉보이다
바끼″다 <바뀌″다 <바꾸이″다 / 바뀌다[被換]
배기″다 <백이″다 < 박이″다 / 배기다[被釘]
배끼″다 <바끼″다 <바뀌″다 <바꾸이″다 / 바뀌다[被換]
백히″다 <박히″다 / 박히다[被釘]
뱖히″다 <밟히″다 / 밟히다[被踏]
붙잽히″다 <붙잡히″다 / 붙잡히다[被捕]
비″다 <뷔″다 <보이″다 / 보이다[被見]
잽히″다 <잡히″다 / 잡히다[被捕]
잿히″다 <잣히″다 / 잣히다[被傾]
젯기″다 <젓기″다 / 젓히다[被傾]
젯히″다 <젓히″다 / 젓히다[被傾]
지뜯기″다 < 지뜰기″다 <지뜯기″다 / 줘뜯기다
째이″다 <짜이″다 / 짜이다[被織]
쬣기″다 <쬧기″다 <쫒기″다 / 쫒기다[被逐]
찡기″다 <찡귀″다 <찡구′이다 / 끼이다[被插]
채″다 < 채이″다 <차이″다 / 차이다[被蹴]
처백히″다 <처박히″다 / 처박히다.
패이″다 <파이″다 / 파이다[被堀]
헛비″다 <헛뷔″다 <헛보이″다 / 헛보이다
헛잽히″다 <헛잡히″다 / 헛잡히다

(3) 사동접미사에서

(56) 깩′이다 <깎′이다 / 깎이다[使削]
깽′기다 <깸′기다 <깜′기다 / 감기다[使瞑]
깽′기다 <깸′기다 <깜′기다 / 감기다[使沐]
낅′이다 <끓′이다 <끓′이다 / 끓이다[使沸]
내비″다 <내뷔″다 <내보′이다 / 내보이다[使見]
낵′이다 <뇍′이다 <녹′이다 / 녹이다[使鎔]

냄'기다 <남'기다 / 남기다[使餘]
냉'기다 <냄'기다 <남'기다 / 남기다[使餘]
뇍'이다 <녹'이다 / 녹이다[使鎔]
니"다 <뉘"다 <누'이다 / 누이다[使尿]
니"다 <뉘"다 <누'이다 <눕'이다 / 누이다[使臥]
닙'히다 <뉩'히다 <눕'히다 / 눕히다[使臥]
데'피다 <뎁'히다 <덥'히다 / 데우다[使熱]
뎁'히다 <덥'히다 / 데우다[使熱]
도맽'기다 <도맡'기다 / 도맡기다[使任]
디'리'다 <딜'이'다 <딀'이'다 <들'이다 / 들이다[使入]
디'리'다 <딜'이'다 <딀'이'다 <들'이다 / 들이다[使染]
딜'이'다 <딀'이'다 <들'이'다 / 들이다[使入]
딜'이'다 <딀'이'다 <들'이'다 / 들이다[使染]
떠맽'기다 <떠맡'기다 / 떠맡기다[使任]
떠믹이'다 < 떠뮉이'다 <떠묵이'다 / 떠먹이다[使食]
맽'기다 <맡'기다 / 맡기다[使任]
물디'리'다 <물딜'이'다 <물딀'이'다 <물들'이'다 / 물들이다[使染]
믹'히다 <뮉'히다 <묵'히다 / 묵히다[使腐]
믹이'다 <뮉이'다 <묵이'다 / 먹이다[使食]
벨:시다 <벌:시다 / 벌리다[使開]
벳'기다 <벗'기다 / 벗기다[使脫]
비"다 <뵈'이다 <보'이다 / 보이다[使見]
빌:시다 <벨:시다 <벌:시다 / 벌리다[使開]
빨가벳'기다 <빨가벗'기다 / 발가벗기다[使脫]
뺏'기다 <뺏'기다 / 벗기다[使脫]
색'이다 <쇡'이다 <속'이다 / 속이다[使欺]
선비"다 <선뷔"다 <선보'이다 / 선보'이다
섹'이다 <석'이다 / 썩히다[使腐]
쇡'이다 <속'이다 / 속이다[使欺]
심딜이다 <심딀이다 <심들이다 / 힘들이다
애믹이'다 < 애뮉이'다 <애묵이'다 / 애먹이다
앤'기다 <안'기다 / 안기다[使抱]
앵'기다 <왱'기다 < 욍'기다 < 옮'기다 / 옮기다[使移]

앵'기다 <왱'기다 < 욍'기다 < 옮'기다 / 옮기다[使染]
야'꼬직이다 <야'꼬쥑이다 <야'꼬죽이다 / 야코죽이다
왱'기다 < 욍'기다 < 옮'기다 / 옮기다[使移]
왱'기다 < 욍'기다 < 옮'기다 / 옮기다[使染]
욕비"다 <욕비'이다 <욕뵈'이다 <욕보'이다 / 욕보이다
장개딜'이'다 <장개듸'이'다 <장개들'이'다 / 장가들이다
잽'히다 <잡'히다 / 잡히다[使執]
잿'기다 <잣'기다 / 젖히다[使傾]
잿'히다 <잣'히다 / 젖히다[使傾]
정딜'이'다 <정듸'이'다 <정들'이'다 / 정들이다(情－)
제'리다 <젤'이다 <절'이다 / 절이다[使醃]
젤'이다 <절'이다 / 절이다[使醃]
젯'기다 <젓'기다 / 젓'히다[使傾]
젯'히다 <젓'히다 / 젓'히다[使傾]
직'이다 <쥑'이다 <죽'이다 / 죽이다[殺]
질딜'이'다 <질듸'이'다 <질들이다 / 질들이다
처믹이'다 < 처뮉이'다 <처묵이'다 / 처먹이다
해믹'히다 <해뮉'히다 <해묵'히다 / 해묵히다
헐벳'기다 <헐벗'기다 / 헐벗기다

(4) 그 밖의 접미사에서

(57) － 디기 <－ 데기 <－ 더기: 무디'기(무더기). 껍디'기(껍데기)
－ 디이 <－ 딩이 <－ 뎅이 <－ 덩이: 궁:디이(궁둥이). 껌디'이(검둥이). 꼬랑디'이(꼬랑이). 노랑'디'이(노랑둥이). 멀꺼디'이(머리끄덩이). 몽디'이(몽둥이). 엉:디이(엉덩이). 주디'이(주둥이). 힌디이(흰둥이)
－ 래기 <－ 라기: 까시래'기(까끄라기). 다말래'기(달리기)
－ 때기 <－ 따기: 기때'기(귀때기). 논때'기(논뙈기). 등때'기(등때기). 말때'기(말목). 밭때'기(밭뙈기). 배때'기(배때기). 빰때'기(빰따귀). 빼말때'기(볼따구니). 뽈때'기(볼따구니). 새침때'기(새침데기)
－ 띠이 <－ 띵이 <－ 뗑이 <－ 떵이: 간띠'이(간땡이). 눈굵띠'이

(왕눈이). 늦띠'이(늦둥이). 몸띠'이(몸뚱이). 손목띠'이(손목). 달띠'이(달덩이). 돌띠'이(돌덩이). 등띠'이(등). 뚱띠'이(뚱뚱이)

– 재비 <– 잽이 <– 잡이: 거지말재'비(거지말쟁이). 손'재'비(손잡이)

– 잽이 < – 잡이: 손'잽'이(손잡이). 칼'잽'이(칼잡이). 총'잽'이(총잡이)

– 재이 <– 쟁이 <– 장이: 거지말재'이(거짓말쟁이). 겁'재'이(겁쟁이). 난:재이(난장이). 돌재'이(돌쟁이). 땜재'이(땜장이). 세금재'이(세금장이). 엄'살재이(엄살쟁이). 엿'재'이(엿장수). 영감'재'이(영감쟁이). 욕'재'이(욕쟁이). 익'살재이(익살쟁이). 점재'이(점쟁이). 지개재'이(지게꾼). 침재이(침쟁이). 칼'재'이(칼잡이). 흥감재'이(엄살쟁이)

(5) 이름에 붙는 접미사 '– 이'에서

(58) 기상이[기새이]
동방이[동배이]
영삼이[영새미]

(6) 조사 '이'에서

(59) 마음이 ~ 맴:이 / 마음이
밥이 ~ 뱁이 / 밥이
속:이 ~ 쇡:이 / 속이

1.2.6 '새 ~ 세'를 '섀 ~ 셰'로 발음하는 경향

이 방언에서는 '새 ~ 세'가 중화되어 구분이 어렵고, '섀 ~ 셰'가 중화되어 구분이 어렵다. 그러나 여기서는 나누어 예를 들어 둔다.

유별나게 '새 ~ 세'를 '섀 ~ 셰'로 발음하기도 하는데 이 경향은 개인차가 심하다. 또한 이 경향은 단모음화 경향과는 반대 경향이다.

(1) 섀 ← 새

(60) 섀 : / 새[鳥]
섀:미 / 샘[泉]
섀″ / 새[隔]
섀′끼 / 새끼
섀′롭′다 / 새롭다
섀로 / 새로
섕′물 / 생물(生物)
섕′산 / 생산(生産)
섕′활 / 생활(生活)
섕각 / 생각
섕강′ / 생강(生薑)
섕일 / 생일(生日)
선섀′임 / 선생님(先生－)
선섕′ / 선생(先生)
인섕′ / 인생(人生)
학′섕 / 학생(學生)

(2) 셰 ← 세

(61) 셰:계 / 세계(世界)
셰:금 / 세금(稅金)
셰:상 / 세상(世上)
셰:월 / 세월(歲月)
셰:탁 / 세탁(洗濯)
셰맨′기 / 세면기(洗面器)

2 조어법의 경향

2.1 어근(語根)의 종성이 접미사 '－이'의 초성이 되는 경향

어근의 종성이 접미사 '－이'의 초성으로 굳어진 경우가 많다.

(1) ㄱ

(62) 거'부기 < 거'북이 / 거북[龜]
곰태'기 < 곰탁'이 / 홈타기
꼴째'기 < 꼴짝'이 / 골짜기
돔배'기 < 돔박'이 / 토막
두루'매'기 < 두루'막'이 / 두루마기
방시'기 < 방식'이(<方席－) / 방석(方席)
살째기 < 살짝이 / 살짝
야불'때'기 < 야불'딱'이 / 옆댕이
이새'기 < 이삭'이 / 이삭[穗]
장'재기 < 장'작이 / 장작(長斫)
짝째'기 < 짝짝'이 / 짝짝이
째기 < 짝이 / 짝[配]
초시'기 < 초식'이(<草席－) / 돗자리
칠기 < 칡이 / 칡[葛]. 칡뿌리[葛根]
터레'기 < 터럭'이 / 터럭[毛]
토'배'기 < 토'박'이 / 토박이(土－)
톰배'기 < 톰박'이 / 토막
－때기 < －땍이(宅－) / －댁[宅]

(2) ㄹ

(63) 건'다리 < 건'달이 / 건달(乾達)
나부'리 < 나불'이 / 물결. 파도(波濤)
눈까'리 < 눈깔'이 / 눈깔
눈뚜'부'리 < 눈뚜'불'이 / 눈두덩

다바'리 < 다발'이 / 다발
마수'거'리 < 마수'걸'이 / 마수걸이
막거'리 < 막걸'이 / 막걸'리
묵사'바'리 < 묵사'발'이 / 묵사발(－沙鉢)
버:리 <벌:이 / 벌[蜂]
사바'리 < 사발'이 / 사발(沙鉢)
삼시'부'리 < 삼시불이 / 쌍꺼풀(雙－)
약'고'리 < 약'골'이 / 약골(弱骨)
입수'부'리 < 입수'불'이 / 입술
장:고리 < 장:골이 / 장골(壯骨)
종바'리 < 종발'이 / 종발(鐘鉢)
주바'리 < 주발'이 / 주발(周鉢)
쩔룸'바'리 < 쩔룸'발'이 / 절름발이
추바'리 < 추발'이(<周鉢－) / 주발(周鉢)
타부'리 < 타불'이 / 투레질
하:빠리 < 하:빨이 / 하치(下－)

이러한 경향과는 반대되는 예가 하나 있다. 더 찾지는 못했다.

(64) 매'늘 / 며느리[婦]

(3) ㅁ

(65) 가'시미 < 가'심이 / 가슴[胸]
대리'미 < 대림'이 / '대렴'의 애칭. 도련님
목'치'미 < 목'침'이 / 목침(木枕)
밤새'미 < 밤샘'이 / 밤샘
배ˇ미 <뱀ˇ이 / 뱀[蛇]
새:미 <샘:이 / 샘[泉]
액'때'미 < 액'땜'이 / 액땜(厄－)
운:때미 < 운:땜이 / 운땜(運－)
적새'미 < 적삼'이 / 적삼(－衫)
태'치'미 < 태'침'이(<退枕－) / 퇴침(退枕)
혼때'미 < 혼땜'이 / 혼겁(魂怯)

(4) ㅂ

(66) 대지'비 ＜대접'이 / 대접(大楪)

(5) ㅅ

(67) 가래'토'시 <가래'톳'이 / 가래톳
빙그시 <빙긋이 / 빙긋이
싱그시 <싱긋이 / 싱긋이

(6) ㅇ

(68) 가래'이 ＜가랭'이 / 가랑이
곱:사이 ＜곱:상이 / 곱상(－相)
대'구'이 ＜대'궁'이 / 줄기[幹]
배'이 ＜뱅'이(<瓶－) / 병(瓶)
복재'이 ＜복장'이 / 복장(腹臟)
술배'이 ＜술뱅'이(<－瓶－) / 술병(－瓶)
싱'개이 ＜싱'강이(<昇降－) / 승강이(昇降－)
아구'이 ＜아궁'이 / 아궁이
촌:추이 ＜촌:충이 / 촌충(寸蟲)
촛배'이 ＜촛뱅'이(<醋瓶－) / 초병(醋瓶)
해'이 ＜행'이(<兄－) / 형(兄)
호:래이 ＜호:랭이 / 호랑이(虎狼－)

'ㅇ' 약화탈락이기도 하다.('1.1.4 (2) 'ㅇ' 탈락 경향' 참조) 접미사 중에는 'ㅇ'탈락을 거친 것이 여럿 있다.

2.2 접미사 '－기∼－이'의 공존 경향

접미사 '－기'와 '－이'가 공존하는 경향이 있다.

(69) 가짜'빼'기∼가짜'빼'이(假－) / 가짜(假－)

구디'기~구디'이 / 구덩이[坑]
까끄'래'기~까끄'래'이 / 까끄라기
까시'래'기~까시'래'이 / 까끄라기
껍띠'기~껍띠'이 / 껍데기
꼬랑'데'기~꼬랑'디'이 / 꼬랑이
나부'래'기~나부'래'이 / 나부랭이
눈꼽'째'기~눈꼽'째'이 / 눈곱자기
대갈'빼'기~대갈'빼'이 / 대갈이
따배'기~따배'이 / 똬리
또:디기~또:디이 / 바보. 멍청이
똥구'디'기~똥구'디'이 / 똥구덩이
멀꺼디'기~멀꺼디'이 / 머리채
무디'기~무디'이 / 무더기
뭉티'기~뭉티'이 / 뭉치
바래'기~바래'이 / 바랭이
뻘구'디'기~뻘구'디'이 / 뻘 구덩이
순:디기~순:디이 / 순둥이
앉인'배'기~앉인'배'이 / 앉은뱅이
오굼'재'기~오굼'재'이 / 오금
이매'빼'기~이매'빼'이 / 이마빡
잔디'기~잔디'이 / 잔등이
조작'빼'기~조작'빼'이(造作-) / 가짜(假-)
주전'배'기~주전'배'이(<酒酊-) / 주정뱅이(酒酊-)
지푸'래'기~지푸'래'이 / 지푸라기
진짜'빼'기~진짜'빼'이(眞-) / 진짜(眞-)
짱배'기~짱배'이 / 정수리(頂-)
찌께'기~찌게'이 / 찌꺼기
천:디기~천:디이(賤-) / 천더기(賤-)
탁배'기~탁배'이(濁-) / 탁주(濁酒)

2.3 'X하다'의 '하' 준말 경향

(1) '- 하다'의 'ㅏ'가 주는 경향

'X하다' 용언의 어근(語根) 말음이 유성음(有聲音 모음, ㄴ, ㅁ, ㄹ)인 경우 '- 하다'의 'ㅏ'는 줄고 'ㅎ'이 어근의 말음으로 올라붙어 줄어지는 경향이 있는데 주로 형용사에 나타난다.

■ 동사

(70) 당하'다~닿'다 / 당하다
장'만하다~장'많다 / 장만하다

■ 형용사

(71) 개:심하다~개:싫다 / 괘씸하다
개운'하'다~개웋'다 / 개운하다
고단'하'다~고닿'다 / 고단하다
과:하다~괗:다 / 과하다
궁굼'하'다~궁궁'다 / 궁금하다
깨꿈'하'다~깨꿂'다 / 깔끔하다
깨운'하'다~깨웋'다 / 개운하다
깰:하다~깷:다 / 게으르다
끼꿈'하'다~끼꿂'다 / 꺼림하다
끼룸'하'다~끼룸'다 / 꺼림하다
끼림'하'다~끼릻'다 / 꺼림하다
난감'하'다~난갊'다 / 난감하다
대단'하'다~대닿'다 / 대단하다
똘똘'하'다~똘똛'다 / 똘똘하다
만만'하'다~만많'다 / 만만하다
무던'하'다~무덚'다 / 무던하다
무안'하'다~무않'다 / 무안하다
미안하다~미않다 / 미안하다
부'랑하다~부'랋다 / 언행이 난폭하다

불'상'하다~불'상ᇂ'다 / 불쌍하다
뽈뽈'하'다~뽈뽈ᇂ'다 / 행동이 날래다
삼실하다~삼싫다 / 얌전하고 알뜰하다
서늘'하'다~서늘ᇂ'다 / 서늘하다
서운'하'다~서운ᇂ'다 / 서운하다
서원'하'다~서원ᇂ'다 / 서운하다
성하'다~성ᇂ'다 / 성하다
수'앙하다~수'앙ᇂ다 / 인색하고 사납다
수'얼하다~수'얼ᇂ다~술ᇂ"다 / 수월하다
순:하다~순ᇂ:다 / 순하다
시원'하'다~시원ᇂ'다 / 시원하다
실'란하다~실'란ᇂ다 / 심란하다
심심'하'다~심심ᇂ'다 / 심심하다
싱싱'하'다~싱싱ᇂ'다 / 씽씽하다
안전'하'다~안전ᇂ'다 / 안전하다
앙'통하다~앙'통ᇂ다 / 애석하다
애'민'하다~애'민ᇂ'다 / 억울하다
애'인'하다~애'인ᇂ'다 / 가엾다
앵'통하다~앵'통ᇂ다 / 애석하다
어중'간'하'다~어중'간ᇂ'다 / 어중간하다
어중'하'다~어중ᇂ'다 / 어중간하다
억'울'하다~억'울ᇂ'다 / 억울하다
엄:전하다~엄:전ᇂ다 / 대견하다
여전'하'다~여전ᇂ'다 / 여전하다
오:감하다~오:감ᇂ다 / 분에 넘치다
용:하다~용ᇂ:다 / 용하다
이'양하다~이'양ᇂ 다 / 사납다
이상'하'다~이상ᇂ'다 / 이상하다
재연'하'다~재연ᇂ'다 / 조용하고 찬찬하다
정'갈하다~정'갈ᇂ다 / 정갈하다
조용'하'다~조용ᇂ'다 / 조용하다
주연'하'다~주연ᇂ'다 / 한가하다. 찬찬하고 조용하다
짭찔'하'다~짭찔ᇂ'다 / 짭짤하다

쪼깬'하'다~쪼깽'다 / 조그마하다
쪼맨'하'다~쪼맹'다 / 조그마하다
처연'하'다~처옝'다 / 조용하고 의젓하다
칠칠'하'다~칠칧'다 / 칠칠하다
칼칼'하'다~칼캃'다 / 칼칼하다
튼튼'하'다~튼튽'다 / 튼튼하다
팬안'하'다~팬앓'다 / 편안하다
팬하'다~팽'다 / 편하다
허'술'하다~허'숧'다 / 허술하다
헌출'하'다~헌춣'다 / 헌칠하다. 훤칠하다
헐하다~헗다 / 헐하다
흔하'다~흖'다 / 흔하다
흥'감하다~흥'갊다 / 흔감하다
히'얀하다~히'얂다 / 희한하다

'ㅏ'가 준 형태의 활용에도 '하'의 영향이 남아 {-아}, {-았-}의 이형태는 '-애, -앴-'을 취한다.

(72) 불'샇'다. 불'샇'애. 불'샇'애도. 불'샇'앴다. 불'샇'앴나
팬앓'다. 팬앓'애. 팬앓'애도. 팬앓'앴다. 팬앓'앴나

(2) '-하다'의 '-하-'가 주는 경향

'X하다' 용언의 어근 말음이 폐쇄음(閉鎖音 ㄱ ㅂ ㅅ)인 경우 '-하다'의 '-하-'가 주는 경향이 있다. 이 경향도 주로 형용사에 나타난다.

■ 동사

(73) 생'각'하다~생'각'다 / 생각하다
시:작하다~시:작다 / 시작하다

■ 형용사

(74) 까꼽'하'다~까꼽'다 / 갑갑하다

깨끗'하'다~깨끗'다 / 깨끗하다
눅눅'하'다~눅눅'다 / 눅눅하다
똑똑'하'다~똑똑'다 / 똑똑하다
복'잡'하다~복'잡'다 / 복잡하다
분'답하다~분'답다 / 분답하다
분'잡하다~분'잡다 / 분잡하다
섭섭'하'다~섭섭'다 / 섭섭하다
시원섭섭하'다~시원섭섭'다 / 시원섭섭하다
익'숙하다~익'숙다 / 익숙하다
축축'하'다~축축'다 / 축축하다
팍팍'하'다~팍팍'다 / 팍팍하다
해깝'하'다~해깝'다 / 가볍다
홀갑'하'다~홀갑'다 / 홀가분하다

'하'가 준 형태의 활용에도 '하'의 영향이 남아 {-아}, {-았-}의 이형태는 '-애, -앴-'을 취한다.

(75) 깨끗'다. 깨끗'애. 깨끗'애도. 깨끗'앴다. 깨끗'앴나
똑똑'다. 똑똑'애. 똑똑'애도. 똑똑'앴다. 똑똑'앴나

2.4 희귀한 종성

희귀한 종성을 가진 어휘가 몇 있다. 바로 위에서 본 ''X하다'의 준말 경향, '-하다'의 'ㅏ'가 주는 경향'에서도 이미 'ㅁㅎ, ㅇㅎ' 등의 독특한 종성을 보았었다. 또 아래의 '가상어근'에서의 'ㄹㅌ' 종성도 독특한 종성이다. 표준어에 없는 종성이 있다는 것은 특별히 주목할 만하다.

(1) 'ㅁㅎ'종성 용언

(76) 궁긂'-(궁금하다). 궁긂'고. 궁긂'애도. 궁긂'앴다
깨끎'-(깔끔하다). 깨끎'고. 깨끎'애도. 깨끎'앴다

(2) 'ㅇㅎ'종성 용언

(77) 수'앟-(사납다). 수'앟고. 수'앟애도. 수'앟앴다

(3) 'ㄹㅌ'종성 용언

(78) 흝이"-(*흝다[散]의 피동사). 흝이"고. 흝이'이도→흝이"도. 흝이'있다→흝있"다
흝'이-(*흝다[散]의 사동사). 흝'이고. 흝'이이도→흝'이도. 흝'이있다→흝'있다

(4) 'ㄹㄱ'종성 체언

'ㄹㄱ'종성을 가진 체언이 몇 있다.

표준어 '닭[鷄], 늙-[老], 밝-[明], 붉-[赤], 맑-[淸]' 등에도 'ㄹㄱ' 종성은 있다.

(79) 가'뭁'[-물][旱] : 가'뭁'도[-물-]. 가'뭁'만[-물-]. 가'뭁'이. 가'뭁'은. 가'뭁'에. 가'뭁'으로
가싥'[-실][秋] : 가싥'도[-실-]. 가싥'만[-실-]. 가싥'이. 가싥'은. 가싥'에. 가싥'으로
그늙'[-늘][蔭] : 그늙'도[-늘-]. 그늙'만[-늘-]. 그늙'이. 그늙'은. 그늙'에. 그늙'으로
듥:[들][野] : 듥:도[들-]. 듥:만[들-]. 듥:이. 듥:은. 듥:에. 듥:으로
옭'[올][今年] : 옭'도[올-]. 옭'만[올-]. 옭'이. 옭'은. 옭'에. 옭'으로
저'싥[-실][冬] : 저'싥도[-실-]. 저'싥만[-실-]. 저'싥이. 저'싥은. 저'싥에. 저'싥으로

(80) 가'뭁'에는 매물(메밀) 마이(많이) 숭군다(심-).
가싥'이 젤(제일) 좋은 철이다.
덥울(더울) 때사(-야) 그늙'이 좋제(-지).
듥:에 꽁~이(꿩-) 천지다(많-).

<u>옭'은</u> 가실이(과실-) 잘 대는(되-) 해다.
<u>저'싊에도</u> 맨발로 댕긴다(다니-).

이 체언은 모음 어미와의 사이에 ''ㄱ'이 덧난 것'으로, 또는 ''ㄱ'이 삽입되는 것'으로도 볼 수 있다.

(5) 'ㄴㄱ'종성 체언

'ㄴㄱ'종성을 가진 체언이 몇 있다.

(81) 금녂'[-년][今年] : 금녂'도[-년-]. 금녂'만[-년-]. 금녂'이. 금녂'은. 금녂'에. 금녂'으로
내녂'[-년][來年] : 내녂'도[-년-]. 내녂'만[-년-]. 내녂'이. 내녂'은. 내녂'에. 내녂'으로
맹녂'[-년][明年] : 맹녂'도[-년-]. 맹녂'만[-년-]. 맹녂'이. 맹녂'은. 맹녂'에. 맹녂'으로
작:녂[장년][昨年] : 작:녂도[장년-]. 작:녂만[장년-]. 작:녂이. 작:녂은. 작:녂에. 작:녂으로

(82) <u>금녂'에는</u> 장개(장가) 가야제(-지).
<u>내녂'에나</u> 올란지(-는지) 몰따(모르겠다),
<u>맹녂'이</u> 한갑이다(환갑-).
<u>작:녂은</u> 그리 안 칩었다(추웠-).

모두 한자어란 점에서 달리 처리해야 한다는 생각이 든다. 앞서 본 'ㄹㄱ'종성 체언처럼 'ㄴㄱ'종성 체언을 모음조사와의 사이에 ''ㄱ'이 덧나는 현상' 또는 ''ㄱ' 삽입체언'으로 처리할 수도 있겠다.

(6) 'ㅇㅋ'종성 체언과 'ㅇㅋ'종성 용언

ㅇㅋ종성을 가진 체언도 있고 용언도 있다

■ 'ㅇㅋ'종성 체언

(83) 지붕ᆿ'[－붕][屋] : 지붕ᆿ'도[－붕－], 지붕ᆿ'만[－붕－], 지붕ᆿ'이, 지붕ᆿ'은, 지붕ᆿ'을, 지붕ᆿ'에, 지붕ᆿ'으로[1]
궁ᆿ[궁][穴] : 궁ᆿ이. 궁ᆿ은. 궁ᆿ을. 궁ᆿ에. 궁ᆿ으로
궁카'리 <궁ᆿ－아리 / 구멍
기궁카'리 <기－궁ᆿ－아리 / 귓구멍
똥궁카'리 <똥－궁ᆿ－아리 / 똥구멍
지궁카'리 <지－궁ᆿ－아리 / 쥐구멍
코궁카'리 <코－궁ᆿ－아리 / 콧구멍

(84) 지붕ᆿ'이 노푸머(높으면) 집이 덜 덥고 더 칩다(춥－).
이 벌거지가(벌레－) 이 궁ᆿ에 숨어 산다.

■ 'ㅇㅋ'종성 용언

(85) 끙ᆿ'다[끙따][切] : 끙ᆿ'고[끙꼬]. 끙ᆿ'지[끙찌]. 끙ᆿ'어. 끙ᆿ'어도. 끙ᆿ'었다. 끙ᆿ'으먼(－으면). 끙ᆿ'으이(－으니)
끙ᆿ이"다[끙키－][被切] : 끙ᆿ이"고[끙키－]. 끙ᆿ이"지[끙키－]. 끙ᆿ이"어. 끙ᆿ이"어도. 끙ᆿ이"었다. 끙ᆿ이"먼(－으면). 끙ᆿ이"이(－니)

영ᆿ'다[영따][編] : 영ᆿ'고[영꼬]. 영ᆿ'지[영찌]. 영ᆿ'어. 영ᆿ'어도. 영ᆿ'었다. 영ᆿ'으먼(－으면). 영ᆿ'으이(－으니)
영ᆿ이"다[영키－][被編] : 영ᆿ이"고[영키－]. 영ᆿ이"지[영키－]. 영ᆿ이"어. 영ᆿ이"어도. 영ᆿ이"었다. 영ᆿ이"먼(－으면). 영ᆿ이이(－니)

(86) 인연도 끙ᆿ'으머(－으면) 끙ᆿ인"다.
짚으로 덕시기(멍석) 영ᆿ'어 섰다(썼－).
그 일에 영ᆿ'인 사람 다 잽힜다(잡혔－).

---

1 辛基相(1973) 「終聲 'ㅇㅋ'에 대한 小攷」, 『成大文學』 18, 成均館大. 참조

(7) 'ㅇㅎ'종성 용언

'ㅇㅎ'종성을 가진 용언이 있다. 이 낱말은 상보적인 이형태 'ㅎ'종성 용언을 가진다. ('3.7 불구적 활용 보충을 위한 상보적 활용' 참조)

(87) 땅ᇂ'다[辮]~땋'다[辮]
　땅ᇂ'고[땅코][辮]. 땅ᇂ'지[땅치]. 땅ᇂ'기[땅키].
　*땋'고[따코][辮]. *땋'지[따치]. *땋'기[따키].

　*땅ᇂ'아[땅아]. *땅ᇂ'아도[땅아－]. *땅ᇂ'았다[땅았－]. *땅ᇂ'으이[땅으－](－으니)
　땋'아[따아]. 땋'아도[따아－]. 땋'았다[따았－]. 땋'으이[따으－](－으니)

(88) 영ᇂ'다[編]~옇'다[編]
　영ᇂ'고[영코][編]. 영ᇂ'지[영치]. 영ᇂ'기[영키].
　*옇'고[여코][編]. *옇'지[여치]. *옇'기[여키].

　*영ᇂ'어[영어]. *영ᇂ'어도[영어－]. *영ᇂ'었다[영었－]. *영ᇂ'으이[영으－](－으니)
　옇'어[여어]. 옇'어도[여어－]. 옇'었다[여었－]. 옇'으이[여으－](－으니)

어미 '－고, －지, －기, －기(－게)'와 '－어, －어도, －었－, －으이(－으니)' 앞에서는 서로 상보적인 활용을 보인다는 점에서 매우 특이하다. 이 항의 것은 바로 앞의 'ㅇㅋ'종성과 많은 연관성이 있다.

2.5 변이형태의 체언

'나무[木]'는 단독형이거나 자음조사 앞에서는 '나무'이지만 모음 조사 앞에서는 '남ㄱ~낭ㄱ'으로 형태가 바뀐다. '남ㄱ~낭ㄱ'은 음운동화(音韻同化)의 결과다.

(89) 나무 나무도 나무만 나무꺼정 나무와
나무가 나무는 나무를 나무에 나무로
남기 남근 남글 남게 남그로
낭기 낭근 낭글 낭게 낭그로

감나무 감나무도 감나무만 감나무꺼정 감나무와
감나무가 감나무는 감나무를 감나무에 감나무로
감남기 감남근 감남글 감남게 감남그로
감낭기 감낭근 감낭글 감낭게 감낭그로

빰나무 빰나무도 빰나무만 빰나무꺼정 빰나무와
빰나무가 빰나무는 빰나무를 빰나무에 빰나무로
빰남기 빰남근 빰남글 빰남게 빰남그로
빰낭기 빰낭근 빰낭글 빰낭게 빰낭그로

(90) 감낡에 빰이(밤-) 열릴 택이(턱-) 있나.
감낡은 잘 뿌사져도(부러-) 빰낡은 잘 안 뿌사진다(부러-).

이 현상은 중세국어의 '나무~남ㄱ'현상과 동일하다.[2]

2.6 개신 형태

새로운 문법적 기능을 가지게 되었거나, 형태가 바뀐 개신형태(改新形態)로 보아야 할 것이 몇 있다.

(1) 자테

(91) ① 잘에 (옆에) 내 잘에 앉아라
② 자테 (-에게) 내자테 그런 소리 와(왜) 하노?

'잘에'의 '잘'은 '옆, 곁'의 의미인 명사다. '잘에'의 본디 의미가 변하

2 '-와'의 초성 '오'는 모음이 아니고 자음자질을 가진 'w'의 음소다. 辛基相(1974)「15C '나모와'語攷」,『국어국문학』65·66, 국어국문학회. 참조

여 '－에게'로 쓰일 경우는 개신조사로 보고 '－자테'로 썼다.

(2) 가

(92) ① 가 (가지고) 도치(도끼) 가 나무 팬다.
돈 벌어 가 부모 잘 모시고 접다(싶－).
② 가 (－(으)로) 도치가 나무 팬다.
③ 가 (－서) 돈 벌어가 부모 잘 모시고 접다(싶－).

'가지다'의 활용형 '가지고'의 준말이 '가'이다. ① '도치 가 …, 돈 벌어 가 …'의 '가'는 '가지고'의 의미다.

'가'가 ② 체언 아래에서는 조사 '－(으)로'의 의미와 기능으로, ③ 용언어미 아래에서는 어미 '－서'의 의미와 기능으로 쓰이므로 각각 개신조사, 개신어미다.

(3) －는갑다

(93) ① －는가 보다 집에 가는가 보다
② －는가 ㅂ다 집에 가는가 ㅂ다
③ －는갑다 집에 가는갑다

(94) 오는갑다, 보는갑다, 묵는갑다, 잡는갑다 …

'보다'는 ①처럼 추측 의미의 보조용언으로 어미 '－는가' 뒤에 띄어 쓰인다. 그러나 ②처럼 이 보조용언의 준말 'ㅂ다'가 널리 쓰이는데 이것을 '가는가 ㅂ다'로는 쓸 수 없으므로 이 경우는 부득이 ③처럼 앞말에 붙여 쓸 수밖에 없다. 그럴 경우 'ㅂ다'는 독립된 낱말의 자격을 상실하여 매우 부자연스러운 형태가 되어 '－는갑다'를 하나의 어미로 다루어야 한다.

(4) 카다~커다~쿠다

(95) ① －고 하다 맛이 맵다고 한다.

② 카다~커다~쿠다　　맛이 맵다 칸다(~컨다~쿤다).

'맛이 맵다고 한다'로는 거의 쓰이지 않고 대개가 '맛이 맵다 칸다'로 쓰이므로 '카다~커다~쿠다'의 '카-커-쿠-'는 '-고 하-'가 줄어 굳어진 개신어간이다.

줄기 전의 '-고 하다'를 거의 들을 수 없다는 점에서 '-고 하다'가 '카다, 커다, 쿠다'로 굳어지기는 오래된 듯하다.

2.7 가상어근 설정

일부 피동사와 사동사의 생성을 용이하게 설명하기 위해서 실제는 쓰이지 않는 가상어근(假想語根)을 설정할 필요가 있다.

가상어근 설정의 이유를 다음과 같이 요약할 수 있다.

첫째, 피동, 사동의 의미가 있는데도 피동사, 사동사로 처리하지 못하는 모순을 해결할 수 있다.

둘째, 동일 어원일 것으로 보이는 피동사성 동사와 사동사성 동사를 피동사와 사동사로 처리할 수 있다.

셋째, 피동사와 사동사의 도출을 매우 간결하게 처리할 수 있다.

넷째, 국어사에서 감춰진 고어의 흔적 일부를 짐작할 수 있다.

다섯째, 방언화자의 언어의식에 의한 언어 생성 과정을 추정할 수 있다.

(96) *갇다[圍]: 피동사 갇이″다>가디″다, 피동사 갇히″다, 사동사 갇우′다>가두′다의 가상 어근
*곱다[盛]: 피동사 곱이″다>굅이″다>개비″다. 사동사 곱′우다>고′우다의 가상어근
*덖다[熱·暑]: 피동사 덖이″다>더끼″다. 사동사 덖우′다>더꾸′다의 가상어근
*모다[集]: 피동사 모이″다. 사동사 모′우다의 가상어근
*몯다[集]: 피동사 몯이″다>모디″다. 사동사 몯우′다>모두′다의 가상어근

*빛다[明]: 피동사 빛이"다>빈치"다. 사동사 빛우'다>빈추'다의 가상어근

*삤다[明]: 피동사 삤이"다>삔치"다. 사동사 삤우'다>삔추'다의 가상어근

*시달다[苦·弄]: 피동사 시달이"다>시달리"다. 사동사 시달구"다. 시달루"다>시다루"다의 가상어근

*엉다[構]: 피동사 엉기"다. 사동사 엉구'다의 가상어근

*잠다[鍵]: 피동사 잠기"다. 사동사 잠구'다의 가상어근

*잠다[沈]: 피동사 잠기"다. 사동사 잠구'다의 가상어근

*쪼다[搾·握]: 피동사 쪼이"다. 사동사 쪼'우다의 가상어근

*쫄다[搾·握]: 피동사 쫄이"다>쫄리"다. 사동사 쫄우'다>쪼루'다의 가상어근

*할다[毁]: 피동사 할키"다. 사동사 할쿠'다의 가상어근

*호다[枉]: 피동사 호이"다. 사동사 호'우다의 가상어근

*홀다[誘·惑]: 피동사 홀이"다>홀리"다. 사동사 홀쿠'다의 가상어근

*후다[枉]: 피동사 후이"다>휘"다. 사동사 후'우다>후"다의 가상어근

*흝다[散]: 피동사 흝이"다>흘치"다. 사동사 흝'이다>흘'치다의 가상어근

*흩다[散]: 피동사 흩이"다>흐치"다. 사동사 흩'이다>흐'치다의 가상어근

3 곡용과 활용에서의 경향

3.1 호격조사의 두 경향

호격조사의 두 가지 독특한 경향이 있다.

(1) 이름의 끝음절에 붙이는 호격조사 '-아. -야'

호격조사 '－아, －야'를 이름의 끝음절에 붙여 부르는 경향이 있다. 가족이나 가까운 사이에서는 그러한 호칭이 매우 일반적이다.

(97) 영철아～철아
미순아～순아
정수야～수야
경자야～자야

(2) 존대 대상에 붙이는 존대호격조사 '－요'

존대호격조사 '－요'가 따로 있다. 지칭(指稱)할 때와는 달리 존대대상을 호칭(呼稱)할 경우는 반드시 이 조사를 붙여 부른다.

(98) 할'매'요
할'배'요
아부'지요
행'님요
선생'님요～새'임요

(99) 아부이요(아버님), 얼른 갔다오겠심더(－습니다).
아지매요(아주머니), 여어(여기) 앉이시이소(－으세요).
아재요(아저씨), 진지 잡수소(－세요).
구장 어른요, 장～아(－에) 가시능교(－ㅂ니까).

경상도방언권 가정에서의 존대는 대체로 여자 손위 사람에게보다 남자 손위 사람에게 더 엄격하다. 할머니, 어머니에게 존대말을 쓰지 않으면서 할아버지, 아버지에게는 존대말을 쓰는 것이 그 단적인 예다. 존대호격조사 '－요'의 쓰임도 물론 남자 손위 사람에게 더 많이 쓰인다.

3.2 모음어미 {－아}, {－았－}의 이형태가 여럿인 경향

표준어 모음어미 {－아}와 과거시제선어말어미 {－았－}은 양성모음,

음성모음, '하-'용언에 따라 다음 세 가지 이형태가 있다.

－아, －았－ : 잡아, 잡아도, 잡았고, 잡았다
－어, －었－ : 접어, 접어도, 접었고, 접었다
－여, －였－ : 하여～해, 하여도～해도, 하였고～했고, 하였다～했다

이 방언 모음어미 {－아}는 '/-아/－애/－어/－여/(－오)/－우/－이/'의 6(7)개의 이형태가 있고, 과거시제선어말어미 {－았－}은 '/-았－/－앴－/－었－/－였－/(－왔－)/－웠－/－있－/의 6(7)개 이형태가 있다. 울산방언의 모음어미가 이렇게 여럿인 점은 울산방언 경향 중에서도 매우 중요한 경향이다.

{－아}와 {－았－}의 확대 어미는 다음과 같은 여러 가지가 있다.

－아도, －아서, －아서도, －아야, －아야만, －아라 …
－았고, －았지, －았지만, －았어, －았어도, －았다 …

이하에서는 간결한 설명을 위하여 {－아}를 대표하여 '－아도', {－았－}을 대표하여 '－았다'의 두 가지 이형태만으로 그것을 취하는 용언들을 살펴보기로 한다.

(1) －아도, －았다

양성모음 어간이 '－아도, －았다'를 취하는 것은 대체로 표준어와 동일하다. 그러나 세부적인 내용에는 차이가 더러 있다.

(100) 곧'－[直]. 곧'아도. 곧'았다
닫'－[閉]. 닫'아도. 닫'았다
맵'－[辛]. 맵'아도. 맵'았다.
얕'－[淺]. 얕'아도. 얕'았다
왜'롭'－[孤]. 왜'롭'아도. 왜'롭'았다

어간모음＋어미모음으로 이중모음이 형성되면 동음축약으로 한 음절 줄기도 한다.

(101) 가'-[去]. 가'아도 → 가도. 가'았다 → 갔다
나'-[生]. 나'아도 → 나도. 나'았다 → 났다
자'-[寢]. 자'아도 → 자도. 자'았다 → 잤다
차-[佩]. 차아도 → 차도. 차았다 → 찼다
파-[掘]. 파아도 → 파도. 파았다 → 팠다

어간모음+어미모음으로 이중모음이 형성되면 이중모음기피 경향으로 단모음으로 바뀌기도 한다.

(102) 놓'-[放]. 놓'아도 → 놔"도 → 나"도. 놓'았다 → 놨"다 → 났"다
수-[射]. 수아도 → 솨:도 → 사:도. 수았다 → 솼:다 → 샀:다
추-[舞]. 추아도 → 촤:도 → 차:도. 추았다 → 촸:다 → 찼:다
후'-[屈]. 후'아도 → 화"도 → 하"도. 후'았다 → 홨"다 → 핬"다

(103) 고"-[烹]. 고'아도 → 과"도 → 가"도. 고'았다 → 괐"다 → 갔"다
모"-[集]. 모'아도 → 뫄"도 → 마"도. 모'았다 → 뫘"다 → 맜"다
뽀"-[碎]. 뽀'아도 → 뽜"도 → 빠"도. 뽀'았다 → 뽰"다 → 빴"다

중세국어 '·. ㅡ'에 소급되는 약모음 'ㅜ, ㅣ'는 '-아도, -았다'를 취하고, 약모음은 어미모음 앞에서 탈락한다.

(104) 가리'-[分]. 가리'아도 → 갈'라도. 가리'았다 → 갈'랐다
가뿌'-[窒]. 가뿌'아도 → 가'빠도. 가뿌'았다 → 가'빴다
바뿌'-[忙]. 바뿌'아도 → 바'빠도. 바뿌'았다 → 바'빴다
보리'-[塗]. 보리'아도 → 볼'라도. 보리'았다 → 볼'랐다
아푸'-[痛]. 아푸'아도 → 아'파도. 아푸'았다 → 아'팠다

2음절 이상 어간의 말음 '우'는 '-아도, -았다'를 취하고 모음어미 앞에서 '우'는 탈락한다.

(105) 가꾸'-[飾]. 가꾸'아도 → 가까"도. 가꾸'았다 → 가깠"다
가두'-[圍]. 가두'아도 → 가다"도. 가두'았다 → 가닸"다
나누'-[分]. 나누'아도 → 나나"도. 나누'았다 → 나났"다
다투'-[鬪]. 다투'아도 → 다타"도. 다투'았다 → 다탔"다

모두'－[集]. 모두'아도→모다"도. 모두'았다→모닸"다

2음절 이상 어간의 첫음절 'ㅣ'가 순행동화하기도 한다.

(106) 끼'우－[挿]. 끼'우아도→끼'야도. 끼'우았다→끼'얐다
미'우－[塞]. 미'우아도→미'야도. 미'우았다→미'얐다
시'우－[立]. 시'우아도→시'야도. 시'우았다→시'얐다
지'우－[除]. 지'우아도→지'야도. 지'우았다→지'얐다
치'우－[除]. 치'우아도→치'야도. 치'우았다→치'얐다

2음절 이상 어간의 첫음절 'ㅐ, ㅔ'의 이중모음 속의 'ㅣ'가 순행동화하기도 한다.

(107) 게'우－[吐]. 개'우아도→개'야도. 개'우았다→개'얐다
깨'우－[覺]. 깨'우아도→깨'야도. 깨'우았다→깨'얐다
배'우－[學]. 배'우아도→배'야도. 배'우았다→배'얐다
재'우－[睡]. 재'우아도→재'야도. 재'우았다→재'얐다
태'우－[燒]. 태'우아도→태'야도. 태'우았다→태'얐다

(2) －애도, －앴다

'－애도, －앴다'는 주로 어간 끝 모음이 'ㅐ'인 경우 취한다. 그 결과 동음축약이 실현된다.

(108) 개:－[捏]. 개'애도→개"도. 개'앴다→갰"다
내:－[出]. 내'애도→내"도. 내'앴다→냈"다
매'－[結]. 매'애도→매"도. 매'앴다→맸"다
이개'－[捻]. 이개'애도→이개"도. 이개'앴다→이갰"다
자래"－[充]. 자래'애도→자래"도. 자래'앴다→자랬"다
지내－[過]. 지내애도→지내도. 지내앴다→지냈다

중세국어 'ᄒᆞ－'에 소급되는 어간도 '하여→해, 하였다→했다'의 축약형 속의 모음 '－애도, －앴다'를 취한다. 이들은 여기서의 '－애도, －앴다'와는 형태가 같지만 그 기저가 전혀 다르다, (아래 (5) －여도, －였

다 참조)

(3) －어도, －었다

음성모음 어미가 '－어도, －었다'를 취하는 환경은 대체로 표준어와 같다.

(109) 눕'－[臥]. 눕'어도. 눕'었다
뜯－[取]. 뜯어도. 뜯었다
업'－[負]. 업'어도. 업'었다
엮'－[編]. 엮'어도. 엮'었다
읽'－[讀]. 읽'어도. 읽'었다

중세국어 'ㅡ'에 소급되는 약모음 'ㅜ, ㅡ, ㅣ'도 '－어도, －었다'를 취하고, 약모음은 어미모음 앞에서 탈락한다.

(110) 기뿌'－[喜]. 기뿌'어도→기'뻐도. 기뿌'었다→기'뻤다
뜨－[覺]. 뜨어도→떠도. 뜨었다→떴다
부리'－[呼]. 부리'어도→불'러도. 부리'었다→불'렀다
슬푸'－[悲]. 슬푸'어도→슬'퍼도. 슬푸'었다→슬'펐다
시－[書]. 시어도→서도. 시었다→섰다

치음(齒音, ㅈ, ㅊ)을 가진 어간말음절 'ㅣ'어간은 '－어도', '－었다'를 취하고, 이중모음이 형성되면 이중모음기피 경향으로 단모음으로 바뀐다.

(111) 지'－[負]. 지'어도→져도→저도. 지'었다→졌다→젔다
치－[打]. 치어도→쳐도→처도. 치었다→쳤다→첬다
가'지－[持]. 가'지어도→가'져도→가'저도. 가'지었다→가'졌다→가'젔다
끼'지'－[陷]. 끼'지'어도→끼'져'도→끼'저'도. 끼'지'었다→끼'졌'다→끼'젔'다
빠'지'－[溺]. 빠'지'어도→빠'져'도→빠'저'도. 빠'지'었다→빠'졌'다→빠'젔'다

(4) －이도, －있다

'－이도', '－있다'는 주로 어간 말음이 'ㅣ'인 경우에만 취한다.

(112) 기－[匍]. 기이도 → 기:도. 기있다 → 깄:다
미:－[擔]. 미'이도 → 미"도. 미'있다 → 밌"다
티'－[跳]. 티'이도 → 티"도. 티'있다 → 팄"다
피－[開]. 피이도 → 피:도. 피있다 → 핐:다
히－[白]. 히이도 → 히:도. 히있다 → 힜:다

다만, 치음(齒音, ㅈ. ㅊ)을 가진 'ㅣ'말음어간은 바로 앞의 (111)에서 본 바 대로 '－어도', '－었다'를 취한다.

(113) 곤'치－[改]. 곤'치어도 → 곤'쳐도 → 곤'처도. 곤'치었다 → 곤'쳤다 → 곤'첬다
지－[敗]. 지어도 → 져도 → 저도. 지었다 → 졌다 → 젔다
치－[打]. 치어도 → 쳐도 → 처도. 치었다 → 쳤다 → 첬다

(5) －여도, －였다

'－여도, －였다'는 필수적으로 '○하－, ○ᄒᆞ－'에만 쓰인다. 이 경우 '○하여도 → ○해도' '○하였다 → ○했다'로 축약된다. 이 점은 표준어와 이 방언이 완전 동일하다.

(114) 하여도～해도. 하였다～했다
구하－. 구하여도～구해도. 구하였다～구했다
말하－. 말하여도～말해도. 말하였다～말했다
심하－. 심하여도～심해도. 심하였다～심했다
위하－. 위하여도～위해도. 위하였다～위했다

중세국어 'ᄒᆞ－'에 소급되는 어간도 '하여도 → 해도, 하였다 → 했다'의 축약형 속의 '－애도, －앴다'를 취한다. 이하에서 '－애도, －앴다'는 바로 위의 '(2) －애도, －앴다'와 형태는 같으나 그 기저가 다르다. (위의 '(2) －애도, －앴다' 참조)

(115) 같다<ᄀᆞᆮᄒᆞ다
많다<만ᄒᆞ다
않다<아니ᄒᆞ다
옳다<올ᄒᆞ다

(116) 같－[同]. 같애도. 같앴다
많:－[多]. 많:애도. 많:앴다
않－[否]. 않애도. 않앴다
옳－[是]. 옳애도. 옳앴다

또한 ‘○하’－의 ‘ㅏ’생략 어간, ‘○하’의 ‘하’ 생략 어간, ‘○하지 않－’의 축약 어간도 ‘－애도, －앴다’를 취한다.

■ ‘ㅇ하’－의 ‘ㅏ’ 생략 어간

(117) 고닪'－(고단하－). 고닪'애도. 고닪'앴다
대닪'－(대단하－). 대닪'애도. 대닪'앴다
똘똟'－(똘똘하－). 똘똟'애도. 똘똟'앴다
숞:－(순하－). 숞:애도. 숞:앴다
펺'－(편하－). 펺'애도. 펺'앴다

■ ‘ㅇ하’－의 ‘하’ 생략 어간

(118) 생'각'－(생각하－). 생'각'애도. 생'각'앴다
깨끗'－(깨끗'하'－). 깨끗'애도. 깨끗'앴다
똑똑'－(똑똑'하'－). 똑똑'애도. 똑똑'앴다
익'숙－(익숙하－). 익'숙애도. 익'숙앴다
홀갑'－(홀갑하－). 홀갑'애도. 홀갑'앴다

■ ‘ㅇ하지 않－’의 축약 어간

(119) 가:당찮－(가당하지 않－). 가:당찮애도. 가:당찮앴다
같:잖－(같지 않－). 같:잖애도. 같:잖앴다
젊잖－(젊지 않－). 젊잖애도. 젊잖앴다

팬'찮-(편하지 않-). 팬'찮애도. 팬'찮앴다
미덥잖'-(미덥지 않-). 미덥잖'애도. 미덥잖'앴다

(6) -우도, -윴다

'-우도, -윴다' 어미를 취하는 용언은 많지 않다.

(120) 꿉:-[燒]. 묵'-[食]. 묵'-[陳·老·泊]. 뿌-(조동사).

이것 외에 '웁'으로 끝나는 용언 '굽'-[曲]. 눕'-[臥]. 숩:-[易]. 어둡'-[暗]' 등이 있고, '욱'으로 끝나는 용언은 '죽'-[死], 눅'-[濕], 눅눅'-[濕], 숙'-[傾]' 등이 있으나 이들은 모두 '-어도, -었다'를 취한다. (위의 '(3) 어도, 었다' 참조)

(121) 꿉:-[燒]. 꿉'우도~꾸"도. 꿉'윴다~꿌"다
묵'-[食]. 묵'우도→무'우도~무"도. 묵'윴다→무'윴다~뭤"다
묵'-[陳·老·泊]. 묵'우도→무'우도~무"도. 묵'윴다→무'윴다~뭤"다
뿌-(조동사). 뿌우도→뿌도. 뿌윴다→뿄다

(7) -오도, -왔다

이 방언에 이중모음을 기피하는 경향이 있다. (122)의 '워→오'도 그러한 경향의 일부다.

(122) 곤리 / 권리(權利)
곤시 / 권씨(權氏)
꽁 / 꿩[雉]

'-오도, -왔다'를 취하여 활용되는 과정을 아래 (123), (124)의 두 길로 상정할 수 있다.

(123) 꾸-[繩]. 꾸오도→꼬:도. 꾸왔다→꽜:다[繩]
누'-[尿]. 누'오도→노"도. 누'왔다→놨"다[泄]

뚜-[棋]. 뚜오도→또도. 뚜왔다→똤다[棋]
주′-[授]. 주′오도→조″도. 주′왔다→좄″다[授]
추-[舞]. 추오도→초도. 추왔다→촜다[舞]

(124) 꾸-[繩]. 꾸어도→꿔:도→꼬:도. 꾸었다→꿨:다→꼬:다
누′-[尿]. 누′어도→눠″도→노″도. 누′었다→눴″다→놌″다
뚜-[棋]. 뚜어도→뚸도→또도. 뚜었다→뚰다→똤다
주′-[授]. 주′어도→줘″도→조″도. 주′었다→줬″다→좄″다
추-[舞]. 추어도→춰도→초도. 추었다→췄다→촜다

(123)은 '-오도, -왔다' 어미를 취하였다. (124)는 '-어도, -었다' 어미를 취하고 이 방언 이중모음을 기피하는 경향 (122)와 같은 '워→오'를 설정하였다.

심층의 과정을 간과하면 '-오도, -왔다' 어미의 설정이 필요해 보인다. 한편, 심층의 '워→오' 설정이 타당하다면 '-어도, -었다' 어미 설정이 타당해 보인다.

위에서 이미 보았던 (102′)의 '-아도, -았다'에서도 이중모음을 기피하는 동일 현상을 발견한다.

(102′) 놓′-[放]. 놓′아도→놔″도→나″도. 놓′았다→놨″다→났″다
수-[射]. 수아도→솨:도→사:도. 수았다→솼:다→샀:다
추-[舞]. 추아도→촤:도→차:도. 추았다→촸:다→찼:다
후′-[屈]. 후′아도→화″도→하″도. 후′았다→확″다→하″다

이 동일한 두 현상을 인정한다면 (123)보다 (124)가 타당하다. 따라서 '-오도, -왔다' 어미는 폐기해야 한다.

{-아}, {-았-} 전체를 보면 이 방언은 /-오/, /-왔-/을 폐기하여 {-아}는 '/-아/-애/-어/-여/-우/-이/'의 6개의 이형태, {-았-}은 '/-았-/-앴-/-었-/-였-/-웄-/-있-/'의 6가지 이형태가 있다는 결론에 이른다. 이것은 경상방언의 모음어미 활용을 살피는데 매우 중요하다.

3.3 의문형 어미 '-고, -노' 등과 '-가, -나' 등이 구분되는 경향

의문형 어미 중 의문사를 동반하는 의문형어미와 의문사를 동반하지 않는 의문형어미가 쌍으로 대립하여 쓰이는 경향이 있다

(125) ① -고~-가
② -노~-나
③ -(느)ㄴ고~-(느)ㄴ가
④ -(으)ㄹ꼬~-(으)ㄹ까
⑤ -(느)ㄴ공~-(느)ㄴ강

-고, -노, -(느)ㄴ고, -(으)ㄹ꼬, -(느)ㄴ공 : 의문사를 동반하여, 어미 '-(으)시-, -았-, -겠-, -더-, -겠더-' 등의 뒤에 오는 의문형어미

-가, -나, -(느)ㄴ가, -(으)ㄹ까, -(느)ㄴ강 : 의문사 없이, 어미 '-(으)시-, -았-, -겠-, -더-, -겠더-' 등의 뒤에 오는 의문형어미

(1) -고~-가

(126) 누고? ~ 사우가?
머고? ~ 떡가?
언제고? ~ 내일가?
어데고? ~ 절가?
와고? ~ 덥어가?

(2) -노~-나

(127) 언제 가노? ~ 오늘 가나?
언제 받노? ~ 오늘 받나?
누가 가시노? ~ 행님이 가시나?
누가 받으시노? ~ 행님이 받으시나?

어데 갔노? ~ 부산 갔나?
어데서 받았노? ~ 부산서 받았나?

머 하러 가겠노? ~ 책 사러 가겠나?
머를 받겠노? ~ 상을 받겠나?

와 가더노? ~ 아파 가더나?
와 받더노? ~ 잘해서 받더나?

우째 가겠더노? ~ 차로 가겠더나?
우째 받겠더노? ~ 손으로 받겠더나?

(3) -(느)ㄴ고~-(느)ㄴ가

(128) 언제 가는고? ~ 오늘 가는가?
언제 받는고? ~ 오늘 받는가?

누가 가시는고? ~ 행님이 가시는가?
누가 받으시는고? ~ 행님이 받으시는가?

어데 갔는고? ~ 부산 갔는가?
어데서 받았는고? ~ 부산서 받았는가?

머 하러 가겠는고? ~ 책 사러 가겠는가?
머를 받겠는고? ~ 상을 받겠는가?

와 가던고? ~ 아파 가던가?
와 받던고? ~ 잘해서 받던가?

우째 가겠던고? ~ 차로 가겠던가?
우째 받겠던고? ~ 손으로 받겠던가?

(4) -(으)ㄹ꼬~-(으)ㄹ까

(129) 언제 갈꼬? ~ 오늘 갈까?
언제 받을꼬? ~ 오늘 받을까?

누가 가실꼬? ~ 행님이 가실까?

누가 받으실꼬? ~ 행님이 받으실까?

어데 갔을꼬? ~ 부산 갔을까?
어데서 받았을꼬? ~ 부산서 받았을까?

머 하러 갔을꼬? ~ 책 사러 갔을까?
머를 받았을꼬? ~ 상을 받았을까?

와 갔을꼬? ~ 아파 갔을까?
와 받았을꼬? ~ 잘해서 받았을까?

우째 갔을꼬? ~ 차로 갔을까?
우째 받았을꼬? ~ 손으로 받았을까?

(5) -(느)ㄴ공~-(느)ㄴ강

(130) 언제 가는공? ~ 오늘 가는강?
언제 받는공? ~ 오늘 받는강?

누가 가시는공? ~ 행님이 가시는강?
누가 받으시는공? ~ 행님이 받으시는강?

어데 갔는공? ~ 부산 갔는강?
어데서 받았는공? ~ 부산서 받았는강?

머 하러 갔는공? ~ 책 사러 갔는강?
머를 받았는공? ~ 상을 받았는강?

와 가던공? ~ 아파 가던강?
와 받던공? ~ 잘해서 받던강?

우째 갔던공? ~ 차로 갔던강?
우째 받았던공? ~ 손으로 받았던강?

이러한 '-고, -노, -(느)ㄴ고. -(으)ㄹ꼬' 어미와 축약된 감탄사, 감탄형도 있다.

(131) 우약고! 돈 주무이(주머니) 안 가왔다(가져-).

우짝고! 빠스(버스) 떨가뿠다(놓쳐 버렸-).
우애야 하노!
우짜머 좋노!
우째 할랑공!
우째야 좋을꼬!

3.4 형태소 일부의 단모음화와 묵음 경향

(1) –(으)머, (으)–먼으로 단모음화 경향

표준어 어미 '–(으)며, –(으)면'을 '–(으)머, –(으)먼'으로 발음하는 경향이 있다. 이 경향은 이중모음을 꺼리는 단모음화 현상과 동일하다.

■ -머 / -며

(132) 가머 / 가며
가먼 / 가면
가먼서 / 가면서
가먼서도 / 가면서도
가먼서야 / 가면서야

■ -으머 / -이으

(133) 낚으머 / 낚으며
낚으먼 / 낚으면
낚으먼서 / 낚으면서
낚으먼서도 / 낚으면서도
낚으먼서야 / 낚으면서야

(2) 조사 '아/어' 앞 체언의 말음 'ㄴ, ㅇ' 묵음 경향

표준어 조사 '에'에 해당하는 조사 '아/어' 앞에서 체언의 끝 자음 'ㄴ, ㅇ'이 묵음되는 경향이 있다. 이를 거꾸로 말하면, 'ㄴ, ㅇ'으로 끝나는 체언 아래에는 표준어 조사 '에'에 해당하는 '아/어'를 취하고, 체언 말음 'ㄴ, ㅇ'은 묵음된다.

(134) 방'~아[바아] / 방에
방'~아서[바아-] / 방에서
방'~아도[바아-] / 방에도
방'~아만[바아-] / 방에만
방'~아꺼정[바아--] / 방에까지
방깐'~아[-까아] / 방아간에
방깐'~아서[-까아-] / 방안간에서
방깐'~아도[-까아-] / 방아간에도
방깐'~아만[-까아-] / 방아간에만
방깐'~아꺼정[-까아--] / 방아간에까지

(135) 고향~아서[-햐아-] 농사 짓는다.(故鄕)
방'~아서[바아-] 놀아라.(房)
마당'~아[-다아] 널어라.(마당)
장'~아[자아] 갔나?(場)
청~어[처어] 나(놔) 나라(놔-).(廳)

(3) 조사 '이, 이-' 앞 체언의 끝 자음 'ㄴ, ㅇ' 묵음 경향

조사 '이'와 '이-' 앞에서는 체언의 끝 자음 'ㄴ, ㅇ'이 묵음되는 경향이 있다.

(136) 간~이[가이] 나쁘다.
저 산~이[사이] 솥발산~이다[--사이-].
허깐~이[-까이] 어딨노?
놀래 혼~이[호이] 나갔다.

(137) 방~이[바이] 너리다.
바다가 아이고 강~이가?[가이-].
산중~이라[-주이-] 더 칩다.
산중~이라서[-주이--] 공기는 좋다.

(136), (137)에서 체언의 말음 'ㄴ, ㅇ'이 조사 '이'나 '이－' 앞에서 약화 탈락하는 것과 'ㄴ, ㅇ'이 조사 '아/어' 앞에서 약화 탈락하는 것은 체언의 말음이 조사 앞에서 탈락한 점에서 동일하다.

이들 체언은 독립일 때는 말음 'ㄴ, ㅇ'이 충실히 발음된다. 그래서 이런 경우 체언과 조사 사이에 '~'를 표기하여 형태소 경계에서만 'ㄴ, ㅇ'이 묵음이란 걸 알도록 했다.

(4) 어미 '－니'의 'ㄴ'묵음 경향

어미 '－니'의 초성이 'ㄴ'이 묵음되어 '－이'로 발음하는 경향이 있다.

(138) 가이 / 가니
오이 / 오니
하이 / 하니

(139) 낚으이 / 낚으니
밟우이 / 밟으니
있이이 / 있으니

'ㄴ'이 약화 탈락하였으나 (139)를 눈여겨보면 'ㄴ'의 잔영(殘影)을 확인할 수 있다. 조음소(調音素) '－으－'는 본디 자음과 자음의 충돌을 막기 위해 두 자음 사이에 끼어들어 조음(調音)하는 기능의 소리다. (139)에서 '이'가 순수 모음이라면 그 앞에 조음소 '－으－, －우－, －이－'가 끼어들 필요가 없다. 그러나 순수 모음이 아니기에 '－으－'가 끼어들었다. 순수 모음이 아니라면 무엇일까. 그건 바로 '니'의 'ㄴ'이 남아 있다는 뜻이다. 곧 자음자질(子音資質)이 남아있다는 뜻이다. (이상에서 모음 형태소 사이의 'ㄴ, ㅇ'이 약화 탈락하는 현상은 '1.1. 자음의 경향 1.1.4. ㄴ, ㅇ, ㅎ 약화탈락 경향' 참조)

3.5 불규칙 용언의 규칙 경향

표준어의 불규칙 용언이 규칙으로 실현되는 경향이 있다.

3.5.1 'ㅂ'불규칙용언의 규칙 경향

표준어의 'ㅂ'불규칙 용언이 규칙으로 실현되는 경향이 강하다.

표준어는 ㅂ말음용언 어간에 모음어미가 오면 어간말음 'ㅂ'이 '오/우'로 바뀐다. 이 방언은 그러한 환경에서 'ㅂ'을 유지하는 경향이 강하다.

이 방언과 표준어 모두 규칙

(140) 곱'-[曲]. 곱'아. 곱'아도. 곱'운 / 곱아. 곱아도. 곱은
굽'-[曲]. 굽'어. 굽'어도. 굽'운 / 굽어. 굽어도. 굽은
꼽'-[揷]. 꼽'아. 꼽'아도. 꼽'안 / 꼽아. 꼽아도. 꼽은
뽑-[拔]. 뽑아. 뽑아도. 뽑안 / 뽑아. 뽑아도. 뽑은
업'-[負]. 업'어. 업'어도. 업'은 / 업어. 업어도. 업은
입'-[被]. 입'어. 입'어도. 입'은 / 입어. 입어도. 입은
잡'-[捕]. 잡'아. 잡'아도. 잡'안 / 잡아. 잡아도. 잡은
접'-[摺]. 접'어. 접'어도. 접'은 / 접어. 접어도. 접은
좁'-[狹]. 좁'아. 좁'아도. 좁운 / 좁아. 좁아도. 좁은

방언은 규칙. 표준어는 불규칙

(141) 가깝'-[近]. 가깝'아. 가깝'아도. 가깝'운 / 가까워. 가까워도. 가까운
가볍'-[輕]. 가볍'어. 가볍'어도. 가볍'운 / 가벼워. 가벼워도. 가벼운
고:맙-[感謝]. 고:맙아. 고;맙아도. 고:맙운 / 고마워. 고마워도. 고마운
고'롭'-[苦-]. 고'롭'아. 고'롭'아도. 고'롭'운 / 괴로워. 괴로워도. 괴로운
곱:-[麗]. 곱:아. 곱:아도. 곱:운 / 고와. 고와도. 고운

기:엽-[愛]. 기:엽어. 기:엽어도. 기:엽운 / 귀여워. 귀여워도. 귀여운

까'다'롭-[苛]. 까'다'롭아. 까'다'롭아도. 까'다'롭운 / 까다로워. 까다로워도. 까다로운

꿉:-[炙]. 꿉'어. 꿉'어도. 꿉'운 / 구워. 구워도. 구운

내'럽-[泄]. 내'럽어. 내'럽어도. 내'럽운 / 마려워. 마려워도. 마려운

눕'-[臥]. 눕'어. 눕'어도. 눕'운 / 누워. 누워도. 누운

덥:-[暑]. 덥'어. 덥'어도. 덥'운 / 더워. 더워도. 더운

뜨'겁'-[熱]. 뜨'겁'어. 뜨'겁'어도. 뜨'겁'운 / 뜨거워. 뜨거워도. 뜨거운

맵'-[辛]. 맵'어. 맵'어도. 맵'운 / 매워. 매워도. 매운

무'섭-[恐]. 무'섭어. 무'섭어도. 무'섭운 / 무서워. 무서워도. 무서운

무겁'-[重]. 무겁'어. 무겁'어도. 무겁'운 / 무거워. 무거워도. 무거운

무덥-[暑]. 무덥어. 무덥어도. 무덥운 / 무더워. 무더워도. 무더운

미'덥-[信]. 미'덥어. 미'덥어도. 미'덥운 / 미더워. 미더워도. 미더운

미끄럽'-[滑]. 미끄럽'어. 미끄럽'어도. 미끄럽'운 / 미끄러워. 미끄러워도. 미끄러운

밉'-[憎]. 밉'어. 밉'어도. 밉'운 / 미워. 미워도. 미운

반'갑'-[喜]. 반'갑'아. 반'갑'아도. 반'갑'운 / 반가워. 반가워도. 반가운

부'럽-[羨]. 부'럽어. 부'럽어도. 부'럽운 / 부러워. 부러워도. 부러운

부끄'럽'-[恥]. 부끄'럽'어. 부끄'럽'어도. 부끄'럽'운 / 부끄러워. 부끄러워도. 부끄러운

부드럽'-[柔]. 부드럽'어. 부드럽'어도. 부드럽'운 / 부드러워. 부드러워도. 부드러운

붊'-[羨]. 붊'어. 붊'어도. 붊'운 / 부러워. 부러워도. 부러운

살갑'-[優]. 살갑'아. 살갑'어도. 살갑'운 / 살가워. 살가워도. 살가운

새'롭'－[新]. 새'롭'아. 새'롭'아도. 새'롭'운 / 새로워. 새로워도. 새로운

서:럽－[悲]. 서:럽어. 서:럽어도. 서:럽운 / 서러워. 서러워도. 서러운

섧:－[悲]. 섧:어. 섧:어도. 섧:운 / 설워. 설워도. 설운

숩:－[易]. 숩:어. 숩:어도. 숩:운 / 쉬워. 쉬워도. 쉬운

시'럽－[冷]. 시'럽어. 시'럽어도. 시'럽운 / 시려워. 시려워도. 시려운

싱겁'－[淡]. 싱겁'어. 싱겁'어도. 싱겁'운 / 싱거워. 싱거워도. 싱거운

아'숩－[惜]. 아'숩어. 아'숩어도. 아'숩운 / 아쉬워. 아쉬워도. 아쉬운

아깝'－[惜]. 아깝'아. 아깝'아도. 아깝'운 / 아까워. 아까워도. 아까운

아름답'－[美]. 아름답'아. 아름답'아도. 아름답'운 / 아름다워. 아름다워도. 아름다운

아이'꼽'－[憎]. 아이'꼽'아. 아이'꼽'아도. 아이'꼽'운 / 아니꼬워. 아니꼬워도. 아니꼬운

애'럽－[難]. 애'럽어. 애'럽어도. 애'럽운 / 어려워. 어려워도. 어려운

애'롭'－[孤]. 애'롭'어. 애'롭'어도. 애'롭'운 / 외로워. 외로워도. 외로운

어'지'럽－[亂]. 어'지'럽어. 어'지'럽어도. 어'지'럽운 / 어지러워. 어지러워도. 어지러운

어둡'－[暗]. 어둡'어. 어둡'어도. 어둡'운 / 어두워. 어두워도. 어두운

위'습－[笑]. 위'습어. 위'습어도. 위'습운 / 우스워. 우스워도. 우스운

이:롭－(利－). 이:롭아. 이:롭아도. 이:롭운 / 이로워. 이로워도. 이로운

제'업－[厭]. 제'업어. 제'업어도. 제'업운 / 지겨워. 지겨워도. 지겨운

질'겁'－[樂]. 질'겁'어. 질'겁'어도. 질'겁'운 / 즐거워. 즐거워도.

즐거운

차'갑'-[冷]. 차'갑'아. 차'갑'아도. 차'갑'운 / 차가운. 차가워도. 차가운

칩-[寒]. 칩어. 칩어도. 칩운 / 추워. 추워도. 추운

해:롭-(害-). 해;롭아. 해:롭어도. 해:롭운 / 해로워. 해로웠다. 해로운

해깝'-[輕]. 해깝'아. 해깝'아도. 해깝'운 / 가벼워. 가벼워도. 가벼운

헐'겁'-[紹]. 헐'겁'어. 헐'겁'어도. 헐'겁'운 / 헐거운. 헐거워도. 헐거운

다음 예도 위에 준한다.

(142) 십-[苦]. 십어. 십어도. 십운 / (쓰어>써. 쓰어도>써도. 쓴)
찹-[冷]. 찹아. 찹아도. 찹운 / (차아>차. 차아도>차도. 찬)

다음 접사도 위에 준한다.

(143) -럽다. -롭어. -럽워도. -럽운 / -러워. -러웠다. -러운
-롭다. -롭아. -롭워도. -롭운 / -로워. -로웠다. -로운
-시럽다. -시럽어. -시럽워도. -시럽운 / -스러워. -스러웠다. -스러운

3.5.2 'ㅅ'불규칙 용언의 규칙 경향

표준어의 'ㅅ'불규칙 용언이 규칙으로 실현되는 것이 더러 있다.

표준어는 ㅅ말음용언 어간에 모음어미가 오면 어간말음 'ㅅ'이 탈락한다. 이 방언은 그러한 환경에서 'ㅅ'을 유지하는 것이 더러 있다.

이 방언과 표준어 모두 불규칙

(144) 끗:-[劃]. 끄'어. 끄'어도. 끄'은 / 그어. 그어도. 그은
붓:-[注]. 부'아. 부'아도. 부'은~부'안 / 부어. 부어도. 부은

붓:－[膨]. 부'아. 부'아도. 부'은~부'안 / 부어. 부어도. 부은
짓:－[作]. 지'아. 지'아도. 지'은~지'안 / 지어. 지어도. 지은

이 방언은 규칙. 표준어는 불규칙

(145) 낫:－[勝]. 낫'아. 낫'아도. 낫'은~낫'안 / 나아. 나아도. 나은
낫:－[癒]. 낫'아. 낫'아도. 낫'은~낫'안 / 나아. 나아도. 나은
잇:－[續]. 잇'어. 잇'어도. 잇'은~잇'안 / 이어. 이어도. 이은
잣:－[紡]. 잣'아. 잣'아도. 잣'은~잣'안 / 자아. 자아도. 자은
젓:－[漕]. 젓'어. 젓'어도. 젓'은 / 저어. 저어도. 저은

3.6 독특한 활용 경향

용언의 활용 중에 표준어에 비해 독특한 활용으로 눈길을 끄는 것 몇 가지가 있다.

3.6.1 'ㄱ'불규칙 활용

동사 '묵'대[食]'는 불규칙활용을 한다.

(146) 묵'고, 묵'지, 묵'기, 묵겠'고, 묵겠'지
묵'우 → 무'우 → 무"
묵'우도 → 무'우도 → 무"도
묵'우라 → 무'우라 → 무"라
묵'우야 → 무'우야 → 무"야
묵'우먼 → 무'우먼 → 무"먼
묵'우먼서 → 무'우먼서 → 무"먼서
묵'웄고 → 무'웄고 → 뭈"고
묵'웄다 → 무'웄다 → 뭈"다

'묵'－'은 자음어미 앞에서는 어간말음 'ㄱ'이 유지되는데, 모음어미 앞에서는 'ㄱ'이 탈락하는 불규칙활용을 한다.

3.6.2 '우'불규칙 활용

어미모음 앞에서 어간모음이 탈락한다는 것은 불규칙용언의 범주에 넣었다. 표준어에서 '푸고[汲]'와 그 밖의 어간말음 '우'의 활용을 보자.

(147) 푸-[汲]. 푸어→퍼. 푸어도→퍼도. 푸었고→펐고. 푸었다→펐다

(148) 꾸-[夢]. 꾸어→꿔. 꾸어도→꿔도. 꾸었고→꿨고. 꾸었다→꿨다
누-[尿]. 누어→눠. 누어도→눠도. 누었고→눴고. 누었다→눴다
두-[置]. 두어→둬. 두어도→둬도. 두었고→뒀고. 두었다→뒀다
주-[授]. 주어→줘. 주어도→줘도. 주었고→줬고. 주었다→줬다
추-[舞]. 추어→춰. 추어도→춰도. 추었고→췄고. 추었다→췄다

(147)은 어간말음 '우'가 모음어미 앞에서 탈락하였고 (148)은 '우'가 존재한다. 그래서 '푸다[汲]'를 '우'불규칙 동사로 처리한다.[3]

이 방언 어간말음 '우'를 보자. 어간 말음 '우'는 어미모음 앞에서 탈락한다는 사실을 위에서 확인하였다.

(149) 깨꾸'-[使覺]. 깨꾸'아도→깨까"도. 깨꾸'았다→깨깠"다
바꾸'-[換]. 바꾸'아도→바까"도. 바꾸'았다→바깠"다
배'우-[學]. 배'우아도→배'야도. 배'우았다→배'얐다
숭구'-[植]. 숭구'아도→숭가"도. 숭구'았다→숭갔"다
아푸'-[痛]. 아푸'아도→아'파도. 아푸'았다→아'팠다

---

3 이 방언의 '푸다[汲]'는 '푸다'가 아닌 '퍼다'로 규칙활용을 한다.
퍼-[汲]. 퍼어→퍼. 퍼어도→퍼도. 퍼었고→펐고. 퍼었다→펐다

이와 같이 이 방언의 어간말음 '우'가 어미모음 앞에서 탈락하는 것도 '우'불규칙 활용 범주에 넣어야 한다.

3.6.3 '르'불규칙의 '리'불규칙 경향

표준어의 '르'로 끝나는 어간말음 용언 대부분이 이 방언에서는 '리'로 끝난다. 따라서 표준어의 '르'불규칙 용언은 이 방언에서는 '리'불규칙용언으로 처리해야 한다.

(150) 가리′−[剖] 가리′아 → 갈′라 / 가르− 가르아 → 갈라
가리′−[分] 가리′아 → 갈′라 / 가르− 가르아 → 갈라
거리′−[濾] 거리′어 → 걸′러 / 거르− 거르어 → 걸러
고리′−[均] 고리′아 → 골′라 / 고르− 고르아 → 골라
고리′−[擇] 고리′아 → 골′라 / 고르− 고르아 → 골라
그리′−[非] 그리′어 → 글′러 / 그르− 그르어 → 글러
나리′−[搬] 나리′아 → 날′라 / 나르− 나르어 → 날라
다리′−[異] 다리′아 → 달′라 / 다르− 다르아 → 달라
마리′−[乾] 마리′아 → 말′라 / 마르− 마르아 → 말라
모리−[不知] 모리아 → 몰라 / 모르− 모르아 → 몰라
무리′−[軟] 무리′어 → 물′러 / 무르− 무르어 → 물러
보리′−[塗] 보리′아 → 볼′라 / 바르− 바르아 → 발라
부리′−[飽] 부리′어 → 불′러 / 부르− 부르어 → 불러
부리′−[呼] 부리′어 → 불′러 / 부르− 부르어 → 불러
오리′−[登] 오리′아 → 올′라 / 오르− 오르아 → 올라
이리′−[謂] 이리′어 → 일′러 / 이르− 이르어 → 일러
이리′−[早] 이리′어 → 일′러 / 이르− 이르어 → 일러
저지′리− 저지′리어 → 저질′러 / 저지르− 저지르어 → 저질러
주무′리− 주무′리어 → 주물′러 / 주므르− 주무르어 → 주물러
짜리′−[短] 짜리′아 → 짤′라 / 자르− 자르어 → 잘라
짜리′−[切] 짜리′아 → 짤′라 / 자르− 자르어 → 잘라
찌리′−[密告] 찌리′어 → 찔′러 / 찌르− 찌르어 → 찔러
찌리′−[燒] 찌리′어 → 찔′러 / 지르− 지르어 → 질러

찌리'-[刺] 찌리'어 → 찔'러 / 찌르- 찌르어 → 찔러
흐리'-[流] 흐리'어 → 흘'러 / 흐르- 흐르어 → 흘러

표준어에서 이들 용언 'ㄹ'의 'ㅡ'가 약모음이듯이 이 방언에서 '리'의 '이'도 약모음이다.

3.6.4 'ㄹ'말음 용언의 두 가지 경향

(1) 용언말음 'ㄹ'의 약화탈락 경향

ㄹ말음 용언의 'ㄹ'은 모든 자음어미 앞에서 약화탈락하는 경향이 있다. 이 점은 'ㄴ, ㅂ, ㅅ, 오' 앞에서만 'ㄹ'이 탈락하는 표준어와 비교된다.

먼저 표준어의 동사와 형용사 어간말음 'ㄹ'이 'ㄴ, ㅂ, ㅅ, 오' 앞에서 탈락하는 경향을 정리해 보자.

■ 동사

(151) 끌고[牽]. 끌던. 끌지. 끌어. 끌었다 / 끈. 끕니다. 끄시오. 끄오
날고[飛]. 날던. 날지. 날아. 날았다 / 난. 납니다. 나시오. 나오
널고[布]. 널던. 널지. 널어. 널었다 / 넌. 넙니다. 너시오. 너오
놀고[遊]. 놀던. 놀지. 놀아. 놀았다 / 논. 놉니다. 노시오. 노오
물고[咬]. 물던. 물지. 물어. 물었다 / 문. 뭅니다. 무시오. 무오

■ 형용사

(152) 걸다[肥]. 걸던. 걸지. 걸어. 걸었다 / 건. 겁니다. 거오
길다[長]. 길던. 길지. 길어. 길었다 / 긴. 깁니다. 기오
달다[甘]. 달던. 달지. 달아. 달았다 / 단. 답니다. 다오
멀다[遠]. 멀던. 멀지. 멀어. 멀었다 / 먼. 멉니다. 머오
잘다[細]. 잘던. 잘지. 잘아. 잘았다 / 잔. 잡니다. 자오

(151), (152)와 같이 표준어의 동사와 형용사 어간말음 'ㄹ'은 'ㄴ, ㅂ, ㅅ, 오' 앞에서만 탈락하고 그 외의 자음, 모음 앞에서는 제 음가대로 발

음된다. 그러나 이 방언은 아래와 같이 다르다.

■ 동사

(153) [牽]끌고~끄고. 끌던~끄던. 끌지~끄지 / 끌어. 끌었다 / 끈. 끕니다. 끄시오. 끄오
[飛]날고~나고. 날던~나던. 날지~나지 / 날아. 날았다 / 난. 납니다. 나시오. 나오
[布]널고~너고. 널던~너던. 널지~너지 / 널어. 널었다 / 넌. 넙니다. 너시오. 너오
[遊]놀고~노고. 놀던~노던. 놀지~노지 / 놀아. 놀았다 / 논. 놉니다. 노시오. 노오
[咬]물고~무고. 물던~무던. 물지~무지 / 물어. 물었다 / 문. 뭅니다. 무시오. 무오

■ 형용사

(154) [肥]걸다~거다. 걸던~거던. 걸지~거지 / 걸어. 걸었다 / 건. 겁니다. 너오
[長]질다~지다. 질던~지던. 질지~지지 / 질어. 질었다 / 진. 집니다. 지오
[甘]달다~다다. 달던~다던. 달지~다지 / 달아. 달았다 / 단. 답니다. 다오
[遠]멀다~머다. 멀던~머던. 멀지~머지 / 멀어. 멀었다 / 먼. 멉니다. 머오
[細]잘다~자다. 잘던~자던. 잘지~자지 / 잘아. 잘았다 / 잔. 잡니다. 자오

(153), (154)와 같이 이 방언의 동사와 형용사 어간말음 'ㄹ'은 'ㄴ, ㅂ, ㅅ, 오' 앞에서는 표준어와 같이 탈락하고 그 외의 자음 앞에는 수의적으로 탈락한다. 단만 모음 앞에서만 제 음가대로 발음된다.

이런 이유로 동사와 형용사를 아래와 같이 유동적인 두 어간으로 표현하기도 하였다.

■ 동사

(155) 갈다~가다[磨]. 갈'다~가'대[更·交]. 갈:다~가:다[耕]. 거:들다~거:드다[助]. 걸:다~거:다[懸]. 골:다~고:다[饑·餓]. 골:다~고:다[코를]. 굴:다~구:다[轉]. 구불'다~구부'다[轉]. 까불'다~까부'다[箕]. 깔다~까다[席]. 꺼실'다~꺼시'다[燻]. 꺼질'다~꺼지'다[燻]. 꾸불'다~꾸부'다[轉]. 구불'다~구부'다[轉]. 끌다~끄다[牽]. 날'다~나다[飛]. 널:다~너:다[布]. 놀:다~노:다[遊]. 늘다~느다[增]. 덜:다~더:다[減]. 돌:다~도:다[回]. 들다~드다[入]. 들'다~드'다[擧]. 떨:다~떠:다[振]. 말'다~마'다[飡]. 말:다~마:다[勿]. 몰:다~모:다[驅]. 물:다~무:다[償]. 밀:다~미:다[推]. 받들'다~받드'다[扶]. 베풀'다~베푸'다[施]. 벌:다~버:다[列]. 벌"다~버"다[稼]. 불:다~부:다[吹]. 붙들'다~붙드'다[扶]. 비틀다~비트다[捻]. 빌:다~비:다[祈]. 빨다~빠다[洗·濯]. 빨다~빠다[吮]. 알:다~아:다[知]. 울:다~우:다[泣]. 일:다~이:다[起·立]. 자불'다~자부'다[睡]. 심'들'다~심'드'다(힘들다). 절:다~저:다[跛]. 줄:다~주:다[減]. 쫄:다~쪼:다[減]. 털:다~터:다[振]. 틀다~트다[捻]. 팔다~파다[賣]. 풀다~푸다[解]. 흔'들'다~흔'드'다[搖]. 헐:다~허:다[毁] …

■ 형용사

(156) 가'늘'다~가'느'다[細]. 거'칠다~거'치'다[荒]. 걸:다~거:다[肥]. 달'다~다'다[甘]. 멀:다~머:다[遠]. 모:질다~모:지다[殘忍]. 잘'다~자'다[細]. 질:다~지:다[長]. 질'다~지'다[泥] …

(2) 과거시제관형사형어미 '-안/-은'을 취하는 경향

과거시제관형사형어미 '-ㄴ' 외에 어간 첫음절 모음의 양성/음성에 따라 '-안/-은'을 취하는 경향이 있다. 어간모음의 양성/음성에 따라 '-안/-은'으로 분간되는 것은 고어 '-ᄋᆞᆫ/-은'에 소급된다.

(157) [早]가'물'고~가'무'고. 가문~가'물'안 / 가물고. 가문

[耕]갈:고~가:고, 간:~갈'안 / 갈고, 간
[摩]갈:고~가:고, 간:~갈'안 / 갈고, 간
[懸]걸:고~거:고, 건:~걸'은 / 걸고, 건
[肥]걸:고~거:고, 건:~걸'은 / 걸고, 건
(코를)골고~고고, 곤~골안 / 골고, 곤
[席]깔고~까고, 깐~깔안 / 깔고, 깔은
[箕]까불'고~까부'고, 까분~까불'안 / 까부르고, 까분
[憍]까불'고~까부'고, 까분~까불'안 / 까불고, 까분
[轉]꾸불'고~꾸부'고, 꾸분~꾸불'은 / 구르고, 구른
[飛]날'고~나'고, 난~날'란 / 날고, 난
[布]널:고~너:고, 넌:~널'은 / 널고, 넌
[遊·休]놀:고~노:고, 논:~놀'안 / 놀고, 논
[增]늘고~느고, 는~늘은 / 늘고, 는
[熱]달:고~다:고, 단:~달'안 / 달고, 단
[衡]달'고~다'고, 단~달'안 / 달고, 단
[甘]달'고~다'고, 단~달'안 / 달고, 단
[懸]달고~다고, 단~달안 / 달고, 단
[減]덜:고~더:고, 던:~덜'은 / 덜고, 던
[廻]돌:고~도:고, 돈:~돌'안 / 돌고, 돈
[擧]들'고~드'고, 든~들'은 / 들고, 든
[入]들고~드고, 든~들은 / 들고, 든
[快]들고~드고, 든~들은 / 들고, 든
[振]떨:고~떠:고, 떤:~떨'은 / 떨고, 떤
[制]맨글'고~맨그'고, 맨근~맨글'은 / 만들고, 만든
[制]맨들'고~맨드'고, 맨든~맨들'은 / 만들고, 만든
[勿]말:고~마:고, 만:~말'안 / 말고, 만
[捲]말'고~마'고, 만~말'안 / 말고, 만
[飡]말'고~마'고, 만~말'안 / 말고, 만
[遠]멀:고~머:고, 먼:~멀'은 / 멀고, 먼
[驅]몰:고~모:고, 몬:~몰'안 / 몰고, 몬
[拂]물:고~무:고, 문:~물'은 / 물고, 문
[嚼]물'고~무'고, 문~물'은 / 물고, 문
[推]밀:고~미:고, 민:~밀'은 / 밀고, 민

[開]벌:고~버:고. 번:~벌'은 / 벌고. 번
[稼]벌"고~버"고. 번"~벌"은 / 벌고. 번
[風·吹]불:고~부:고. 분:~불'은 / 불고. 분
[祈]빌:고~비:고. 빈:~빌'은 / 빌고. 빈
[乞]빌:고~비:고. 빈:~빌'은 / 빌고. 빈
[贖]빌:고~비:고. 빈:~빌'은 / 빌고. 빈
[吸]빨고~빠고. 빤~빨안 / 빨고. 빤
[濯]빨고~빠고. 빤~빨안 / 빨고. 빤
[生·活]살:고~사:고. 산:~살'안 / 살고. 산
[切]설:고~서:고. 선:~설'은 / 썰고. 썬
(밥이)설:고~서:고. 선:~설'은 / 설고. 선
(낯이)설:고~서:고. 선:~설'은 / 설고. 선
[窄]솔:고~소:고. 손:~솔'안 / 솔고. 손
[掃]실고~시고. 신~실은 / 쓸고. 쓴
[知]알:고~아:고. 안:~알'안 / 알고. 안
[凍]얼:고~어:고. 언:~얼'은 / 얼고. 언
[實]열:고~여:고. 연:~열'은 / 열고. 연
[開]열:고~여:고. 연:~열'은 / 열고. 연
[泣·鳴]울:고~우:고. 운:~울'은 / 울고. 운
[起·興]일:고~이:고. 인:~일'은 / 일고. 인
[淅]일:고~이:고. 인:~일'은 / 일고. 인
[睡]자불'고~자부'고. 자분~자불'안 / 졸고. 존
[小·微]잘'고~자'고. 잔~잘'안 / 잘고. 잔
[跛]절:고~저:고. 전:~절'은 / 절고. 전
[減]줄:고~주:고. 준:~줄'은 / 줄고. 준
[泥]질'고~지'고. 진~질'은 / 질고. 진
[長]질:고~지:고. 진:~질'은 / 길고. 긴
[減]쫄:고~쪼:고. 쫀:~쫄'안 / 줄고. 준
[減]쭐:고~쭈:고. 쭌:~쭐'은 / 줄고. 준
[拂]털:고~터:고. 턴:~털'은 / 털고. 턴
[捻]틀고~트고. 튼~틀은 / 틀고. 튼
[賣]팔고~파고. 판~팔안 / 팔고. 판
[解]풀고~푸고. 푼~풀은 / 풀고. 푼

[傷]헐:고~허:고. 헌:~헐'은 / 헐고. 헌

3.6.5 어간말 모음 '우'가 탈락하고 과거시제관형사형어미 '-안~-얀'을 취하는 경향

어간말 모음이 '우'인 2음절 이상의 동사는 모음어미 앞에서 끝 모음 '우'가 예외 없이 탈락하고, 과거시제관형사형어미는 '-ㄴ' 외에 '-안' 또는 '-얀'을 취하는 경향이 있다.

(1) 어간말 모음 '우'가 탈락하고, 과거시제관형사형어미 '-안'을 취하는 경향

(158) 가꾸'-[飾]. 가꾸'아→가까". 가꾼~가꾸'안→가깐" / 가꿔. 가꾼

가루'-[遮]. 가루'아→가라". 가룬~가루'안→가란" / 가려. 가린

갈추'-[敎]. 갈추'아→갈차". 갈춘~갈추'안→갈찬" / 가르쳐. 가르친

감추'-[藏]. 감추'아→감차". 감춘~감추'안→감찬" / 감춰. 감춘

갖추'-[備]. 갖추'아→갖차". 갖춘~갖추'안→갖찬" / 갖춰. 갖춘

거두'-[收]. 거두'아→거다". 거둔~거두'안→거단" / 거둬. 거둔

고'우-[烹]. 고'우아→고'아. 고'운~고'우안→고'안 / 고아. 곤

고'우-[支]. 고'우아→고'아. 고'운~고'우안→고'안 / 괴아. 괸

고루'-[均]. 고루'아→고라". 고룬~고루'아→고란" / 골라. 고른

공구'-[支]. 공구'아→공가". 공군~공구'안→공간" / 괴어. 괸

기루'-[育]. 기루'아→기라". 기룬~기루'안→기란" / 길러. 기른

깨꾸'-[醒]. 깨꾸'아→깨까". 깨꾼~깨꾸'안→깨깐" / 깨워.

깨운

꼬'우-[誘]. 꼬'우아→꼬'아. 꼬'운~꼬'우안→꼬'안 / 꾀어. 꾄

낑구'-[插]. 낑구'아→낑가". 낑군~낑구'안→낑간" / 끼워. 끼운

나수'-[癒]. 나수'아→나사". 나순~나수'안→나산" / 고쳐. 고친

남구'-[餘]. 남구'아→남가". 남군~남구'아→남간" / 남겨. 남긴

내루'-[降]. 내루'아→내라". 내룬~내루'안→내란" / 내려. 내린

널쿠'-[廣]. 널쿠'아→널카". 널쿤~널쿠'안→널칸" / 넓혀. 넓힌

넘구'-[越]. 넘구'아→넘가". 넘군~넘구'안→넘간" / 넘겨. 넘긴

늘쿠'-[增]. 늘쿠'아→늘카". 늘쿤~늘쿠'안→늘칸" / 늘려. 늘린

늦추'-[遲]. 늦추'아→늦차". 늦춘~늦추'안→늦찬" / 늦춰. 늦춘

다루'-[操]. 다루'아→다라". 다룬~다루'안→다란" / 다뤄. 다룬

담구'-[浸]. 담구'아→담가". 담군~담구'안→담간" / 담가. 담근

도'우-[助]. 도'우아→도'아. 도'운~도'우안→도'안 / 도와. 도운

디루'-[垂]. 디루'아→디라". 디룬~디루'안→디란" / 드리워. 드리운

마구'-[亡]. 마구'아→마가". 마군~마구'안→마간" / 망궈. 망군

맞후'-[的]. 맞후'아→맞하". 맞훈~맞후'안→맞한" / 맞춰. 맞춘

메꾸'-[埋]. 메꾸'아→메까". 메꾼~메꾸'안→메깐" / 메워. 메운

모두'-[集]. 모두'아→모다". 모둔~모두'안→모단" / 모아.

모운

모'우-[集]. 모'우아→모'아. 모'운~모'우안→모'안 / 모아. 모운

무꾸'-[束]. 무꾸'아→무까". 무꾼~무꾸'안→무깐" / 묶어. 묶은

미루'-[延]. 미루'아→미라". 미룬~미루'안→미란" / 미뤄. 미룬

밀추'-[推]. 밀추'아→밀차". 밀춘~밀추'안→밀찬" / 밀쳐. 밀친

바꾸'-[換]. 바꾸'아→바까". 바꾼~바꾸'안→바깐" / 바꿔. 바꾼

바루'-[訂]. 바루'아→바라". 바룬~바루'안→바란" / 바뤄. 바룬

배루'-[希]. 배루'아→배라". 배룬~배루'안→배란" / 별러. 벼른

배루'-[冶]. 배루'아→배라". 배룬~배루'안→배란" / 벼리어. 벼린

불구'-[增]. 불구'아→불가". 불군~불구'안→불간" / 불려. 불린

불우'-[增]. 불우'아→불아". 불운~불우'안→불안" / 불려. 불린

불쿠'-[增]. 불쿠'아→불카". 불쿤~불쿠'안→불칸" / 불려. 불린

빈추'-[照]. 빈추'아→빈차". 빈춘~빈추'안→빈찬" / 비춰. 비춘

빠수'-[碎]. 빠수'아→빠사". 빠순~빠수'안→빠산" / 빻아. 빻은

뿌주'-[碎]. 뿌주'아→뿌자". 뿌준~뿌주'안→뿌잔" / 부숴. 부순

삔추'-[照]. 삔추'아→삔차". 삔춘~삔추'안→삔찬" / 비춰. 비춘

서'우-[立]. 서'우아→서'아. 서'운~서'우안→서'안 / 세워. 세운

속후'-[詐]. 속후'아→속하". 속훈~속후'안→속한" / 속여. 속인

석후'-[腐]. 석후'아→석하". 선훈~석후'안→석한" / 썩혀. 썩힌

숭구'-[植]. 숭구'아→숭가". 숭군~숭구'안→숭간" / 심어. 심은

숭쿠'-[隱]. 숭쿠'아→숭카". 숭쿤~숭쿠'안→숭칸" / 숨겨. 숨긴

식후'-[冷]. 식후'아→식하". 식훈~식후'안→식한" / 식혀. 식힌

앉추'-[坐]. 앉추'아→앉차". 앉춘~앉추'안→앉찬" / 앉혀. 앉힌

얼루'-[凍]. 얼루'아→얼라". 얼룬~얼루'안→얼란" / 얼려. 얼린

얼우'-[凍]. 얼우'아→얼아". 얼운~얼우'안→얼안" / 얼려. 얼린

이루'-[成]. 이루'아→이라". 이룬~이루'안→이란" / 이뤄. 이룬

이수'-[繼]. 이수'아→이사". 이순~이수'안→이산" / 이어. 이은

익후'-[熟]. 익후'아→익하". 익훈~익후'안→익한" / 익혀. 익은

잠구'-[鍵]. 잠구'아→잠가". 잠군~잠구'안→잠간" / 잠가. 잠근

잠구'-[浸]. 잠구'아→잠가". 잠군~잠구'안→잠간" / 잠가. 잠근

장구'-[鍵]. 장구'아→장가". 장군~장구'안→장간" / 잠가. 감근

장구'-[浸]. 장구'아→장가". 장군~장구'안→장간" / 잠가. 잠근

전주'-[的]. 전주'아→전자". 전준~전주'안→전잔" / 겨눠. 겨눈

전주'-[比]. 전주'아→전자". 전준~전주'안→전잔" / 견줘.

견준

주루′ – [促]. 조루′아 → 조라″. 조룬～조루′안 → 조란″ / 졸라. 조른

조루′ – [握]. 조루′아 → 조라″. 조룬～조루′안 → 조란″ / 졸라. 조른

쪼루′ – [促]. 쪼루′아 → 쪼라″. 쪼룬～쪼루′안 → 쪼란″ / 졸라. 조른

쪼루′ – [握]. 쪼루′아 → 쪼라″. 쪼룬～쪼루′안 → 쪼란″ / 졸라. 조른

졸루′ – [促]. 졸루′아 → 졸라″. 졸룬～졸루′안 → 졸란″ / 졸라. 조른

졸루′ – [握]. 졸루′아 → 졸라″. 졸룬～졸루′안 → 졸란″ / 졸라. 조른

쫄루′ – [促]. 쫄루′아 → 쫄라″. 쫄룬～쫄루′안 → 쫄란″ / 졸라. 조른

쫄루′ – [握]. 쫄루′아 → 쫄라″. 쫄룬～쫄루′안 → 쫄란″ / 졸라. 조른

주루′ – [減]. 주루′아 → 주라″. 주룬～주루′안 → 주란″ / 줄여. 줄인

줄루′ – [減]. 줄루′아 → 줄라″. 줄룬～줄루′안 → 줄란″ / 줄여. 줄인

줄우′ – [減]. 줄우′아 → 줄아″. 줄운～줄우′안 → 줄안″ / 줄여. 줄인

쭈루′ – [減]. 쭈루′아 → 쭈라″. 쭈룬～쭈루′안 → 쭈란″ / 줄여. 줄인

쭐루′ – [減]. 쭐루′아 → 쭐라″. 쭐룬～쭐루′안 → 쭐란″ / 줄여. 줄인

쭐우′ – [減]. 쭐우′아 → 쭐아″. 쭐운～쭐우′안 → 쭐안″ / 줄여. 줄인

지루′ – [育]. 지루′아 → 지라″. 지룬～지루′안 → 지란″ / 길러. 기른

질구′ – [育]. 질구′아 → 질가″. 질군～질구′안 → 질간″ / 길러. 기른

질루′-[育]. 질루′아→ 질라″. 질룬~질루′안→ 질란″ / 길러. 기른
질수′-[育]. 질수′아→ 질사″. 질순~질수′안→ 질산″ / 길러. 기른
질우′-[育]. 질우′아→ 질아″. 질운~질우′안→ 질안″ / 길러. 기른
질쿠′-[育]. 질쿠′아→ 질카″. 질쿤~질쿠′안→ 질칸″ / 길러. 기른
짐구′-[負]. 짐구′아→ 짐가″. 짐군~짐구′안→ 짐간″ / 지어. 지운
징구′-[負]. 징구′아→ 징가″. 징군~징구′안→ 징간″ / 지어. 지운
쪼′우-[啄]. 쪼′우아→ 쪼′아. 쪼′운~쪼′우안→ 쪼′안 / 쪼아. 쫀
쫍후′-[狹]. 쫍후′아→ 쫍하″. 쫍훈~쫍후′안→ 쫍한″ / 좁혀. 좁힌
찡구′-[挿]. 찡구′아→ 찡가″. 찐군~찡구′안→ 찡간″ / 끼워. 끼운
푸′우-[燃]. 푸′우아→ 푸′아. 푸′운~푸′우안→ 푸′안 / 피워. 피운
홀구′-[誘]. 홀구′아→ 홀가″. 홀군~홀구′안→ 홀간″ / 꾀어. 꾄

이들 동사의 준말도 동일한 경향이 있다.

(159) '고′우-'의 준말 고″-[烹]. 고′아~과″~가″. 곤″~고′안 / 고아. 곤
'꼬′우-'의 준말 꼬″-[誘]. 꼬′아~꽈″~까″. 꼰″~꼬′안 / 꾀아. 꾄
'모′우-'의 준말 모″-[集]. 모′아~뫄″~마″. 몬″~모′안 / 모아. 모은
'뽀′우-'의 준말 뽀″-[碎]. 뽀′아~뽜″~빠″. 뽄″~뽀′안 / 빻아. 빻은
'쪼′우-'의 준말 쪼″-[啄]. 쪼′아~쫘″~짜″. 쫀″~쪼′안 / 쪼아. 쫀

(2) 어간모음이 'ㅣ, ㅠ'인 경우 '－야, －얀'을 취하는 경향

조건이 위와 같은데 어간말음이 'ㅣ, ㅠ'인 경우는 '－아→－야, －안→－얀'의 차이를 보이는데 'ㅣ'와 'ㅠ'속의 'ㅣ'의 순행동화 때문이다.

(160) 디'우－[溫]. 디'우아→디'아~디'야. 디'우안→디'안~디'얀 / 데워. 데운
미'우－ [埋]. 미'우아→미'아~미'야. 미'우안→미'안~미'얀 / 메워. 메운
비'우－ [空]. 비'우아→비'아~비'야. 비'우안→비'안~비'얀 / 비워. 비운
시'우－ [立]. 시'우아→시'아~시'야. 시'우안→시'안~시'얀 / 세워. 세운
시'우－ [冠]. 시'우아→시'아~시'야. 시'우안→시'안~시'얀 / 씌워. 씌운
이'우－ [蓋]. 이'우아→이'아~이'야. 이'우안→이'안~이'얀 / 이워. 이운
지'우－ [除]. 지'우아→지'아~지'야. 지'우안→지'안~지'얀 / 지워. 지운
지'우－ [負]. 지'우아→지'아~지'야. 지우'안→지'안~지'얀 / 지어. 지운
지'우－ [作]. 지'우아→지'아~지'야. 지우'안→지'안~지'얀 / 지어. 지은
찌'우－ [挿]. 찌'우아→찌'아~찌'야. 찌'우안→찌'안~찌'얀 / 끼워. 끼운
이'우－ [載]. 이'우아→이'아~이'야. 이'우안→이'안~이'얀 / 이워. 이운
키'우－ [育]. 키'우아→키'아~키'야. 키'우안→키'안~키'얀 / 키워. 키운
티'우－ [茁]. 티'우아→티'아~티'야. 티'우안→티'안~티'얀 / 틔워. 틔운
티'우－ [通]. 티'우아→티'아~티'야. 티'우안→티'안~티'

얀 / 틔워. 틔운

피'우- [開]. 피'우아→피'아~피'야. 피'우안→피'안~피'얀 / 피워. 피운

피'우- [燒]. 피'우아→피'아~피'야. 피'우안→피'안~피'얀 / 피워. 피운

이들 동사의 준말도 마찬가지다

(161) '시'우-'의 준말 시"-[冠]. 시'아~시'야. 신"~시'안~시'얀 / 씌워. 씌운

'시'우-'의 준말 시"-[立]. 시'아~시'야. 신"~시'안~시'얀 / 세워. 세운

'이'우-'의 준말 이"-[蓋]. 이'이~이'야. 인"~이'안~이'얀 / 이어. 이은

어간말 모음이 'ㅠ'일 경우도 그렇다.

(162) 걸류'-[步]. 걸류'아→걸랴". 걸류"안→걸랸" / 걸려. 걸린

말류'-[乾]. 말류'아→말랴". 말류'안→말랸" / 말려. 말린

물류'-[辨]. 물류'아→물랴". 물류'안→물랸" / 물려. 물린

발류'-[訂]. 발류'아→발랴". 발류'안→발랸" / 바뤄. 바룬

불류'-[增]. 불류'아→불랴". 불류'안→불랸" / 불려. 불린

살류'-[生]. 살류'아→살랴". 살류'안→살랸" / 살려. 살린

알류'-[知]. 알류'아→알랴". 알류'안→알랸" / 알려. 알린

얼류'-[凍]. 얼류'아→얼랴". 얼류'안→얼랸" / 얼려. 얼린

울류'-[泣]. 울류'아→울랴". 울류'안→울랸" / 울려. 울린

줄류'-[減]. 줄류'아→줄랴". 줄류'안→줄랸" / 줄여. 줄인

질류'-[育]. 질류'아→질랴". 질류'안→질랸" / 길러. 기른

(3) 어간말음이 'ㅐ, ㅔ'가 어미 '-야, -얀'을 취하는 경향

어근(語根) 모음이 'ㅐ, ㅔ'인 경우는 어미 '-아' 외에 '-야'를 취하기도 하고, 어미 '-안' 외에 '-얀'을 취하는 경향이 있다.

(163) 게′우-[吐]. 게′우아→게′아~게′야. 게′우안→게′안~게′얀
/ 게워. 게운

깨′우-[醒]. 깨′우아→깨′아~깨′야. 깨′우안→깨′안~깨′얀
/ 깨워. 깨운

때′우-[錮]. 때′우아→때′아~때′야. 때′우안→때′안~때′얀
/ 때워. 때운

배′우-[學]. 배′우아→배′아~배′야. 배′우안→배′안~배′얀
/ 배워. 배운

재′우-[寢]. 재′우아→재′아~재′야. 재′우안→재′안~재′얀
/ 재워. 재운

재′우-[積]. 재′우아→재′아~재′야. 재′우안→재′안~재′얀
/ 쟁여. 쟁인

채′우-[鬮]. 채′우아→채′아~채′야. 채′우안→채′안~채′얀
/ 채워. 채운

채′우-[盈]. 채′우아→채′아~채′야. 채′우안→채′안~채′얀
/ 채워. 채운

채′우-[佩]. 채′우아→채′아~채′야. 채′우안→채′안~채′얀
/ 채워. 채운

태′우-[燒]. 태′우아→태′아~태′야. 태′우안→태′안~태′얀
/ 태워. 태운

태′우-[乘]. 태′우아→태′아~태′야. 태′우안→태′안~태′얀
/ 태워. 태운

여기 주목해야 할 것은 어근 말음의 'ㅔ. ㅐ'이다. 이들 모음 뒤에서 '-아, -안'을 '-야. -얀'으로 발음하게 되는 것은 'ㅔ. ㅐ'가 이중모음 'ㅓ-ㅣ. ㅏ-ㅣ'로 발음하던 시기의 잔영(殘影)이다. 매우 특이한 경향이고, 주목되는 현상이다.

이것은 앞서 보았던 (162)에서의 이중모음 어간말음 '유'가 '-야. -얀'을 취하는 경향과 동일하다.

3.7 불구적 활용 보충을 위한 상보적 활용

용언 가운데는 불구적 활용을 하면 기본형을 달리하는 이형태(異形態)가 있어서 두 이형태 사이에 상보적(相補的) 활용형을 가진 것이 몇 있다. 앞에서 본 ‘ㅇㅎ’종성 용언도 여기에 포함된다. (‘2.4(7) ‘ㅇㅎ’종성 용언‘ 참조)

(164) [飛] 날'고 날'지 *날'아 *날'아서
나리'고 나리'지 날'라 날'라서

[留] 머물'고 머물'지 *머물'어 *머물'어라
머무'리고 머무'리지 머물'러 머물'러라

[掩] 어불'고 어불'지 *어불'어 *어불'어라
어부'리고 어부'리지 어불'러 어불'러라

[小] 쪼맹'다 쪼맹'고 쪼맹'지 *쪼맹'으이(- 으니) *쪼맹'은
쪼맹ᇂ'다 쪼맹ᇂ'고 쪼맹ᇂ'지 쪼맹ᇂ'으이(- 으니) 쪼맹ᇂ'은

[大] 크닿'다 크닿'고 크닿'지 *크닿'으이(- 으니) *크닿'은
크당ᇂ'다 크당ᇂ'고 크당ᇂ'지 크당ᇂ'으이(- 으니) 크당ᇂ'은

[搗] 찡ᇂ'고[찡코] 찡ᇂ'지[찡치] *찡ᇂ으이(- 으니) *찡ᇂ은
찍고 찍지 찍으이(- 으니) 찍은

(고 하다) 카고 카지 카여~캐 카여라~캐라 카였다~캤다
커고 커지 *커여 *커여라 *커였다
쿠고 쿠지 *쿠여 *쿠여라 *쿠였다

[食] *잡수'고 *잡수'지 *잡수'기(- 게) *잡수'겠'다
잡수'소 잡수'이소 ?잡소 잡수'아 → 잡사" *잡수는

잡숫'고 잡숫'지 잡숫'기(- 게) 잡숫'겠'다
잡숫'소 잡숫'시소 ?잡소 *잡숫'아 잡숫는

4 고어의 흔적들

현대국어에서 쉽게 파악되지 않는 고어(古語)의 잔영(殘影). 흔적(痕迹) 같은 것이 있는 낱말들이 더러 있다. 그러나 그 자취를 국어사(國語史)를 모르면 쉽게 눈에 띄지 않는다. 고고학적(考古學的)으로 소중한 도편(陶片)이라 해도 고고학적 안목이 없으면 그 도편의 가치를 알아볼 수 없듯이 현대국어 속의 고어의 자취도 국어사의 안목이 없으면 알아낼 수 없다.

'암탉, 수탉'을 예로 보자. '암, 수'에 '닭'이 붙으면 '암+닭→암닭, 수+닭→수닭'이어야 할 텐데, 왜 '암탉, 수탉'일까? 소리가 그렇게 난다고? 소리가 왜 그렇게 날까? 국어사를 알면 해답이 바로 나온다.

중세국어의 종성에 'ㅎ'소리를 가진 낱말이 몇 있었다. 이들을 'ㅎ종성체언'이라 부르는데 '암ㅎ, 수ㅎ'도 ㅎ종성체언이었다.

> 참고어원 하ᄂᆞᆯ히며(하늘이며) 사ᄅᆞᆷ 사ᄂᆞᆫ ᄯᅡ홀(땅을) 다 뫼호아 …
> ≪월인천강지곡(1449)≫
>
> 사ᄅᆞᆷᄃᆞᆯ콰(사람들과) 하ᄂᆞᆯᄃᆞᆯ히(하늘들이) 내내 기리ᅀᆞᆸ디 …
> ≪석보상절(1459)≫

현대국어에서 이 '암, 수'가 다른 말과 복합어를 이룰 때 완전히 사라지지 아니한 'ㅎ'소리 '암ㅎ, 수ㅎ'의 영향으로 '암탉, 수탉'이 된 것이다.

'입때, 접때'도 '이+때→이때, 저+때→저때'이어야 할 것 같은데, 왜 '입때, 접때'일까? 이들의 소리가 그렇게 난다고? 소리가 왜 그렇게 날까?

이것 역시 국어사를 알아야 답이 나온다. 현대국어의 '때[時]'를 중세국어에서는 'ᄢᅢ'였고 'ㅂ'을 발음했었던 것인데 현대국어에서 완전히 자취를 감추지 아니한 'ㅂ'이 복합어에서 앞 말의 끝소리로 나타서 '입때, 접때'가 된 것이다.[4]

---

4 한글 맞춤법 제31항 두 말이 어울릴 적에 'ㅂ'소리나 'ㅎ'소리가 덧나는 것은 소리대로 적는다.

울산방언(경상도방언)에서 고어의 흔적 몇 가지를 확인해 보기로 한다.

4.1 성조의 흔적

이 방언에 가지런한 고저장단(高低長短)이 있다는 것은 대단히 큰 중량감의 고어의 흔적이다. 중세국어에는 성조(聲調)가 있었다. 평성(平聲)은 낮은 소리, 상성(上聲)은 처음이 낮고 뒤가 높은 소리, 거성(去聲)은 높은 소리, 입성(入聲)은 폐쇄음(ㄱ, ㄷ, ㅂ)으로 끝나는 소리 즉 평상거입(平上去入) 사성체계(四聲體系)의 성조였는데 16세기에 접어들면서 점점 체계가 흔들려 소멸되고 현대 표준어(서울말)에서는 장단(長短)만 남게 되었다.[5]

참고어원 平뼝聲셩·은 ·ᄆᆞᆺ ᄂᆞᆺ가·ᄫᆞᆫ 소·리·라. 上:썅聲셩·은 ·처ᅀᅥ·미 ᄂᆞᆽ:갑·고 乃:냉終즁·이 노·ᄑᆞᆫ 소·리·라. 去·컹聲셩·은·ᄆᆞᆺ·노·ᄑᆞᆫ소·리·라. 入·십聲셩·은 ᄲᆞᆯ·리 긋돋ᄂᆞᆫ 소·리·라. ≪諺解本訓民正音(세종 말~세조 초)≫

---

(1) ‘ㅂ’소리가 덧나는 것

댑사리(대ㅂ싸리)	멥쌀(메ㅂ쌀)	법씨(벼ㅂ씨)
입때(이ㅂ때)	입살(이ㅂ살)	접때(저ㅂ때)
좁쌀(조ㅂ쌀)	햅쌀(해ㅂ쌀)	

(2) ‘ㅎ’소리가 덧나는 것

머리카락(머리ㅎ가락)	살코기(살ㅎ고기)	수캐(수ㅎ개)
수컷(수ㅎ것)	수탉(수ㅎ닭)	암탉(암ㅎ닭)
암캐(암ㅎ개)	암컷(암ㅎ것)	안팎(안ㅎ밖)

5 凡字必合而成音 左加一點則去聲 二則上聲無則平聲 入聲加點 同而促急 ≪訓民正音解例≫
平뼝聲셩·은 ·ᄆᆞᆺ ᄂᆞᆺ가·ᄫᆞᆫ 소·리·라. 上:썅聲셩·은 ·처ᅀᅥ·미 ᄂᆞᆽ:갑·고 乃:냉終즁·이 노·ᄑᆞᆫ 소·리·라. 去·컹聲셩·은·ᄆᆞᆺ·노·ᄑᆞᆫ 소·리·라. 入·십聲셩·은 ᄲᆞᆯ·리 긋돋ᄂᆞᆫ 소·리·라. ≪諺解本訓民正音≫
김완진(1977)『중세국어성조의 연구』참조.

4.2 소실자 자음, 모음의 흔적

훈민정음 자모(字母) 소실자(消失字) ‘ㆍ. ㅿ, ㅸ’의 음가(音價)를 추정할 수 있는 흔적이 있다.

(1) ‘ㆍ’의 흔적

(165) ᄑᆞᆯ / 팔[腕]
ᄑᆞ리 / 파리[蠅]
ᄑᆞᇀ / 팥(小豆)
ᄇᆞ리다 / 바르다[塗]

참고어원 펴엣던 ᄇᆞᆯᄒᆞᆯ 구필 ᄊᆞᅀᅵ예 ≪석보상절(1447)≫
肱 ᄑᆞᆯ 굉 臂 ᄑᆞᆯ 비 ≪훈몽자회(1527)≫
ᄑᆞᆯ 爲蠅 ≪훈몽자해(1446]≫
蠅 ᄑᆞ리 승 ≪훈몽자회 상(1527)≫
ᄑᆞᆺ ᄒᆞᆫ 되ᄅᆞᆯ ᄇᆞᆺ가 ≪구급방 하(1466)≫
沓 기르ᄆᆞ로 모매 ᄇᆞᄅᆞ고≪월인석보(1459)≫

이 밖에 ‘ᄋᆞ/으’의 대립에서 ‘ᄋᆞ’의 흔적들은 아래 ‘4.3. 활용에서 본 고어의 흔적’의 여러 경우에서 찾아볼 수 있다.

(2) ‘ㅿ’의 흔적

(166) 그시'름' ~ 끄시'름' ~ 그지'름' ~ 끄지'름' / 그을음[燻]
그실'다 ~ 끄실'다 ~ 그질'다 ~ 끄질'다 / 그을다[燻]
여시' ~ 예'수 / 여우[狐]
무시' / 무[菁]
부적' / 부엌[廚]
가실' / 가을[秋]
저'실 / 겨울[冬]
부적'(아궁이) / 부엌[廚]

참고어원 灰 ᄌᆡ 회 炲 그ᅀᅳ름 ᄐᆡ 灰集屋者 ≪훈몽자회(1527)≫
그ᅀᅳ려 ᄆᆞᆯ외욘 ᄆᆡ홧 여름 ᄉᆞᆯ 조쳐 ≪구급간이방(1996)≫

여ᅀᆞ와 鵽과 野干이 시브며 ᄫᅳᆯ오ᄆᆞᆫ 心倒ᄅᆞᆯ 가ᄌᆞᆯ비시니 ≪법화경언해(1463)≫
겨ᅀᅳᆺ 무ᅀᅮ는 밥과 半이니 쇠 히미 나조ᄒᆡ 새롭도다 ≪두시언해-초(1481)≫
안ᄒᆞ로 븟그료ᄃᆡ 브ᅀᅥᆨ 굼기 검디 몯ᄒᆞᆫ 나ᄅᆞᆯ ≪두시언해-초(1481)≫
봄 ᄀᆞ술히 사ᄅᆞᇙ 집 ≪석보상절(1447)≫
秋 ᄀᆞ술 츄 ≪훈몽자회-상(1527)≫
겨슬 오매 오직 열운 치위로다 ≪두시언해 초(1481)≫
이 ᄢᅴ ᄀᆞ술와 겨슬왓 ᄉᆞᅀᅵ로소니 ≪두시언해 초(1481)≫
안ᄒᆞ로 븟그료ᄃᆡ 브ᅀᅥᆨ 굼기 검디 몯ᄒᆞᆫ 나ᄅᆞᆯ ≪두시언해 초(1481)≫
브ᅀᅥᆸ 爲竈 ≪훈몽자해(1446)≫

(3) 'ㅸ'의 흔적

(167) 더'부 / 더워
추'부'~치'부' / 추워
가분'데 / 가운데[中]
맵'다~맵'어 / 맵다~매워[辛] 등 ㅂ규칙 용언들

참고어원 有情이 오시 업서 모ᄀᆡ 벌에며 더ᄫᅱ 치ᄫᅱ로 셜ᄫᅳᆫᄒᆞ다가 ≪석보상절(1447)≫
긼 가ᄫᆞᆫᄃᆡ 쉬우믈 爲ᄒᆞ야 ≪월인석보(1459)≫
ᄉᆡᄫᆞᆫ 믌결이며 ᄆᆡᄫᆞᆫ ᄇᆞᄅᆞ미며 ≪월인석보(1459)≫
사ᄅᆞᆷ마다 수ᄫᅵ 아라 三寶애 나ᅀᅡ가 븓긼고 ᄇᆞ라노라 ≪석보상절(1447)≫
더ᄫᅳᆫ 煩惱ᄂᆞᆫ 煩惱ㅣ 블ᄀᆞ티 다라 나ᄂᆞᆫ 거실ᄊᆡ 덥다 ᄒᆞᄂᆞ니라≪월인석보(1459)≫

4.3 그 밖의 자음의 흔적

중세국어에서 볼 수 있는 'ㄱ'을 유지하고 있는 어휘가 있다.

(1) '숭구'-[植]'의 'ㄱ' 흔적

(168) 숭구'- / 심-[植]

숭구고 / 심고
숭구지 / 심지
숭구아도 → 숭가도 / 심어도
숭구았다 → 숭갔다 / 심었다

'심다[植]'의 고어는 '심다~ 시므다'다. 모음으로 시작하는 어미 앞에서는 '싦-'이고 자음 어미 앞에서는 '시므-'였다.

참고고어 ᄀᆞ올이 다ᄃᆞ라 뎌의 심근 벼 슈슈 기장. ≪박통사언해(1677)≫
여러 가짓 됴흔 根源을 시므고 後에 ᄯᅩ 千萬億佛을 맛나ᅀᆞᄫᆞ. ≪석보상절(1447)≫

(2) '맹글′-[造]'의 'ㄱ' 흔적

'만들-[造]'의 고어는 'ᄆᆡᇰᄀᆞᆯ-'이었다. 표준어는 고어 속에의 'ㄱ'이 사라졌지만 이 방언의 '맹글′-[造]' 속에는 아직도 'ㄱ'이 남아 있다.

(169) 맹글′- / 만들-[造]
맹글고 / 만들고
맹글지 / 만들지
맹글어도 / 만들어도
맹글었다 / 만들었다

참고어원 制ᄂᆞᆫ ᄆᆡᇰᄀᆞᄅᆞ실씨라 ≪世宗御製訓民正音(1459)≫
새로 스믈여듧 字ᄅᆞᆯ ᄆᆡᇰᄀᆞ노니 ≪世宗御製訓民正音(1459)≫

(3) 절음의 흔적 'ㄱ'

(170) 멀구′ / 머루[葡].

참고어원 葡 멀위 포 萄 멀위 도 ≪훈몽자회-상(1527)≫

몰′개 / 모래[沙].

참고어원 阿難아 이 바리옛 몰애ᄅᆞᆯ 내ᄃᆞᆫ니ᄂᆞᆫ 싸해 ᄇᆞ라라 ≪석보상절(1447)≫

벌거′지 / 벌레[蟲].

참고어원 각시 또 빈옌 큰 벌에 骨髓옌 효곤 벌에 미티는 얼읜 벌에러니 ≪월인천강지곡(1447)≫

15세기 국어 표기에서는 연철할 수 있는 경우는 정확하게 연철을 하였다. <참고어원>에서 본 고문 '멀위. 몰애. 벌애'에서 형태소 안에서 연철(連綴)하지 않고 분철(分綴)한 것에는 이유가 있다. 그 이유를 이 방언의 '멀구. 몰개. 벌거지'의 'ㄱ'이 말해 주고 있다. 곧. 거기에는 자음자질과 같은 강한 휴지(休止)를 요구하는 것이 있다. 다르게 말하면 '멀위. 몰애. 벌애'의 '위. 애. 애'의 첫소리로 표기된 'ㅇ'은 자음자질이 있다는 뜻이다. 이 'ㄱ'은 앞서 본 '숭구'-[植]'의 'ㄱ', '맹글'-[造]'의 'ㄱ'과는 전혀 다른 'ㄱ'이다.

(171) 나랏말ᄊᆞ미 中듕國귁에 달아… ≪世宗御製訓民正音(1459)≫

(171)에서 '달아'가 연철되지 않은 이유도 그렇다. 이것이 현대발음으로 '다라'가 아닌 '달라'임에서도 짐작할 수 있다.

4.4 활용에서 본 고어의 흔적

(1) 중성모음의 'ㅣ'가 양성을 취하는 흔적

고어에 양성모음 'ㆍ, ㅏ, ㅗ' 등, 음성모음 'ㅡ, ㅓ, ㅜ' 등, 중성모음 'ㅣ'가 있어, 활용이나 곡용, 의성어나 의태어에서 '양성+양성, 음성+음성'이 자연스럽고, 중성은 양성, 음성 중 양성에 기우는 편이었다. 즉 양성강세 현상이었다.

양성 모음: ㆍ, ㅏ, ㅐ, ㅑ, ㅒ, ㅗ, ㅘ, ㅙ, ㅚ, ㅛ, ㆎ
음성 모음: ㅡ, ㅓ, ㅔ, ㅕ, ㅖ, ㅜ, ㅝ, ㅞ, ㅟ, ㅠ, ㅢ
중성 모음: ㅣ

조사 'ᄋᆞᆫ/은, ᄂᆞᆫ/는' 등의 예를 보면 다음과 같다.

(172) 나ᄂᆞᆫ. 寥ᄂᆞᆫ. 八ᄋᆞㄴ. 밤ᄋᆞᆫ. 一ᄋᆞᆫ. 나ᄅᆞᆯ. 양ᄌᆞᄅᆞᆯ. 八相ᄋᆞㄹ. 싸ᄒᆞᆯ. 바ᄆᆡ …

너는. 據는. 諸는. 범은. 經은. 名은. 節은. 焉은. 누늘. 머구믈 …

(173) 비ᄂᆞᆫ. 구즌비ᄂᆞᆫ. 而ᄂᆞᆫ. 止ᄂᆞᆫ. 名之ᄂᆞᆫ. 旣ᄂᆞᆫ. 庶幾ᄂᆞᆫ …

참고어원 精舍ᄂᆞᆫ 조심ᄒᆞᄂᆞᆫ 지비라
精舍ㅅ 겨ᄐᆞ로 디나가니
그 菩薩ᄋᆞᆯ 자바 남ᄀᆡ 모ᄆᆞᆯ ᄢᅦᄉᆞᄫᅡ 뒷더니
廓ᄋᆞᆫ 뷜씨오 寥ᄂᆞᆫ 괴외ᄒᆞᆯ씨라
經은 부텻 그리라
錠은 발 잇ᄂᆞᆫ 燈이라 ≪월인석보 1권(1459)≫

이 방언에 'ㅣ' 모음 아래 '－아, －았－'을 취하는 경향이 있는데 이것도 고어 'ㅣ'모음이 양성조사를 취하는 양성강세현상이 아직 존재하는 것으로 보인다.

(174) [作]짓:고. 지'아. 지'아도. 지'았고. 지'았다
[戴]이"고. 이'아. 이'아도. 이'았고. 이'았다
[蓋]이"고. 이'아. 이'아도. 이'았고. 이'았다

참고어원 조차 짓ᄂᆞᆫ 惡業이 비록 제 블로미나 ≪능엄경언해(1462)≫
畜生ᄋᆞᆫ 사ᄅᆞ미 지븨셔 치ᄂᆞᆫ 즁ᄉᆡᆼ이라 ≪월인석보 (1459)≫
珍珠로 불히 ᄭᅦᄂᆞᆫ 거싀 얼겟도다 ≪두시언해－초(1481)≫

(2) 과거시제관형사형어미 '－ᄋᆞᆫ/－은'의 흔적

과거시제관형사형어미 '－안/－은'이 어간모음의 양성/음성에 따라 분간되는 것은 고어 '－ᄋᆞᆫ/－은'에 소급되는 과거형의 잔영(殘影)이다. ('3.6.4. 'ㄹ'말음 용언의 두 가지 경향, 3.6.5. 어간말음 탈락과 과거시제관형사형어미 '－안～－얀'을 취하는 경향' 참조)

(175) [摩]갈:고. 간:～갈'안

[捲]말'고. 만~말'안
[肥]걸:다. 건:~걸'은
[遠]멀:다. 먼:~멀'은

(3) 'ㅔ. ㅐ'의 이중모음 흔적

'ㅔ. ㅐ' 모음 뒤에서 어미 '－아, －안, －았－'을 '－야. －얀, －얐－'으로 발음하게 되는 것은 'ㅔ. ㅐ'가 이중모음 'ㅓ－ㅣ. ㅏ－ㅣ'로 발음하던 시기의 잔영(殘影)이다. ('3.6.5. 어간말음 탈락과 과거시제관형사형어미 '－안~－얀'을 취하는 경향, (3) 어간말음이 'ㅐ,ㅔ'가 '－야, －얀'취하는 경향' 참조)

(176) 게'우고[吐]. 게'우아→게'야. 게'우안→게'얀. 게'우았다→게'얐다
깨'우고[醒]. 깨'우아→깨'야. 깨'우안→깨'얀. 깨'우았다→깨'얐다
때'우고[錮]. 때'우아→때'야. 때'우안→때'얀. 때'우았다→때'얐다
배'우고[學]. 배'우아→배'야. 배'우안→배'얀. 배'우았다→배'았다

(4) 원순모음 아래 'ㅜ'의 약모음 흔적

고어의 원순음 아래 약모음(弱母音) 'ㅜ'의 흔적이 있다.

(177) 기뿌다[喜]. 기뿌'어→기'뻐. 기뿌'어도→기'뻐도. 기뿌'었다→기'뻤다
나뿌다[惡]. 나뿌'아→나'빠. 나뿌'아도→나'빠도. 나뿌'았다→나'빴다
고푸다[餓]. 고푸'아→고'파. 고푸'아도→고'파도. 고푸'았다→고'팠다
슬푸다[悲]. 슬푸'어→슬'퍼. 슬푸'어도→슬'퍼도. 슬푸'었다→슬'펐다

(177)의 용언어간말음 '뿌. 푸'는 'ᄈᆞ. 쁘. ᄑᆞ. 프'에 소급된 약모음이란 것도 고어의 흔적이다.

(5) 'ᄒᆞ－'의 흔적

'ᄒᆞ－[爲]'에 소급되는 현대어 '하－'는 {－아}. {－았－}을 취할 때 '－여'. '－였－'을 취한다. 이 어미들은 어간 'ᄒᆞ－'의 모음과 축약되어 '해' '했'이 된다.

(178) 닫아. 닫아도. 닫았다
접어. 접어도. 접었다
하여 → 해. 하여도 → 해도. 하였다 → 했다

'하－'가 양성모음이니까 '닫－'처럼 '－아'. '－았－'을 취해야 하는데 그러지 않고 '－여'를 취하고 어간모음과 축약하여 '해'. '했'이 되었다.[6]

이 축약은 한 단계 더 나아가 '하아 → 해 → 애, 하였 → 했 → 앴'의 과정을 통해 '애, 앴'을 생성한다. 아래 (179)이 그것이다.

(179) 하여～해. 하여도～해도. 하였다～했다
*파랗여 → 파래. *파랗여도 → 파래도. *파랗였다 → 파랬다.
*퍼렇여 → 퍼래. *퍼렇여도 → 퍼래도. *퍼렇였다 → 퍼랬다.
*말갛여 → 말개. *말갛여도 → 말개도. *말갛였다 → 말갰다.
*멀겋여 → 멀개. *멀겋여도 → 멀개도. *멀겋였다 → 멀갰다.

'X하다'는 그 수가 많은데 이들이 가진 '하다'나 'ㅎ다'는 모두 'ᄒᆞ다'에 소급된다.

(180) 까맣다[黑]. 노랗다[黃]. 빨갛다[赤]. 하얗다[白]. 보얗다[稀] …
값하다. 곱하다. 다하다. 뜻하다. 말하다. 반하다. 절하다. 탓하다 …

6 이러한 불규칙성 때문에 'X하다'를 '여불규칙 용언'이라 한다.

논일하다. 다짐하다. 맞이하다. 넉넉하다. 답답하다. 엉뚱하다. 이러하다…
권하다(勸－). 답하다(答－). 봉하다(封－). 칠하다(漆－). 합하다(合－) …
공부하다(工夫－). 노력하다(努力－). 안심하다(安心－). 조심하다(操心－) …
리드하다(lead－). 유머러스하다(humorous－) …

경상도방언에는 이 외에도 다음과 같은 축약형도 {－애}, {－앴－}을 취하는 것이 주목된다.

(181) 가당찮다(可當－). 같다. 같잖다. 괜찮다. 기찮다(<귀찮다). 많다. 못하다. 시언찮다(<시원찮다). 않다. 옳다[是]. 팬찮다(<편찮다(便－)) …

이들의 활용 예를 보면 다음과 같다.

(182) 가당찮애 가당찮애도 가당찮앴다 / 가당찮아 가당찮아도 가당찮았다
같애. 같애도. 같앴다 / 같아. 같아도. 같았다
같잖애. 같잖애도. 같잖앴다 / 같잖아. 같잖아도. 같잖았다
갠찮애. 갠찮애도. 갠찮앴다 / 괜찮아. 괜찮아도. 괜찮았다
기찮애. 기찮애도. 기찮앴다 / 귀찮아. 귀찮아도. 귀찮았다
많애. 많애도. 많앴다 / 많아. 많아도. 많았다
시언찮애. 시언찮애도. 시언찮앴다 / 시원찮아. 시원찮아도. 시원찮았다
않애. 않애도. 않앴다 / 않아. 않아도. 않았다
옳애. 옳애도. 옳앴다 / 옳아. 옳아도. 옳았다
팬찮애. 팬찮애도. 팬찮앴다 / 편찮아. 편찮아도. 편찮았다

이 예들도 물론 이들이 가진 '하다'나 'ㅎ다'는 모두 'ᄒᆞ다'에 소급된다.[78] 물론 고어의 흔적들이다.

4.5 부정표현 구형의 흔적

‘안’부정과 ‘못’부정에서 조선 전반기에 쓰인 구문(構文)과 조선 후반기에 쓰인 구문이 다른데[9] 경상도방언에서는 전반기 구문을 유지하고 있다. 전반기 구문. 후반기 구문 모두 {－(느)ㄴ다} 어미로 끝난 부정과 {－아} 어미로 끝나는 부정이 가능한데 경상도방언은 {－(느)ㄴ다} 어미가 자연스럽고 {－아} 어미는 거의 쓰이지 않는다.

> 참고어원 불휘 기픈 남ᄀᆞᆫ ᄇᆞᄅᆞ매 아니 뮐ᄊᆡ 곶됴코 여름 하ᄂᆞ니 ᄉᆡ미 기픈 므른 ᄀᆞᄆᆞ래 아니 그츨ᄉᆡ 내히 이러 바ᄅᆞ래 가ᄂᆞ니 ≪용비어천가(1445)≫

전반기 구문 ; 안 한다. 못 한다

---

7 그 보기 몇을 고어에서 보면 다음과 같다.

같다<간ᄒᆞ다. 못하다<못ᄒᆞ다. 하다<ᄒᆞ다. 만하다<만ᄒᆞ다. 구하다<구ᄒᆞ다. 옳다<올ᄒᆞ다

> 참고어원 사ᄅᆞᄆᆡ 목수미 흐를 믈 ᄀᆞᆮᄒᆞ야 머므디 몯ᄒᆞ놋다 ᄒᆞ시고≪석보상절(1447]≫

> 참고어원 讖口ㅣ 만ᄒᆞ야 罪 ᄒᆞ마 일리러니 功臣ᄋᆞᆯ 살아 救ᄒᆞ시니≪용비어천가(1447]≫

> 참고어원 眞實로 올ᄒᆞ니이다≪월인석보(1459]≫

8 표준어에서 {－아}를 양성모음 아래에서는 ‘－아’를. 음성모음 아래에서는 ‘－어’를. ‘하－’아래에서는 ‘－여’를 취하도록 하였다. 그 원칙에 따라 (*)의 어간이 양성모음이라 하여 ‘－아’. ‘－았’－을 취하도록 규정하여 다음과 같은 활용형이 쓰이는데

(*) 많다 많아 많아도 많았다
    같다 같아 같아도 같았다
    옳다 옳아 옳아도 옳았다

사실 이것은 잘못 된 표준어다. 경상도방언처럼 ‘－애’. ‘－앴－’를 취하게 하는 것이 바르다.

9 이태욱(1995)「中世國語의 不定法 硏究」成均館大 大學院 博士學位論文.

(183) 나는 안 간다. ?나는 안 가.
나는 못 간다. ?나는 못 가.

후반기 구문 ; −이 아니하다. −이 못하다

(184) 나는 가지 않는다. 나는 가지 않아.
나는 가지 못한다. 나는 가지 못해.

	{−(느]ㄴ다} 어미	{−아} 어미
구형	나는 안 간다. 나는 못 간다.	?나는 안 가. ?나는 못 가.
신형	나는 가지 않는다. 나는 가지 못한다.	나는 가지 않아. 나는 가지 못해.

네 가지 유형으로 요약해서 표를 만들어 보면 경상도 방언은 전반기 구문이 자연스럽다. 전반기 문형 중에서도 {−(느)ㄴ다} 어미가 자연스럽고 {−아} 어미는 부자연스럽다. 그러고 보면 네 유형 중 한 유형만 자연스럽고 나머지 세 유형은 표준어이든가 표준어의 영향을 받은 말씨다.

(185) 니는 와 안 오노? / 너는 왜 오지 않니?
나는 안 간다 안 캤나. / 나는 가지 않는다고 말하지 않았니.
잔채못 오시능교? / 잔치에 오지 못하세요?
바뿌머 못 가지를. / 바쁘면 가지 못해.
돈 안 되는 농사는 안 짓는다. / 돈 되지 않는 농사는 짓지 않아.

5 장음화와 절음의 경향

5.1 '이−이 → 이'의 장음화 경향

낱말 끝 '이+이'가 한 음절로 줄면 장음화(長音化)되는데 H+L→H:

조로 고장음화하는 경우와. L + L → L:조로 저장음화는 경우의 두 가지 경향이 있다.

(1) 이′이 → 이″ H + L → H:

(186) 간띠′이~간띠″ / 간땡이(肝－)
거적′띠′이~거적′띠″ / 거적때기
고디′이~고디″ / 고동
공지′이~공지″ / 주술을 외워 점을 치는 점쟁이
구디′이~구디″ / 구덩이[坑]
금띠′이~금띠″ / 금덩이
기′티′이~기′티″ / 귀퉁이
까디′이~까디″ / 땔감으로 파 낸 그루터기
껌디′이~껌디″ / 검둥이. 흑인(黑人)
껍띠′이~껍띠″ / 껍데기
꼬랑′디′이~꼬랑′디″ / 꼬랑이
꽁디′이~꽁디″ / 꼬랑이
끄티′이~끄티″ / 끝. 끄트머리. 꼴지. 막내
끈티′이~끈티″ / 끝. 끄트머리. 꼴지. 막내
농′띠′이~농′띠″ / 농땡이
눈굵′디′이~눈굵′디″ / 눈이 큰 사람
눈티′이~눈티″ / 눈퉁이
단디′이~단디″ / 단단히. 잘. 꼭. 조심스럽게
달띠′이~달띠″ / 달덩이
돌띠′이~돌띠″ / 돌덩이
돌미′이~돌미″ / 돌멩이
돌삐′이~돌삐″ / 돌멩이
등잔′디′이~등잔′디″ / 잔등이
－디′이~－디″ / －덩이
디′이지다~디″지다 / 뒈지다
똥구′디′이~똥구′디″ / 똥구덩이
똥띠′이~똥띠″ / 똥 덩이
뚱띠′이~뚱띠″ / 뚱뚱이

만디'이~만디" / 꼭대기. 꼭지. 봉우리
먼디'이~먼디" / 꼭대기. 꼭지. 봉우리
멀꺼디'이~멀꺼디" / 머리카락. 머리채. 머리끄덩이
모'티'이~모'티" / 모퉁이
몸'띠'이~몸'띠" / 몸뚱이
몽디'이~몽디" / 몽둥이
무군'디'이~무군'디" / 늙다리
뭉티'이~뭉티" / 뭉치
반티'이~반티" / 함지
배불'띠'이~배불'띠" / 배불뚝이. 임신부
뻘구'디'이~뻘구'디" / 뻘 구덩이. 진흙탕
산만'디'이~산만'디" / 산꼭대기
상디'이~상디" / 쌍둥이(雙-)
시'이~시" / 형(兄)
식'티'이~식'티" / 식충이(食蟲-)
알미'이~알미" / 알맹이
입주'디'이~입주'디" / 주둥이
잔디'이~잔디" / 잔등이
잠'티'이~잠'티" / 잠꾸러기
장디'이~장디" / 잔등이
젓티'이~젓티" / 젖통이
조디'이~조디" / 조동이
조막'디'이~조막'디" / 조막덩이. 조막
주디'이~주디" / 주둥이
지름'띠'이~지름'띠" / 기름덩이. 비계
지름'티'이~지름'티" / 기름덩이. 비계
쪼막'디'이~쪼막'디" / 조막덩이. 조막
콧디'이~콧디" / 콧등. 콧대
콧장'디'이~콧장'디" / 콧잔등이
포띠'이~포띠" / 표(票). 쪽지
훌찌'이~훌찌" / 쟁기
흘디'이~흘디" / 흙덩이
히'이~히" / 형(兄)

힌′디′이～힌′디″ / 흰둥이

(2) 이이 → 이: L + L → L:

(187) 굼:비이～굼:비: / 굼벵이
궁:디이～궁:디: / 궁덩이
꺼:시이～꺼 : 시: / 지렁이. 회충(蛔蟲)
등:시이～등:시: / 등신(等神)
또:디이～또:디: / 멍청이. 바보
문:디이～문:디: / 문둥이
반:피이～반:피: / 푼수
빙:시이～빙:시: / 병신(病身)
순:디이～순:디: / 순둥이(順－)
엉:디이～엉:디: / 엉덩이
웅′디이～웅′디: / 웅덩이
원:시이～원:시: / 원숭이
천:디이～천:디: / 천더기(賤－)

5.2 음절 단위의 절음 경향

이 방언 화자의 발음은 음절 단위의 절음(絕音) 경향이 강하다. 특히 사무적인 대화에서 그렇다. 사무적인 대화란 이 방언화자가 되도록이면 표준어를 쓰고자 하는 화법이다. 다분히 표기를 의식한 발음이다. 연단의 연사의 말, 선거에서의 후보자의 연설 등이 그 예다. 연음(連音) 위주의 표준어 발음은 부드럽고 매끄러운데 비해 절음 위주의 이 방언 발음은 그렇지 못하다. 경우에 따라서는 의미가 달라지기도 한다.

(가) ㉠ 꽃이[꼬치]
㉡ 꽃잎[꼬딥～꼰닙]

(나) ㉠ 넋이[넉시]
㉡ 넋 잃고[넉 일코]

(다) ㉠ 앞이[아피]
㉡ 앞이[압니]

위의 보기 ㉠, ㉡의 '이'는 서로 다르다. ㉠의 '이'는 조사로 종속적이고, ㉡의 '이'는 대등적인 실사(實辭)의 일부다. 종속적인 관계 사이는 연음이 되고, 대등적인 관계 사이에는 휴지(休止, pause)가 있어 절음이 된다. 그 결과 발음이 각각 다르다. 여기서 본 연음이어야 할 환경에서 연음이 아닌 절음으로 발음하는 현상을 경상도방언 화자의 발음에서 자주 듣게 된다.

많이 들어 알고 있는 경상도 말이라면서 하는 우스개로 '김양아, 전나왔다.'도 바로 그러한 결과다. '전화'의 두 음절 사이에 강한 휴지(休止)가 있어 '전√화'가 그런 우스개를 자아낸 것이다. 박정희 대통령의 '6·25[융니오]'의 발음도 그러한 결과다.

(188) 6·25[융니오] / [유기오]
8·15[팔릴오] / [파리로]
일요일[일료일] / [이료일]
월요일[월료일] / [워료일]
목요일[몽요일] / [모교일]
날날이[날나리] / [나나리]
달달이[달다리] / [다다리]
일일드라마[일일드라마] / [이릴드라마]
일일이[일이리] / [이리리]
육월[육월] / [유월]
칠월[칠월] / [치뤌]

(189) … 것이고[거디고] / [거시고]
… 것입니다[거딥니다] / [거십니다]

인명, 지명에서

박영근[방영근] / [바경근]
채석열[채성열] / [채서결]

법륜[법륜] / [범뉸]
태화강[태한깡] / [태화강]
갈현동[갈련동] / [가련동]

6 경상도방언의 경향 맺으며

그 지역 사람에게는 그 지역 방언이 가장 정겨운 말이고, 사실표현, 감정표현을 가장 정확하게 할 수 있는 말이다. 대가족이 한 자리에 모인 자리를 상상해 보거나 어느 마을 잔치로 마을 아낙네 남정네가 부산스레 모인 자리를 상상해 보면, 그 정다운 분위기에서 오고가는 말은 두 말할 것 없이 그 고장 방언이 제격이다. 이러한 분위기에 반듯하고 사무적이라 딱딱하고 차가운 표준어는 어울리지 않는다, 전혀 어울리지 않는다.

경상도방언이 가지고 있는 독특한 경향은 여러 가지다. 그러한 경향들이 겹치고 겹쳐져 경상도방언다움을 자아낸다. 정겹고 구수하고, 투박하고 덜 다듬어지고, 숫되고 어수룩하고, 무뚝뚝하여 정을 쉬이 주지 않을 것 같고, 굳은 심지가 진정이라 쉬이 변하지 않을 것 같기도 하고, 눈을 부릅뜨고 옷소매를 걷어붙이고 덤벼들면 누구도 감당 못할 것 같은 힘차고 우렁찬 말이기도 한데, 한편 조근조근 인정을 나누면 미덥고 정이 넘치는 말이기도 한 것은 다 그러한 경향들 때문이다. 거기에 고저장단이 더하면 '기(氣)'가 센 경상도 사람의 억센 경상도 말이 되는 것이다.

경상도방언 특유의 경향은 경상도방언의 말맛과 말멋을 자아내는 감초(甘草)다.

4

경상도방언의 표준어화

장터 길목에서 함지박에 미나리를 담아 팔던 할매들은 '미나리 사이소. 미나리 사이소'하고 외쳤었는데. 지금은 안 그렇다. '미나리 사세요. 미나리 사세요.'다. '－이소'에서 '－세요'로 완전히 바뀌어 버렸다. 촌 할매가 서울 말씨로 미나리를 팔고 있다는 사실이 참 놀랍다.

경상도방언 화자의 말씨가 점점 표준어화하고 있는 양상은 여러 면에서 찾아볼 수 있다. 현존 고령층 중 공직에서 일했던 사람들이 표준어화 첫 세대라 해도 될 것이다. 그러나 그들의 말이 완벽한 표준어는 아니고 혼합 중화된 수준이다. 표준어화를 세대별로 보면 연로세대보다는 청년세대 쪽이 확연하게 앞서가고 있다.

여기 3장에서는 단편적이지만 경상도방언 표준어화의 특징이 두드러진 몇 가지 예를 통해 표준어화의 단면(斷面)을 살펴보기로 한다.

표준어화의 순서는 대체로 다음과 같은 단계로 진행되고 있다.

1. 어휘 교체
    1.1. 낱말(실사) 교체
    1.2. 조사와 어미(허사) 교체
2. 음운 교체
    2.1. 음소 교체
    2.2. 운소 교체

어휘 교체가 음운 교체보다 쉽게 일어나고. 어휘교체 중에서는 낱말 교체가 조사나 어미 교체보다 쉽게 일어난다. 음운 교체에서는 음소 교체가 운소 교체보다 쉽게 일어나고 운소 교체가 가장 실현되기 어려운 영역이다.

이 네 단계 순서대로 표준어화를 살펴보기로 한다.

1 어휘 교체

1.1 낱말(실사) 교체

가장 쉽고 빠르게 교체되는 것이 낱말(실사) 교체다. 청년세대는 이 단계는 거의 완성된 수준이다.

(1) 입 ⇒ 입
코 ⇒ 코
하'늘 ⇒ 하늘
열:고 ⇒ 열:고
닫'고 ⇒ 닫고

(2) 가시'개 ⇒ 가위
매래'치 ⇒ 멸치
맬때'기 ⇒ 메뚜기
저'실 ⇒ 겨울
할'배' ⇒ 할아버지

(3) 묵'고 ⇒ 먹고
숭구'고 ⇒ 심고
다리'다 ⇒ 다르다
지푸'다 ⇒ 깊다
칩다 ⇒ 춥다

(4) 정구'지 ⇒ 부추
정지' ⇒ 부엌
다말'고 ⇒ 달리고
해깝'다 ⇒ 가볍다
시부'리고 ⇒ (쓸데없이 함부로) 지껄이고

(1). (2). (3)은 동일 어원의 낱말이고. (4)는 서로 다른 어원의 낱말이다. 그러나 그런 구분도 장애가 되지 않고 낱말의 교체는 일차적인 표준어화의 단계로 가장 쉬운 첫 단계다.

1.2 조사와 어미(허사) 교체

1.2.1 조사 교체

이 방언의 조사와 표준어의 조사가 서로 다른 것은 몇 되지 않는다. 몇 예만 예시한다.

(5) 자테 ⇒ 에게
내자테 하는 소리가? ⇒ 나에게 하는 소리니?
우리자테 물어 보소. ⇒ 우리에게 물어 보세요.

부텀 ⇒ 부터
나부텀 각께. ⇒ 나부터 갈게.
포부텀 주소. ⇒ 표부터 주세요.

꺼정 ⇒ 까지
얌새이꺼정 다 팔아뭈다. ⇒ 염소까지 다 팔아먹었다.
절꺼정 밨이머 다 본 기다 ⇒ 절까지 봤으면 다 본 게다.

캉 ⇒ (이)랑
니캉 내캉 살자. ⇒ 너랑 나랑 살자
밥캉 떡캉 무웄다. ⇒ 밥이랑 떡이랑 먹었다.

조사의 교체도 거의 완성단계에 이른 듯하다.

1.2.2 어미 교체

조사와는 대조적으로 어미는 표준어와 이 방언의 것이 많이 다르다. 어미 교체의 결과는 무뚝뚝한 인상의 경상도방언과는 다른 상냥한 서울말의 말맛을 진하게 나게 한다.[1] 그래서 청년세대 특히 청년 여성들의 말에 어미교체가 가장 두드러지게 나타난다.

(1) 어미 {-아}, {-았-}의 표준어화

이 방언의 어미 {-아}, {-았-}의 이형태 '-아, -애, -어, -여, -우, -이'의 여섯과 '-았-, -앴-, -었-, -였-, -웄-, -있-'의 여섯이 표준어의 {-아}, {-았-}의 '-아, -어, -여'의 셋과 '-았-, -었-, -였-'의 셋에 통합되는 것이 이 방언 전체에 가장 광범하게 일어나고 있는 어미의 표준어화다.

■ -아, -았- ⇒ -어, -었-

(6) 게'우-[吐]. 게'우아도 → 게'아도. 게'우았다 → 게'았다 ⇒ 게워도. 게웠다
깨'우-[使覺]. 깨'우아도 → 깨'아도. 깨'우았다 → 깨'았다 ⇒ 깨워도. 깨웠다
낮추'-[使低]. 낮추'아도 → 낮차"도. 낮추'았다 → 낮찼"다 ⇒ 낮춰도. 낮췄다
바꾸'-[換]. 바꾸'아도 → 바까"도. 바꾸'았다 → 바깠"다 ⇒ 바꿔도. 바꿨다
배'우-[學]. 배'우아도 → 배'아도. 배'우았다 → 배'았다 ⇒ 배워도. 배웠다

이 방언의 어미 '-아, -았-'에서 '-어, -었-'으로 바뀌어 표준어화가 진행되고 있다.

■ -애, -앴- ⇒ -어, -었-

(7) 개"-[晴]. 개'애도 → 개"도. 개'앴다 → 갰"다 ⇒ 개어도. 개었다
대"-[駐]. 대'애도 → 대"도. 대'앴다 → 댔"다 ⇒ 대어도. 대었다

---

1 요즘은 덜하지만 필자의 경험으로는 서울말을 쉽게 접하지 못하던 50-60년대에는 서울말에 대한 느낌을 '간살스럽다'고 표현했었다.

재″-[測]. 재′애도→재″도. 재′앴다→잿″다 ⇒ 재어도. 재었다
내:-[出]. 내′애도→내″도. 내′앴다→냈″다 ⇒ 내어도. 내었다
때:-[燒]. 때′애도→때″도. 때′앴다→땠″다 ⇒ 때어도. 때었다

(8) 보내′-[送]. 보내′애도→보내″도. 보내′앴다→보냈″다 ⇒ 보내어도. 보내었다.
보태′-[加]. 보태′애도→보태″도. 보태′앴다→보탰″다 ⇒ 보태어도. 보태었다.
이개′-[捻]. 이개′애도→이개″도. 이개′앴다→이갰″다 ⇒ 이개어도. 이개었다.
쪼개′-[割]. 쪼개′애도→쪼개″도. 쪼개′앴다→쪼갰″다 ⇒ 쪼개어도. 쪼개었다.
포개′-[疊]. 포개′애도→포개″도. 포개′앴다→포갰″다 ⇒ 포개어도. 포개었다.

이 방언의 어미 '-애, -앴-'에서 '-어, -었-'으로 바뀌어 표준어화가 진행되고 있다.

■ -어, -었-

(9) 검:-[黑]. 검′어도. 검′었다
묻:-[問]. 물′어도. 물′었다

이 방언과 표준어가 동일하다.

■ -애, -앴- ⇒ -아, -았-

(10) 같-[同]. 같애도. 같앴다 ⇒ 같아도. 같았다
않-[否]. 않애도. 않앴다 ⇒ 않아도. 않았다
옳-[是]. 옳애도. 옳앴다 ⇒ 옳아도. 옳았다
많:-[多]. 많:애도. 많:앴다 ⇒ 많아도. 많았다

(11) 갠찮′-[良]. 갠찮′애도. 갠찮′앴다 ⇒ 괜찮아도. 괜찮았다
기′찮′-[厭]. 기′찮′애도. 기′찮′앴다 ⇒ 귀찮아도. 귀찮았다

젊:잖-[賤]. 젊:잖애도. 젊:잖앴다 ⇒ 점잖아도. 점잖았다

여기에 든 어간들은 'ᄒᆞ-'에 소급되는 어간들이다. 이들의 기저에는 '하여~해, 하였-~했-'이 깔려 있다. 그 기저의 것이 이 방언에서는 '-애, -앴-'으로 실현된 것이데 '-아, -았-'으로 바뀌어 표준어화가 진행되고 있다.

■ -우, -웄- ⇒ -어, -었-

(12) 묵'-[食]. 묵'우도 → 무'우도 → 무"도. 묵'웄다 → 무'웄다 → 뭈"다 ⇒ 먹어도. 먹었다
꿉:-[燒]. 꿉'우도 → 꾸'우도 → 꾸"도. 꿉'웄다 → 꾸'웄다 → 꿌"다 ⇒ 구워도. 구웠다

이 방언의 어미 '-우, -웄-'에서 '-어, -었-'으로 바뀌어 표준어화가 진행되고 있다.

■ -이, -있- ⇒ -어, -었-

(13) 비:-[空]. 비'이도 → 비"도. 비'있다 → 빘"다 ⇒ 비어도. 비었다
비:-[刈]. 비'이도 → 비"도. 비'있다 → 빘"다. ⇒ 베어도. 베었다
삐-[折]. 삐이도 → 삐:도. 삐있다 → 삤:다 ⇒ 삐어도. 삐었다
시:-[休]. 시'이도 → 시"도. 시'있다 → 싰"다. ⇒ 쉬어도. 쉬었다
피-[開]. 피이도 → 피::도. 피있다 → 핐:다 ⇒ 피어도. 피었다

(14) 가'리-[遮]. 가'리이도 → 가'리도. 가'리있다 → 가'릤다 ⇒ 가려도. 가렸다
곤'치-[改]. 곤'치이도 → 곤'치도. 곤'치있다 → 곤'칬다 ⇒ 고쳐도. 고쳤다
기'리'-[畵]. 기'리'이도 → 기'리'도. 기'리'있다 → 기'릤'다 ⇒ 그려도. 그렸다
처'지'-[遲]. 처'지'이도 → 처'지'도. 처'지'있다 → 처'짔'다 ⇒ 처져도. 처졌다

터'지'-[坼]. 터'지'이도→터'지'도. 터'지'있다→터'졌'다 ⇒ 터져도. 터졌다

이 방언의 어미 '-이, -있-'에서 '-어, -었-'으로 바뀌어 표준어화가 진행되고 있다.

전체를 살펴본 결과 ③ '-어, -었-'의 한 항만 경상도방언과 표준어가 동일하다.

지금까지 살펴본 어미의 전환은 그 예가 매우 많으므로 방언 전체의 표준어화 진행에 미치는 영향이 매우 크다.

(2) 어미 {-아} {-아요}

가장 흔하게 보이고. 가장 쉽게 받아들이는 어미 교체 중 하나가 반말투의 {-아}와 그것에 두루높임의 '-요'가 첨가된 {-아요}이다.

이 방언은 '고맙다. 반갑다. 고맙심더. 반갑심더'이지 '고맙아. 반갑아. 고맙아요. 반갑아요'라고는 잘 쓰지 않았다. 그런데 요즘은 '고마워. 반가워. 고마워요. 반가워요'쪽이 더 우세한 편이다. 표준어화로 {-아}. {-아요}가 세력을 얻은 것이다. 서술형의 예만 보면 다음과 같다.

-(느)ㄴ다. -(시)ㅁ더. -(스~시)ㅂ니더 ⇒ -아. -이아

(15) 간다. 감더. 갑니더. ⇒ 가. 가요.
한다. 함더. 합니더. ⇒ 해. 해요.
닫는다. 닫심더. 닫습니더. ⇒ 닫아. 닫아요.
접는다. 접심더. 접습니더. ⇒ 접어. 접어요.
있다. 있심더. 있습니더. ⇒ 있어. 있어요.

(3) 어미 -(으)세요

여러 어미 중 표준어화의 선도적인 것은 '-(으)세요'다. 이 어미는 경상도방언에는 없던 어미다. 이 어미로 교체하기만 해도 경상도방언의 티를 벗어나는 듯하다. 특히 젊은 여성층이 이 교체를 매우 선호하는 듯하

다.[2] 의문형의 예만 보면 다음과 같다.

－능교. －(으)시능교 ⇒ －(으)세요

(16) 가능교? 가시능교? ⇒ 가세요?
하능교? 하시능교? ⇒ 하세요?
믿능교? 믿으시능교? ⇒ 믿으세요?
잡능교? 잡으시능교? ⇒ 잡으세요?
있능교? 있으신교? ⇒ 있으세요?

－(스)ㅂ니꺼. －(으)십니꺼 ⇒ －(으)세요

(17) 갑니꺼? 가십니꺼? ⇒ 가세요?
합니꺼? 하십니꺼? ⇒ 하세요?
믿습니꺼? 믿으십니꺼? ⇒ 믿으세요?
잡습니꺼? 잡으십니꺼? ⇒ 잡으세요?
있습니꺼? 있으십니꺼? ⇒ 있으세요?
눈교? 누구신교? ⇒ 누구세요?[3]

---

2 '－(으)세요'는 그 도출 과정을 설명할 수 없다. 사전에 '－세요 : '－시어요'의 준말. －으세요 : '－으시어요'의 준말'이라 하였으나, 아니다. 그렇게 줄어질 수 없다. '－시어요'의 준말은 '－셔요'이고. '－으시어요'의 준말은 '－으셔요'다.

그러나 이 '－(으)셔요'는 초등학교 여선생님이 어린 학생들에게 '이리 오셔요. 모두 앉으셔요.' 등과 같이 쓴 아주 드물게 들어보기는 해도 일상에서는 자주 듣지 못하는 어미다. 언젠가 어느 코미디언이 '어서 오셔요'로 웃음을 자아내게 한 프로그램이 있었는데 실제 쓰지 않는 말이라 웃기는 효과가 있었다.

도출 과정을 설명할 수 없는 돌연변이 같은 '－(으)세요'는 일반화되어 쓰이고 또 방언의 표준어화에 세력을 넓혀가고 있는 반면. 도출 과정이 바른 '－(으)셔요'는 생명을 잃어가는 이런 기현상도 언어가 변해 가는 하나의 독특한 길이라 하겠다.

지금은 '－(으)셔요'. '－(으)세요' 모두 표준어다. (표준어 규정 3장 5절 26항)

3 1960년대 지방 인구가 서울로 많이 유입되던 시기에 다음과 같은 우스갯소리가 있었다.

(4) 어미 －(스)ㅂ니다 －(스)ㅂ니까 등

서술형. 의문형. 명령형. 청유형의 4가지 서법에서 다분히 사무적인 어투의 어미 교체가 있다. 명령형의 예를 들면 다음과 같다.

－(으)소. －(으)이소. －(으)시소. －(으)시이소. ⇒ －(으)시오. －(으)십시오.

(18) 가소. 가이소. 가시소. 가시이소. ⇒ 가시오. 가십시오.
하소. 하이소. 하시소. 하시이소. ⇒ 하시오. 하십시오.
닫으소. 닫으이소. 닫으시소. 닫으시이소. ⇒ 닫으시오. 닫으십시오.
잡으소. 잡우이소. 잡우시소. 잡우시이소. ⇒ 잡으시오. 잡으십시오.
있이소. 있이이소. 있이시소. 있이시이소. ⇒ 있으시오. 있으십시오.

(5) 의문형 어미 '－노. －고' 등과 '－나. －가' 등의 구분 소멸, 통합

의문형 어미 중 의문사를 동반하는 의문형어미와 의문사를 동반하지 않는 의문형어미가 쌍으로 대립하던 것이 점점 그 대립이 소멸, 통합되어 가면서 표준어화하고 있다.

■ －노～－나 대립의 소멸, 통합

(19) 언제 가노? ～ 오늘 가나? ⇒ 언제 가니? ～ 오늘 가니?
언제 받노? ～ 오늘 받나? ⇒ 언제 받니? ～ 오늘 받니?

■ －(느)ㄴ고～－(느)ㄴ가 대립의 소멸, 통합

(20) 어데 가는고? ～ 울산 가는가? ⇒ 어데 가? ～ 울산 가?
어데서 받는고? ～ 울산서 받는가? ⇒ 어데서 받아? ～ 울산서

서울에 갓 올라온 경상도 사람이 서울 말씨를 듣고서 말끝마다 '－세요'를 붙이면 서울 말씨가 된다는 걸 알았다. 그 시골 사람이 어느 집을 방문하게 되어 초인종을 누르고 주인 나오기를 기다리는데 안에서 '누구세요?'하고 묻기에 '내세요.'라고 했단다.

받아?

■ –(으)ㄹ꼬~–(으)ㄹ까 대립의 소멸, 통합

(21) 머 하러 갈꼬? ~ 책 사러 갈까? ⇒ 뭐 하러 갈거야? ~ 책 사러 갈거야?
머 하러 받을꼬? ~ 좋아서 받을까? ⇒ 뭐 하러 받을거야? ~ 좋아서 받을거야?

■ –(느)ㄴ공~–(느)ㄴ강 대립의 소멸, 통합

(22) 우째 가겠는공? ~ 일이 없어 가겠는강? ⇒ 어찌 가려나? ~ 일이 없어 가려나?
우째 받겠는공? ~ 손으로 받겠는강? ⇒ 어찌 받으려나? ~ 손으로 받으려나?

1.2.3 규칙용언의 불규칙화

ㅂ말음 어간과 ㅅ말음 어간 중에 규칙활용이 불규칙활용으로 바뀌면서 표준어화하는 용언들이 있다. ㅂ규칙, ㅅ규칙 순으로 나누어 살펴보기로 한다.

(1) ㅂ규칙의 ㅂ불규칙화

(23) 곱'–[曲]. 굽'–[曲]. 꼽'–[揷]. 뽑–[拔]. 업'–[負]. 입'–[被]. 잡'–[扶]. 잡'–[捕]. 접'–[摺]. 집:–[補]. 쫍'–[狹] …

(24) 뚧:–[鑿]. 밟:–[踏]. 볿:–[踏]. 넓'–[廣]. 닯'–[異]. 떫:–[澁]. 붊'–[羨]. 짧'–[短] …

(23), (24)의 ㅂ말음 용언은 모음어미 앞에서도 ㅂ을 유지하여 규칙활용을 한다.

(25) 곱'–[曲]. 곱'아도. 곱'았다. 곱'우이. 곱'우머. 곱'운

곱′－[曲]. 곱′어도. 곱′었다. 곱′우이. 곱′우머. 곱′운
꼽′－[揷]. 꼽′아도. 꼽′았다. 꼽′우이. 꼽′우머. 꼽′운
뽑－[拔]. 뽑아도. 뽑았다. 뽑우이. 뽑우머. 뽑운
업′－[負]. 업′어도. 업′었다. 업′우이. 업′우머. 업′운
입′－[被]. 입′어도. 입′었다. 입′우이. 입′우머. 입′운
잡′－[扶]. 잡′아도. 잡′았다. 잡′우이. 잡′우머. 잡′운
잡′－[捕]. 잡′아도. 잡′았다. 잡′우이. 잡′우머. 잡′운
접′－[摺]. 접′어도. 접′었다. 접′우이. 접′우머. 접′운
집:－[補]. 집′어도. 집′었다. 집′우이. 집′우머. 집′운
좁′－[狹]. 좁′아도. 좁′았다. 좁′우이. 좁′우머. 좁′운

(26) 뚧:－[鑿]. 뚧′어도. 뚧′었다. 뚧′우이. 뚧′우머. 뚧′운
밟:－[踏]. 밟′아도. 밟′았다. 밟′우이. 밟′우머. 밟′운
볿:－[踏]. 볿′아도. 볿′았다. 볿′우이. 볿′우머. 볿′운
넓′－[廣]. 넓′어도. 넓′었다. 넓′우이. 넓′우머. 넓′운
닯′－[異]. 닯′아도. 닯′았다. 닯′우이. 닯′우머. 닯′운
떫:－[澁]. 떫:어도. 떫:었다. 떫:우이. 떫:우머. 떫:운
붊′－[羨]. 붊′어도. 붊′었다. 붊′우이. 붊′우머. 붊′운
짧′－[短]. 짧′아도. 짧′았다. 짧′우이. 짧′우머. 짧′운

이들은 이 방언과 표준어에서 모두 규칙활용을 한다.

아래 (27) 용언도 모음어미 앞에서도 ㅂ을 유지하여 규칙활용을 하는 용언인데 점점 불규칙으로 변해가면서 표준어화가 진행되고 있다.

(27) 가백′－[輕]. 고:맙－[感謝]. 곱:－[麗]. 고′롭′－[苦]. 귀엽－[愛]. 기′럽′－(←貴－). 까′다′롭－[苛]. 꿉:－[炙]. 눕′－[臥]. 내′럽－[泄]. 다정시′럽－(多情－). 대수롭－(←大事－). 덥:－[暑]. 뜨′겁′－[熱]. 내′럽－[催]. 맵′－[辛]. 무겁′－[重]. 무덥－[暑]. 미끄럽′－[滑]. 밉′－[憎]. 부드럽－[柔]. 부′럽－[羨]. 부끄럽′－[恥]. 새′롭′－[新]. 숩:－[易]. 십－[苦]. 싱겁′－[淡]. 아름답′－[美·麗]. 야:단시럽－(惹端－). 애′롭′－[孤]. 어둡′－[暗]. 애′럽－[難]. 위′습－[笑]. 우터롭－(←危殆－). 인정시′럽－(人情－). 자′랑시럽－[誇]. 질′겁′－[樂]. 찹－[冷]. 차′갑′－[冷].

칩-[寒]. 해:롭-(害-). 해깝'-[輕]. 향'기롭-(香氣-) 헐'겁'-[紹] ···

(28) 곱:-[麗]. 곱:아도. 곱:았다. 곱:운 ⇒ 고:와도. 고:왔다. 고:운
꿉:-[炙]. 꿉'어도. 꿉'었다. 꿉'운 ⇒ 꾸'워도. 꾸'웠다. 꾸'운
눕'-[臥]. 눕'어도. 눕'었다. 눕'운 ⇒ 누'워도. 누'웠다. 누'운
맵'-[辛]. 맵'어도. 맵'었다. 맵'운 ⇒ 매'워도. 매'웠다. 매'운
밉'-[憎]. 빕'어도. 밉'었다. 밉'운 ⇒ 미'워도. 미'웠다. 미'운

(29) 어둡'-[暗]. 어둡'어도. 어둡'었다. 어둡'운 ⇒ 어두'워도. 어두'웠다. 어두'운
애'럽-[難]. 애'럽어도. 애'럽었다. 애'럽운 ⇒ 애'러워도. 애'러웠다. 애'러운
무겁'-[重]. 무겁'어도. 무겁'었다. 무겁'운 ⇒ 무거'워도. 무거'웠다. 무거'운
질'겁'-[樂]. 질'겁'어도. 질'겁'었다. 질'겁'운 ⇒ 질'거'워도. 질'거'웠다. 질'거'운
차'갑'-[冷]. 차'갑'아도. 차'갑'았다. 차'갑'운 ⇒ 차'가'와도. 차'가'왔다. 차'가'운

(30) 밤질이 어둡어 몬 걷는다. ⇒ 밤길이 어두워 못 걷는다.
이 짐치 싱겁어도 맛이 있다. ⇒ 이 김치 싱거워도 맛이 있다.
애럽운 거는 알아도 십운 거는 모린다. ⇒ 어려운 거는 알아도 쉬운 거는 모른다.

(2) ㅅ규칙의 ㅅ불규칙화

(31) 벗'-[脫]. 빗'-[梳]. 빼앗'-[奪]. 솟'-[湧]. 윗:-[笑] ···

(32) 벗'-[脫]. 벗'어도. 벗'었다. 벗'이이. 벗'으머. 벗'은
빗'-[梳]. 빗'어도. 빗'었다. 빗'이이. 빗'으머. 빗'은
빼앗'-[奪]. 빼앗'아도. 빼앗'았다. 빼앗'이이. 배앗'으머. 빼앗'은~빼앗'안
솟'-[湧]. 솟'아도. 솟'았다. 솟'이이. 솟'으머. 솟'은~솟'안
윗:-[笑]. 윗'어도. 윗'었다. 윗'이이. 윗'으머. 윗'은

(31)의 어간은 이 방언, 표준어 모두 규칙활용을 한다.

(33) 끗: -[劃]. 붓: -[注]. 붓: -[膨]. 짓: -[作].

(34) 끗: -[劃]. 끗'어도 → ㄲ'어도. 끗'었다 → ㄲ'었다. 끗'은 → ㄲ'은
붓: -[注]. 붓'아도 → 부'아도. 붓'았다 → 부'았다. 붓'은 → 부'은~부'안
붓: -[膨]. 붓'아도 → 부'아도. 붓'았다 → 부'았다. 붓'은 → 부'은~부'안
짓: -[作]. 짓'아도 → 지'아도. 짓'았다 → 지'았다. 짓'은 → 지'은~지'안

(33)의 어간은 이 방언, 표준어 모두 불규칙활용을 한다.

아래 (35)의 용언은 모음어미 앞에서도 ㅅ을 유지하여 규칙활용을 하는 용언인데 점점 불규칙으로 변해가면서 표준어화가 진행되고 있다.

(35) 낫: -[癒]. 낫: -[勝]. 잇: -[繼]. 잣: -[紡]. 젓: -[櫓]. 젓: -[漕]. 줏: -[拾]. 좃: -[拾] …

(36) 낫: -[勝]. 낫'아도. 낫'았다. 낫'은~낫'안 ⇒ 나'아도. 나'았다. 나'은~나'안
낫: -[癒]. 낫'아도. 낫'았다. 낫'은~낫'안 ⇒ 나'아도. 나'았다. 나'은~나'안
잇: -[繼]. 잇'어도. 있'었다. 잇'은 ⇒ 이'어도. 이'었다. 이'은
잣: -[紡]. 잣'아도. 잣'았다. 잣'은~잣'안 ⇒ 자'아도. 자'았다. 자'은~자'안
젓: -[櫓]. 젓'어도. 젓'었다. 젓'은 ⇒ 저'어도. 저'었다. 저'은
젓: -[漕]. 젓'어도. 젓'었다. 젓'은 ⇒ 저'어도. 저'었다. 저'은
줏: -[拾]. 줏'어도. 줏'었다. 줏'은 ⇒ 주'어도. 주'었다. 주'은
좃: -[拾]. 좃'아도. 좃'았다. 좃'은 ⇒ 조'아도. 조'았다. 조'은

(37) 아푼 거 다 낫았다. ⇒ 아픈 거 다 나았다.
안 타구로 잘 젓어라. ⇒ 안 타게 잘 저어라.
줏은 돈은 내 기 아이다. ⇒ 주운 돈은 내 게 아니다.

2 음운 교체

2.1 음소 교체

음운체계는 화자의 뇌리에 굳어져 있는 것이라 듣기로도 교체가 어렵고 발음으로도 교체가 어렵다. 외국어를 배울 때 정확한 발음을 배우기 어려운 것과 꼭 같다. 청년세대는 학교교육이나 방송의 영향으로 이미 교체가 완성된 것도 있지만. 노령세대는 노력해도 교체할 수 없는 부분도 있다.

자음체계는 'ㅆ'을 듣고 발음하는 것만으로 표준어화가 된다. 비교적 간단하고 쉽다.

모음체계에서는 단모음 6모음체계에서 8(10)모음 체계로의 교체와 이중모음을 정확히 발음하는 것이 골짜다. 대표적인 몇 예를 아래에 열거한다. 얼마 되지 않으나 이것으로도 표준어화의 정도를 가늠할 수 있다.

(1) '삭'과 '싹[芽]'. '살'과 '쌀[米]'. '숙'과 '쑥[艾]'을 구분

(2) '개:[犬]'와 '게:[蟹]'. '때[時]'와 '떼[群]'. '샘:[泉]'과 '셈:[算]'을 구분

(3) '늘다[增]'와 '널:다[布]'. '쓸다[掃]'와 '썰다[切]'. '틀다[捻]'와 '털:다[拂]'를 구분

(4) '과:실(果實)'. '꿩[雉]'. '돼:지[豚]'. '면:장(面長)'. '효:자(孝子)'. '최:고(最高)'. '귀[耳]'. '희망(希望)'의 이중모음 발음

2.2 운소 교체

영어를 배우든가 중국어를 배울 적에 아무리 열심히 노력했다 해도 영어의 악센트나 중국어의 성조(聲調)까지 자신 있게 배웠다고 말하기는 어렵다. 경상도방언 이외의 방언 화자가 경상도방언 지역에 살면서 경상도방언을 익히는 것도 그와 같아 경상도방언의 고저장단(高低長短)까지 자신 있다고 말하기는 어렵다.

(38) 할매요. 이 미나리 얼맹교?
나도 갱상도 사람 다 댔다 아이가.
밥 뭈나?

그러나 이렇게 훌륭하게 경상도방언을 구사하지만 고저장단이 맞지 않아 이러한 짧은 대화로도 외지인이란 걸 바로 알 수 있다.

운소는 익히기만 어려운 것이 아니고 버리기도 어려운 것이다. 경상도방언의 고저장단도 익히기만 어려운 것이 아니고, 버리기도 어렵다. 경상도방언이 모어(母語)인 사람은 자신이 이미 익힌 경상도방언 고저장단을 애써 티내지 않으려 해도 그러기가 쉽지 않다. 제2장 경상도방언의 고저장단에서 살펴본 대로 모든 어절에 얹히어 있는 고저장단은 경상도방언을 습득하는 과정에 자연스럽게 익힌 것이라 쉽게 버려지지 않아서 그렇다.

그래서 서울에 오래 거주한 경상도 출신이라도 대화 몇 마디로도 바로 경상도 출신이라고 판단되는 것이 이 고저장단이다. 그 만큼 경상도방언이 모어로 굳어진 사람에게는 이 운소 교체가 어려운 것이다.

결론적으로, 경상도방언 화자에게는 표준어화 중 운소의 교체가 가장 어렵다.

3 경상방언의 표준어화 맺으며

방언은 결코 소멸되지 않는다. 한국어의 여러 방언은 표준어의 근원이요 영양소다. 방언이 소멸되고 표준어만 남기를 희망하기도 하겠지만 그것은 실현되기 어려운 이상(理想)이다. 만약 한국의 모든 방언이 소멸된다면 그 때는 표준어도 빈약해져 한국어가 빈약한 언어로 전락되는 길이다. 방언이 소멸될까 걱정하는 것은 기우(杞憂)이고 결코 그렇게 되지는 않는다. 방언은 아무리 표준어화가 진척되고 있다 해도 방언은 방언 나름의 변형된 방언으로 재생산되는 길을 가게 될 것이다.

경상도방언권에서 나고 성장한 이후 진학과 취업으로 서울에 거주하기를 수십 년 된 노인 세대가 많다. 이 노인들의 대화를 방언학의 관점에서 주의 깊게 경청하면 매우 거북하게 들리는 경우가 많다. 부자연스럽고 어색한 표준어다. 요즘은 서울에서뿐만 아니라 경상도방언 지역에 가서 듣는 노인들의 말씨도 그러한 현상은 마찬가지다.

부자연스럽고 어색한 것은 일부 어휘는 표준어화하였으나 음소의 교체나 운소의 교체는 쉽사리 되는 것이 아니어서 경상도방언 음소, 운소에 서울말씨를 섞게 되니 부자연스럽고 어색할 수밖에 없다.

아무튼 경상도방언도 표준화의 길을 걷고 있고 많은 부분이 표준화하였다. 현재에서 1세대 2세대 3세대 이전의 방언으로 되돌아갈 수는 없다. 가능하다 해도 그것이 바람직한 것이 아니다. 세월이 흐르고 세상이 변하면 경상도방언도 그에 따라 변화하는 것이 언어변화의 순리다. 세월 따라 세상 따라 경상도방언이 변화하되 표준어를 살찌우고 국어를 살찌우는 독특한 아름다움을 지닌 경상도방언으로 발전하길 기원한다.

고저와 장단은 언어를 습득하기 시작하면서 익히는 것이고, 말 속 깊이 배어 있는 요소여서 이 고저와 장단만은 경상도방언의 특징으로 오래도록 남게 되리라고 믿는다. 아무리 그렇다 해도 15세기 문헌에 그토록 엄격하고 정연한 모습이던 방점(傍點)이 16세기에 들어 점점 문란해지고 흐지부지 사라져 오늘의 표준어 서울말이 된 점[4]을 생각한다면 경상도 방언의 고저장단도 어느 시기엔가는 많은 변모의 풍파가 오긴 오리라 .

4 金完鎭(1973)『中世國語聲調硏究』PP 107－125.

[부록] 곡용·활용 고저장단형 일람

조사는 '이/가. 을/를. 도. 만. 에(아). 에도(아도, 어도). 부터. 꺼정'을 대표로 선정하였다.

어미는 '－고, {－아}, {－았－}, －(으)이. －(으)ㄴ'을 대표로 선정하였다.

곡용 고저장단 일람

(1) 1음절 체언

가:[邊]. 가:가. 가:를. 가:도. 가:만. 가:에. 가:에도. 가:부터. 가:꺼정

가″(< **그 아**′**아**). 가″가. 가″를. 가″도. 가″만. 가″에. 가″에도. 가″부터. 가″꺼정

간[鹽味]. 간이. 간을. 간도. 간만. 간에. 간에도. 간′부′터. 간′까′지

감:[柹]. 감:이. 감:을. 감:도. 감:만. 감:에. 감:에도. 감:부터. 감:꺼정

감$^{\vee}$[資]. 감$^{\vee}$이. 감$^{\vee}$을. 감$^{\vee}$도. 감$^{\vee}$만. 감$^{\vee}$에. 감$^{\vee}$에도. 감$^{\vee}$부′터. 감$^{\vee}$꺼′정

감″(< **고**′**암**(〈高喊)). 감″이. 감″을. 감″도. 감″만. 감″에. 감″에도. 감″부터. 감″꺼정

값[價]. 값이. 값을. 값도. 값만. 값에. 값에도. 값′부′터. 값′까′지

갓[笠]. 갓이. 갓을. 갓도. 갓만. 갓′에. 갓′에도. 갓′부′터. 갓′까′지

갓[山]. 갓이. 갓을. 갓도. 갓만. 갓′에. 갓′에도. 갓′부′터. 갓′까′지

개:(櫃). 개:가. 개:를. 개:도. 개:만. 개:에. 개:에도. 개:부터. 개:꺼정

개:[犬]. 개:가. 개:를. 개:도. 개:만. 개:에. 개:에도. 개:부터. 개:꺼정

겉′[表]. 겉′이. 겉′을. 겉′도. 겉′만. 겉′에. 겉′에도. 겉부′터. 겉까′지

곰:[熊]. 곰:이. 곰:을. 곰:도. 곰:만. 곰:에. 곰:에도. 곰:부터. 곰:꺼정

기:[蟹]. 기:가. 기:를. 기:도. 기:만. 기:에. 기:에도. 기:부터. 기:꺼정
기:[耳]. 기가. 기를. 기도. 기만. 기′에. 기′에도. 기′부′터. 기′까′지
기′(旗). 기′가. 기′를. 기′도. 기′만. 기′에. 기′에도. 기부′터. 기까′지
꽃′[花]. 꽃′이. 꽃′을. 꽃′도. 꽃′만. 꽃′에. 꽃′에도. 꽃부′터. 꽃까′지
꿀[蜜]. 꿀이. 꿀을. 꿀도. 꿀만. 꿀′에. 꿀′에도. 꿀′부′터. 꿀′까′지
꿈[夢]. 꿈이. 꿈을. 꿈도. 꿈만. 꿈′에. 꿈′에도. 꿈′부′터. 꿈′까′지
나[我]. 나′는. 나:를. 나′도~난도. 나′만. 나한′테. 나한′테도. 나부′터. 나꺼′정
날[日]. 날이. 날을. 날도. 날만. 날에. 날에도. 날′부′터. 날′까′지
납[鉛]. 납이. 납을. 납도. 납만. 납에. 납에도. 납′부′터. 납′까′지
낫[鎌]. 낫이. 낫을. 낫도. 낫만. 낫′에. 낫′에도. 낫′부′터. 낫′까′지
낮[晝]. 낮이. 낮을. 낮도. 낮만. 낮에″. 낮에″도. 낮′부′터. 낮′까′지
낯′[顔]. 낯′이. 낯′을. 낯′도. 낯′만. 낯′에. 낯′에도. 낯부′터. 낯까′지
내[我]. 내가~내:가. 나:를. 나′도~난도. 나′만. 내한′테. 내한′테도. 내부′터. 내꺼′정
널:[板]. 널:이. 널:을. 널:도. 널:만. 널:에. 널:에도. 널:부터. 널:꺼정
논[畓]. 논이. 논을. 논도. 논만. 논′에. 논′에도. 논′부′터. 논′까′지
놈[者]. 놈이. 놈을. 놈도. 놈만. 놈에. 놈에도. 놈′부′터. 놈′까′지
농(籠). 농이. 농을. 농도. 농만. 농′에. 농′에도. 농′부′터. 농′까′지
누:[誰]. 누:가. 누:를. 누:도. 누:만. 누:에. 누:에도. 누:부터. 누:꺼정
눈:[雪]. 눈:이. 눈:을. 눈:도. 눈:만. 눈:에. 눈:에도. 눈:부터. 눈:꺼정
눈[目]. 눈이. 눈을. 눈도. 눈만. 눈′에. 눈′에도. 눈′부′터. 눈′까′지
니:[四]. 니:가. 니:를. 니:도. 니:만. 니:에. 니:에도. 니:부터. 니:꺼정
니[汝]. 니가~니:가. 니′를. 니′도. 니′만. 니한′테. 니한′테도. 니부′터. 니꺼′정
달[月]. 달이. 달을. 달도. 달만. 달에. 달에도. 달′부′터. 달′까′지
달′[鷄]. 달′이. 달′을. 달′도. 달′만. 달′에. 달′에도. 달부′터. 달까′지
담:(膽). 담:이. 담:을. 담:도. 담:만. 담:에. 담:에도. 담:부터. 담:꺼정
담[墻]. 담이. 담을. 담도. 담만. 담에. 담에도. 담′부′터. 담′까′지
담″(<**다**′**음**[次]). 담″이. 담″을. 담″도. 담″만. 담″에. 담″에도. 담″부터. 담″꺼정
도″(<**도**′**오**[甕]). 도″가. 도″를. 도″도. 도″만. 도″에. 도″에도. 도″부터. 도″

꺼정

돈:[錢]. 돈:이. 돈:을. 돈:도. 돈:만. 돈:에. 돈:에도. 돈:부터. 돈:꺼정

돌:[石]. 돌:이. 돌:을. 돌:도. 돌:만. 돌:에. 돌:에도. 돌:부터. 돌:꺼정

돌[週]. 돌이. 돌을. 돌도. 돌만. 돌에. 돌에도. 돌'부'터. 돌'까'지

둘:[二]. 둘:이. 둘:을. 둘:도. 둘:만. 둘:에. 둘:에도. 둘:부터. 둘:꺼정

등'[背]. 등'이. 등'을. 등'도. 등'만. 등'에. 등'에도. 등부'터. 등까'지

디:[後]. 디:가. 디:를. 디:도. 디:만. 디:에. 디:에도. 디:부터. 디:꺼정

딸:[苺]. 딸:이. 딸:을. 딸:도. 딸:만. 딸:에. 딸:에도. 딸:부터. 딸:꺼정

똥'[糞]. 똥'이. 똥'을. 똥'도. 똥'만. 똥'에. 똥'에도. 똥부'터. 똥까'지

말:[言]. 말:이. 말:을. 말:도. 말:만. 말:에. 말:에도. 말:부터. 말:꺼정

말[斗]. 말이. 말을. 말도. 말만. 말에. 말에도. 말'부'터. 말'까'지

말ˇ[村]. 말ˇ이. 말ˇ을. 말ˇ도. 말ˇ만. 말ˇ에. 말ˇ에도. 말ˇ부'터. 말ˇ꺼'정

말'[馬]. 말'이. 말'을. 말'도. 말'만. 말'에. 말'에도. 말부'터. 말까'지

맘ˇ[心]. 맘ˇ이. 맘ˇ을. 맘ˇ도. 맘ˇ만. 맘ˇ에. 맘ˇ에도. 맘ˇ부'터. 맘ˇ꺼'정

맛[味]. 맛이. 맛을. 맛도. 맛만. 맛에. 맛에도. 맛'부'터. 맛'까'지

매:[鷹]. 매:가. 매:를. 매:도. 매:만. 매:에. 매:에도. 매:부터. 매:꺼정

매[鞭]. 매가. 매를. 매도. 매만. 매'에. 매'에도. 매'부'터. 매'까'지

목'[喉]. 목'이. 목'을. 목'도. 목'만. 목'에. 목'에도. 목부'터. 목까'지

못[池]. 못이. 못을. 못도. 못만. 못'에. 못'에도. 못'부'터. 못'까'지

물[水]. 물이. 물을. 물도. 물만. 물에. 물에도. 물'부'터. 물'까'지

불[火]. 불이. 불을. 불도. 불만. 불에. 불에도. 불'부'터. 불'까'지

밑'[低]. 밑'이. 밑'을. 밑'도. 밑'만. 밑'에. 밑'에도. 밑부'터. 밑까'지

밖'[外]. 밖'이. 밖'을. 밖'도. 밖'만. 밖'에. 밖'에도. 밖부'터. 밖까'지

발:[簾]. 발:이. 발:을. 발:도. 발:만. 발:에. 발:에도. 발:부터. 발:꺼정

발[足]. 발이. 발을. 발도. 발만. 발'에. 발'에도. 발'부'터. 발'까'지

밤:[栗]. 밤:이. 밤:을. 밤:도. 밤:만. 밤:에. 밤:에도. 밤:부터. 밤:꺼정

밤[夜]. 밤이. 밤을. 밤도. 밤만. 밤'에. 밤'에도. 밤'부'터. 밤'까'지

밥[飯]. 밥이. 밥을. 밥도. 밥만. 밥'에. 밥'에도. 밥'부'터. 밥'까'지

방'(房). 방'이. 방'을. 방'도. 방'만. 방'아→바". 방'아도→바"도. 방부'터. 방까'지

밭′[田]. 밭′이. 밭′을. 밭′도. 밭′만. 밭′에. 밭′에도. 밭부′터. 밭까′지
배:(倍). 배:가. 배:를. 배:도. 배:만. 배:에. 배:에도. 배:부터. 배:꺼정
배[腹]. 배가. 배를. 배도. 배만. 배에. 배에도. 배′부′터. 배′까′지
배[舟]. 배가. 배를. 배도. 배만. 배에. 배에도. 배′부′터. 배′까′지
배[布]. 배가. 배를. 배도. 배만. 배에. 배에도. 배′부′터. 배′까′지
배′[梨]. 배′가. 배′를. 배′도. 배′만. 배′에. 배′에도. 배부′터. 배까′지
밸:[星]. 밸:이. 밸:을. 밸:도. 밸:만. 밸:에. 밸:에도. 밸:부터. 밸:꺼정
뱉′[日光]. 뱉′이. 뱉′을. 뱉′도. 뱉′만. 뱉′에. 뱉′에도. 뱉부′터. 뱉까′지
벌;[蜂]. 벌:이. 벌:을. 벌:도. 벌:만. 벌:에. 벌:에도. 벌:부터. 벌:꺼정
범:[虎]. 범:이. 범:을. 범:도. 범:만. 범:에. 범:에도. 범:부터. 범:꺼정
벗:[友]. 벗:이. 벗:을. 벗:도. 벗:만. 벗:에. 벗:에도. 벗:부터. 벗:꺼정
봄[春]. 봄이. 봄을. 봄도. 봄만. 봄′에. 봄′에도. 봄′부′터. 봄′까′지
비[雨]. 비가. 비를. 비도. 비만. 비′에. 비′에도. 비′부′터. 비′까′지
비[帚]. 비가. 비를. 비도. 비만. 비′에. 비′에도. 비′부′터. 비′까′지
비′(碑). 비′가. 비′를. 비′도. 비′만. 비′에. 비′에도. 비부′터. 비까′지
빗[梳]. 빗이. 빗을. 빗도. 빗만. 빗에. 빗에도. 빗′부′터. 빗′까′지
빙:(病). 빙:이. 빙:을. 빙:도. 빙:만. 빙:에. 빙:에도. 빙:부터. 빙:꺼정
삭′[芽]. 삭′이. 삭′을. 삭′도. 삭′만. 삭′에. 삭′에도. 삭부′터. 삭까′지
산′(山). 산′이. 산′을. 산′도. 산′만. 산′에. 산′에도. 산부′터. 산까′지
삼(三). 삼이. 삼을. 삼도. 삼만. 삼′에. 삼′에도. 삼′부′터. 삼′까′지
삼[麻]. 삼이. 삼을. 삼도. 삼만. 삼에. 삼에도. 삼′부′터. 삼′까′지
삼″(〈사′암[鬪]). 삼″이. 삼″을. 삼″도. 삼″만. 삼″에. 삼″에도. 삼″부터. 삼″꺼정
삼′(蔘). 삼′이. 삼′을. 삼′도. 삼′만. 삼′에. 삼′에도. 삼부′터. 삼까′지
새:[鳥]. 새:가. 새:를. 새:도. 새:만. 새:에. 새:에도. 새:부터. 새:꺼정
새[舌]. 새가. 새를. 새도. 새만. 새′에. 새′에도. 새′부′터. 새′까′지
새″(<사′이[間]). 새″새. 새″를. 새″도. 새″만. 새″에. 새″에도. 새″부터. 새″꺼정
새′[억새 芒]. 새′가. 새′를. 새′도. 새′만. 새′에. 새′에도. 새부′터. 세까′지
섬[石]. 섬이. 섬을. 섬도. 섬만. 섬에. 섬에도. 섬′부′터. 섬′까′지
섬:[島]. 섬:이. 섬:을. 섬:도. 섬:만. 섬:에. 섬:에도. 섬:부터. 섬:꺼정
손:(孫). 손:이. 손:을. 손:도. 손:만. 손:에. 손:에도. 손:부터. 손:꺼정
손:(損). 손:이. 손:을. 손:도. 손:만. 손:에. 손:에도. 손:부터. 손:꺼정

손[手]. 손이. 손을. 손도. 손만. 손'에. 손'에도. 손'부'터. 손'까'지
손'[客]. 손'이. 손'을. 손'도. 손'만. 손'에. 손'에도. 손부'터. 손까'지
솥'[鼎]. 솥'이. 솥'을. 솥'도. 솥'만. 솥'에. 솥'에도. 솥부'터. 솥까'지
숨:[息]. 숨:이. 숨:을. 숨:도. 숨:만. 숨:에. 숨:에도. 숨:부터. 숨:꺼정
숯'[炭]. 숯'이. 숯'을. 숯'도. 숯'만. 숯'에. 숯'에도. 숯부'터. 숯까'지
숱'[量]. 숱'이. 숱'을. 숱'도. 숱'만. 숱'에. 숱'에도. 숱부'터. 숱까'지
시:[三]. 시:가. 시:를. 시:도. 시:만. 시:에. 시:에도. 시:부터. 시:꺼정
신:[履]. 신이. 신을. 신도. 신만. 신'에. 신'에도. 신'부'터. 신'까'지
신:[五十]. 신:이. 신:을. 신:도. 신:만. 신:에. 신:에도. 신:부터. 신:꺼정
실:[絲]. 실:이. 실:을. 실:도. 실:만. 실:에. 실:에도. 실:부터. 실:꺼정
아"(<아'아[兒]). 아"아. 아"를. 아"도. 아"만. 아"에. 아"에도. 아"부터. 아" 꺼정
안[內]. 안이. 안을. 안도. 안만. 안'에. 안'에도. 안'부'터. 안'까'지
앞'[前]. 앞'이. 앞'을. 앞'도. 앞'만. 앞'에. 앞'에도. 앞부'터. 앞까'지
애:[腸]. 애:가. 애:를. 애:도. 애:만. 애:에. 애:에도. 애:부터. 애:꺼정
연'(鳶). 연'이. 연'을. 연'도. 연'만. 연'에. 연'에도. 연부'터. 연까'지
옴:[疥]. 옴:이. 옴:을. 옴:도. 옴:만. 옴:에. 옴:에도. 옴:부터. 옴:꺼정
옷[衣]. 옷이. 옷을. 옷도. 옷만. 옷'에. 옷'에도. 옷'부'터. 옷'까'지
옻'[漆]. 옻'이. 옻'을. 옻'도. 옻'만. 옻'에. 옻'에도. 옻부'터. 옻까'지
왕'(王). 왕'이. 왕'을. 왕'도. 왕'만. 왕'에. 왕'에도. 왕부'터. 왕까'지
왜:[瓜]. 왜:가. 왜:를. 왜:도. 왜:만. 왜:에. 왜:에도. 왜:부터. 왜:꺼정
이[齒]. 이가. 이를. 이도. 이만. 이'에. 이'에도. 이'부'터. 이'까'지
이[蝨]. 이가. 이를. 이도. 이만. 이'에. 이'에도. 이'부'터. 이'까'지
일:[事]. 일:이. 일:을. 일:도. 일:만. 일:에. 일:에도. 일:부터. 일:꺼정
자[尺]. 자가. 자를. 자도. 자만. 자에. 자에도. 자'부'터. 자'까'지
잣:[柏子]. 잣:이. 잣:을. 잣:도. 잣:만. 잣:에. 잣:에도. 잣:부터. 잣:꺼정
장:(醬). 장:이. 장:을. 장:도. 장:만. 장:에. 장:에도. 장:부터. 장:꺼정
장'(場). 장'이. 장'을. 장'도. 장'만. 장'아→자". 장'아도→자"도. 장부'터. 장까'지
재[灰]. 재가. 재를. 재도. 재만. 재'에. 재'에도. 재'부'터. 재'까'지
절[拜]. 절이. 절을. 절도. 절만. 절에. 절에도. 절'부'터. 절'까'지
절[寺]. 절이. 절을. 절도. 절만. 절'에. 절'에도. 절'부'터. 절'까'지

종:[僕]. 종:이. 종:을. 종:도. 종:만. 종:에. 종:에도. 종:부터. 종:꺼정

줄:[鑢]. 줄:이. 줄:을. 줄:도. 줄:만. 줄:에. 줄:에도. 줄:부터. 줄:꺼정

중:[僧]. 중:이. 중:을. 중:도. 중:만. 중:에. 중:에도. 중:부터. 중:꺼정

지[鼠]. 지가. 지를. 지도. 지만. 지에. 지에도. 지′부′터. 지′까′지

지[自己]. 지가~지:가. 지′를. 지′도. 지′만. 지자′테. 지자′테도. 지부′터. 지꺼′정

짐[荷]. 짐이. 짐을. 짐도. 짐만. 짐에. 짐에도. 짐부터. 짐꺼정

짐:[汽]. 짐:이. 짐:을. 짐:도. 짐:만. 짐:에. 짐:에도. 짐:부터. 짐:꺼정

짐:[雜草]. 짐:이. 짐:을. 짐:도. 짐:만. 짐:에. 짐:에도. 짐:부터. 짐:꺼정

짐:[海苔]. 짐:이. 짐:을. 짐:도. 짐:만. 짐:에. 짐:에도. 짐:부터. 짐:꺼정

집′[家]. 집′이. 집′을. 집′도. 집′만. 집′에. 집′에도. 집부′터. 집까′지

청′(廳). 청′이. 청′을. 청′도. 청′만. 청′어 → 처″. 청′어도 → 처″도. 청부′터. 청까′지

초′(醋). 초′가. 초′를. 초′도. 초′만. 초′에. 초′에도. 초부′터. 초까′지

춤[唾]. 춤이. 춤을. 춤도. 춤만. 춤′에. 춤′에도. 춤′부′터. 춤′까′지

코[鼻]. 코가. 코를. 코도. 코만. 코′에. 코′에도. 코′부′터. 코′까′지

콩′[豆]. 콩′이. 콩′을. 콩′도. 콩′만. 콩′에. 콩′에도. 콩부′터. 콩까′지

키[身長]. 키가. 키를. 키도. 키만. 키에. 키에도. 키′부′터. 키′까′지

탈:[假面]. 탈:이. 탈:을. 탈:도. 탈:만. 탈:에. 탈:에도. 탈:부터. 탈:꺼정

탈:(탈·頉). 탈:이. 탈:을. 탈:도. 탈:만. 탈:에. 탈:에도. 탈:부터. 탈:꺼정

통(桶). 통이. 통을. 통도. 통만. 통′에. 통′에도. 통′부′터. 통′까′지

폴′[腕]. 폴′이. 폴′을. 폴′도. 폴′만. 폴′에. 폴′에도. 폴부′터. 폴까′지

피[血]. 피가. 피를. 피도. 피만. 피에. 피에도. 피′부′터. 피′까′지

피′[稷]. 피′가. 피′를. 피′도. 피′만. 피′에. 피′에도. 피부′터. 피까′지

해[日]. 해가. 해를. 해도. 해만. 해′에. 해′에도. 해′부′터. 해′까′지

흉′(凶). 흉′이. 흉′을. 흉′도. 흉′만. 흉′에. 흉′에도. 흉부′터. 흉까′지

흘′[土]. 흘′이. 흘′을. 흘′도. 흘′만. 흘′에. 흘′에도. 흘부′터. 흘까′지

흠:(欠). 흠:이. 흠:을. 흠:도. 흠:만. 흠:에. 흠:에도. 흠:부터. 흠:꺼정

(2) 2음절 채언

가′래[鍤]. 가′래가. 가′래를. 가′래도. 가′래만. 가′래에. 가′래에도. 가′래부터. 가′래꺼정

가'래'[痰]. 가'래'가. 가'래'를. 가'래'도. 가'래'만. 가'래'에. 가'래'에도. 가'래'부터. 가'래'꺼정

가:매[轎]. 가:매가. 가:매를. 가:매도. 가:매만. 가:매에. 가:매에도. 가:매부터. 가:매꺼정

가'매[旋毛]. 가'매가. 가'매를. 가'매도. 가'매만. 가'매에. 가'매에도. 가'매부터. 가'매꺼정

가실'[秋]. 가실'이. 가실'을. 가실'도. 가실'만. 가실'에. 가실'에도. 가실'부'터. 가실'꺼'정

가'심[胸]. 가'심이. 가'심을. 가'심도. 가'심만. 가'심에. 가'심에도. 가'심부터. 가'심꺼정

가'지'[枝]. 가'지'가. 가'지'를. 가'지'도. 가'지'만. 가'지'에. 가'지'에도. 가'지'부터. 가'지'꺼정

까'시[荊]. 까'시가. 까'시를. 까'시도. 까'시만. 까'시에. 까'시에도. 까'시부터. 까'시꺼정

각'시[新婦]. 각'시가. 각'시를. 각'시도. 각'시만. 각'시에. 각'시에도. 각'시부터. 각'시꺼정

개'기[魚·肉]. 개'기가. 개'기를. 개'기도. 개'기만. 개'기에. 개'기에도. 개'기부터. 개'기꺼정

개^미[蟻]. 개^미가. 개^미를. 개^미도. 개^미만. 개^미에. 개^미에도. 개^미부터. 개^미꺼정

거'북[龜]. 거'북이. 거'북을. 거'북도. 거'북만. 거'북에. 거'북에도. 거'북부터. 거'북꺼정

거'품[泡]. 거'품이. 거'품을. 거'품도. 거'품만. 거'품에. 거'품에도. 거'품부터. 거'품꺼정

고'개[峴]. 고'개가. 고'개를. 고'개도. 고'개만. 고'개에. 고'개에도. 고'개부터. 고'개꺼정

고랑'[畎]. 고랑'이. 고랑'을. 고랑'도. 고랑'만. 고랑'에. 고랑'에도. 고랑'부'터. 고랑'꺼'정

구둘'[突]. 구둘'이. 구둘'을. 구둘'도. 구둘'만. 구둘'에. 구둘'에도. 구둘'부'터. 구둘'꺼'정

구'룸'[雲]. 구'룸'이. 구'룸'을. 구'룸'도. 구'룸'만. 구'룸'에. 구'룸'에도. 구'룸'부터. 구'룸'꺼정

구:리(구렁이). 구:리가. 구:리를. 구:리도. 구:리만. 구:리에. 구:리에도. 구:리부터. 구:리꺼정

구'리[銅]. 구'리가. 구'리를. 구'리도. 구'리만. 구'리에. 구'리에도. 구'리부터. 구'리꺼정

구'실[珠]. 구'실이. 구'실을. 구'실도. 구'실만. 구'실에. 구'실에도. 구'실부터. 구'실꺼정

국'시[麵]. 국'시가. 국'시를. 국'시도. 국'시만. 국'시에. 국'시에도. 국'시부터. 국'시꺼정

그늘'[陰]. 그늘'이. 그늘'을. 그늘'도. 그늘'만. 그늘'에. 그늘'에도. 그늘'부'터. 그늘'꺼'정

그'륵[器]. 그'륵이. 그'륵을. 그'륵도. 그'륵만. 그'륵에. 그'륵에도. 그'륵부터. 그'륵꺼정

그'물'[網]. 그'물'이. 그'물'을. 그'물'도. 그'물'만. 그'물'에. 그'물'에도. 그'물'부터. 그'물'꺼정

기'빌(〈奇別). 기'빌이. 기'빌을. 기'빌도. 기'빌만. 기'빌에. 기'빌에도. 기'빌부터. 기'빌꺼정

기'양[謫]. 기'양이. 기'양을. 기'양도. 기'양만. 기'양에. 기'양에도. 기'양부터. 기'양꺼정

까:지(가재). 까:지가. 까:지를. 까:지도. 까:지만. 까:지에. 까:지에도. 까:지부터. 까:지꺼정

꺼풀'[皮]. 꺼풀'이. 꺼풀'을. 꺼풀'도. 꺼풀'만. 꺼풀'에. 꺼풀'에도. 꺼풀'부'터. 꺼풀'꺼'정

꼬'깔[冠]. 꼬'깔이. 꼬'깔을. 꼬'깔도. 꼬'깔만. 꼬'깔에. 꼬'깔에도. 꼬'깔부터. 꼬'깔꺼정

꼬'리[尾]. 꼬'리가. 꼬'리를. 꼬'리도. 꼬'리만. 꼬'리에. 꼬'리에도. 꼬'리부터. 꼬'리꺼정

꼬치'[椒]. 꼬치'가. 꼬치'를. 꼬치'도. 꼬치'만. 꼬치'에. 꼬치'에도. 꼬치'부'터. 꼬치'꺼'정

꼰'치[繭]. 꼰'치가. 꼰'치를. 꼰'치도. 꼰'치만. 꼰'치에. 꼰'치에도. 꼰'치부터. 꼰'치꺼정

나'구[驢]. 나'구가. 나'구를. 나'구도. 나'구만. 나'구에. 나'구에도. 나'구부터. 나'구꺼정

나'라[國]. 나'라가. 나'라를. 나'라도. 나'라만. 나'라에. 나'라에도. 나'라부터. 나'라꺼정

나'락[稻]. 나'락이. 나'락을. 나'락도. 나'락만. 나'락에. 나'락에도. 나'락부터. 나'락꺼정

나무'[木]. 나무'가. 나무'를. 나무'도. 나무'만. 나무'에. 나무'에도. 나무'부'터. 나무'꺼'정

나물'[菜]. 나물'이. 나물'을. 나물'도. 나물'만. 나물'에. 나물'에도. 나물'부'터. 나물'꺼'정

나'부[蝶]. 나'부가. 나'부를. 나'부도. 나'부만. 나'부에. 나'부에도. 나'부부터. 나'부꺼정

내"리(〈來日). 내"리가. 내"리를. 내"리도. 내"리만. 내"리에. 내"리에도. 내"리부터. 내"리꺼정

노'래[歌]. 노'래가. 노'래를. 노'래도. 노'래만. 노'래에. 노'래에도. 노'래부터. 노'래꺼정

누'룩[麴]. 누'룩이. 누'룩을. 누'룩도. 누'룩만. 누'룩에. 누'룩에도. 누'룩부터. 누'룩꺼정

눈섭'[眉]. 눈섭'이. 눈섭'을. 눈섭'도. 눈섭'만. 눈섭'에. 눈섭'에도. 눈섭'부'터. 눈섭'꺼'정

다락'[樓]. 다락'이. 다락'을. 다락'도. 다락'만. 다락'에. 다락'에도. 다락'부'터. 다락'꺼'정

다리'[脚]. 다리'가. 다리'를. 다리'도. 다리'만. 다리'에 → 다레". 다리'에도 → 다레"도. 다리'부'터. 다리'꺼'정

다리'[橋]. 다리'가. 다리'를. 다리'도. 다리'만. 다리'에. 다리'에도. 다리'부'터. 다리'꺼'정

단'지'[罐]. 단'지'가. 단'지'를. 단'지'도. 단'지'만. 단'지'에. 단'지'에도. 단'지'부터. 단'지'꺼정

대^지[豚]. 대^지가. 대^지를. 대^지도. 대^지만. 대^지에. 대^지에도. 대^지부터. 대^지꺼정

더'덕[沙蔘]. 더'덕이. 더'덕을. 더'덕도. 더'덕만. 더'덕에. 더'덕에도. 더'덕부터. 더'덕꺼정

도독'[盜]. 도독'이. 도독'을. 도독'도. 도독'만. 도독'에. 도독'에도. 도독'부'터. 도독'꺼'정

도랑'[川]. 도랑'이. 도랑'을. 도랑'도. 도랑'만. 도랑'에. 도랑'에도. 도랑'부'터. 도랑'꺼'정

도'매[俎]. 도'매가. 도'매를. 도'매도. 도'매만. 도'매에. 도'매에도. 도'매부터. 도'매꺼정

도:치[斧]. 도:치가. 도:치를. 도:치도. 도:치만. 도:치에. 도:치에도. 도:치부터. 도:치꺼정

동'무[友]. 동'무가. 동'무를. 동'무도. 동'무만. 동'무에. 동'무에도. 동'무부터. 동'무꺼정

때:추[棗]. 때:추가. 때:추를. 때:추도. 때:추만. 때:추에. 때:추에도. 때:추부터. 때:추꺼정

뚜'깔[**꽈리**]. 뚜'깔이. 뚜'깔을. 뚜'깔도. 뚜'깔만. 뚜'깔에. 뚜'깔에도. 뚜'깔부터. 뚜'깔꺼정

마'늘[蒜]. 마'늘이. 마'늘을. 마'늘도. 마'늘만. 마'늘에. 마'늘에도. 마'늘부터. 마'늘꺼정

마당'[廳]. 마당'이. 마당'을. 마당'도. 마당'만. 마당'아→마다". 마당'아도→마다"도. 마당'부'터. 마당'꺼'정

마리'[廳]. 마리'이. 마리'을. 마리'도. 마리'만. 마리'에→마레". 마리'에도→마레"도. 마리'부'터. 마리'꺼'정

마실'[村]. 마실'이. 마실'을. 마실'도. 마실'만. 마실'에. 마실'에도. 마실'부'터. 마실'꺼'정

마'은[四十] 마'은이. 마'은을. 마'은도. 마'은만. 마'은에. 마'은에도. 마'은부터. 마'은꺼정

마음'[心]. 마음'이. 마음'을. 마음'도. 마음'만. 마음'에. 마음'에도. 마음'부'터. 마음'꺼'정

말:슴[語]. 말:슴이. 말:슴을. 말:슴도. 말:슴만. 말:슴에. 말:슴에도. 말:슴부터. 말:슴꺼정

맨'젓[**멸치젓**]. 맨'젓이. 맨'젓을. 맨'젓도. 맨'젓만. 맨'젓에. 맨'젓에도. 맨'젓부터. 맨'젓꺼정

머'리[頭]. 머'리가. 머'리를. 머'리도. 머'리만. 머'리에. 머'리에도. 머'리부터. 머'리꺼정

메물'[蕎]. 매물'이. 매물'을. 매물'도. 매물'만. 매물'에. 매물'에도. 매물'부'터. 매물'꺼'정

모:개(〈木瓜). 모:개가. 모:개를. 모:개도. 모:개만. 모:개에. 모:개에도. 모:개부터. 모:개꺼정

모'구'[蚊]. 모'구'가. 모'구'를. 모'구'도. 모'구'만. 모'구'에. 모'구'에도. 모'구'부터. 모'구'꺼정

무:당(巫堂). 무:당이. 무:당을. 무:당도. 무:당만. 무:당에. 무:당에도. 무:당부터. 무:당꺼정

무'릎[膝]. 무'릎이. 무'릎을. 무'릎도. 무'릎만. 무'릎에. 무'릎에도. 무'릎부터. 무'릎꺼정

바'다[海]. 바'다가. 바'다를. 바'다도. 바'다만. 바'다에. 바'다에도. 바'다부터. 바'다꺼정

바'둑[碁]. 바'둑이. 바'둑을. 바'둑도. 바'둑만. 바'둑에. 바'둑에도. 바'둑부터. 바'둑꺼정

바람'[風]. 바람'이. 바람'을. 바람'도. 바람'만. 바람'에. 바람'에도. 바람'부'터. 바람'꺼'정

방깐'(방앗간). 방간'이. 방간'을. 방간'도. 방간'만. 방간'아. 방간'아도. 방간'부'터. 방간'꺼'정

배'락'[雷]. 배'락'이. 배'락'을. 배'락'도. 배'락'만. 배'락'에. 배'락'에도. 배'락'부터. 배'락'꺼정

배'락[蚤]. 배'락이. 배'락을. 배'락도. 배'락만. 배'락에. 배'락에도. 배'락부터. 배'락꺼정

배^미[蛇]. 배^미가. 배^미를. 배^미도. 배^미만. 배^미에. 배^미에도. 배^미부터. 배^미꺼정

배'실[爵]. 배'실이. 배'실을. 배'실도. 배'실만. 배'실에. 배'실에도. 배'실부터. 배'실꺼정

뱅풍'(屛風). 뱅풍'이. 뱅풍'을. 뱅풍'도. 뱅풍'만. 뱅풍'에. 뱅풍'에도. 뱅풍'부'터. 뱅풍'꺼'정

버:리[蜂]. 버:리가. 버:리를. 버:리도. 버:리만. 버:리에. 버:리에도. 버:리부터. 버:리꺼정

번'개'[電]. 번'개'가. 번'개'를. 번'개'도. 번'개'만. 번'개'에. 번'개'에도. 번'개'부터. 번'개'꺼정

벌"이[錢]. 벌"이가. 벌"이를. 벌"이도. 벌"이만. 벌"이에. 벌"이에도. 벌"이부터. 벌"이꺼정

보'름[望]. 보'름이. 보'름을. 보'름도. 보'름만. 보'름에. 보'름에도. 보'름부터. 보'름꺼정

보리'[麥]. 보리'가. 보리'를. 보리'도. 보리'만. 보리'에. 보리'에도. 보리'부'터. 보리'꺼'정

보:배[寶]. 보:배가. 보:배를. 보:배도. 보:배만. 보:배에. 보:배에도. 보:배부터. 보:배꺼정

뿌'리[根]. 뿌'리가. 뿌'리를. 뿌'리도. 뿌'리만. 뿌'리에. 뿌'리에도. 뿌'리부터. 뿌'리꺼정

부적'[焚口]. 부적'이. 부적'을. 부적'도. 부적'만. 부적'에. 부적'에도. 부적'부'터. 부적'꺼'정

부'채[扇]. 부'채가. 부'채를. 부'채도. 부'채만. 부'채에. 부'채에도. 부'채부터. 부'채꺼정

부채'[佛]. 부채'가. 부채'를. 부채'도. 부채'만. 부채'에. 부채'에도. 부채'부'터. 부채'꺼'정

비:단(緋緞). 비:단이. 비:단을. 비:단도. 비:단만. 비:단에. 비:단에도. 비:단부터. 비:단꺼정

빈:소(殯所). 빈:소가. 빈:소를. 빈:소도. 빈:소만. 빈:소에. 빈:소에도. 빈:소부터. 빈:소꺼정

사나"[男]. 사나"가. 사나"를. 사나"도. 사나"만. 사나"에. 사나"에도. 사나"부터. 사나"꺼정

사:람[人]. 사:람이. 사:람을. 사:람도. 사:람만. 사:람에. 사:람에도. 사:람부터. 사:람꺼정

상'투'[髻]. 상'투'가. 상'투'를. 상'투'도. 상'투'만. 상'투'에. 상'투'에도. 상'투'부터. 상'투'꺼정

새'끼[仔]. 새'끼가. 새'끼를. 새'끼도. 새'끼만. 새'끼에. 새'끼에도. 새'끼부터. 새'끼꺼정

새'끼'[繩]. 새'끼'가. 새'끼'를. 새'끼'도. 새'끼'만. 새'끼'에. 새'끼'에도. 새'끼'부터. 새'끼'꺼정

새:미[泉]. 새:미가. 새:미를. 새:미도. 새:미만. 새:미에. 새:미에도. 새:미부터. 새:미꺼정

새^비[鰕]. 새^비가. 새^비를. 새^비도. 새^비만. 새^비에. 새^비에도. 새^비부터. 새^비꺼정

서'리[盜]. 서'리가. 서'리를. 서'리도. 서'리만. 서'리에. 서'리에도. 서'리부터. 서'리꺼정

서^리[霜]. 서^리가. 서^리를. 서^리도. 서^리만. 서^리에. 서^리에도. 서^리부터. 서^리꺼정

서^리[써레]. 서^리가. 서^리를. 서^리도. 서^리만. 서^리에. 서^리에도. 서^리부터. 서^리꺼정

서:울[京]. 서:울이. 서:울을. 서:울도. 서:울만. 서:울에. 서:울에도. 서:울부터. 서:울꺼정

선'배(先輩). 선'배가. 선'배를. 선'배도. 선'배만. 선'배에. 선'배에도. 선'배부터. 선'배꺼정

선'배[士]. 선'배가. 선'배를. 선'배도. 선'배만. 선'배에. 선'배에도. 선'배부터. 선'배꺼정

소곰'[鹽]. 소곰'이. 소곰'을. 소곰'도. 소곰'만. 소곰'에. 소곰'에도. 소곰'부'터. 소곰'꺼'정

소"름[皴]. 소"름이. 소"름을. 소"름도. 소"름만. 소"름에. 소"름에도. 소"름부터. 소"름꺼정

소'리[聲]. 소'리가. 소'리를. 소'리도. 소'리만. 소'리에. 소'리에도. 소'리부터. 소'리꺼정

소'매'[袖]. 소'매'가. 소'매'를. 소'매'도. 소'매'만. 소'매'에. 소'매'에도. 소'매'부터. 소'매'꺼정

손톱'[爪]. 손톱'이. 손톱'을. 손톱'도. 손톱'만. 손톱'에. 손톱'에도. 손톱'부'터. 손톱'꺼'정

수:건(手巾). 수:건이. 수:건을. 수:건도. 수:건만. 수:건에. 수:건에도. 수:건부터. 수:건꺼정

수'물'[二十]. 수'물'이. 수'물'을. 수'물'도. 수'물'만. 수'물'에. 수'물'에도. 수'물'부터. 수'물'꺼정

아'들[子]. 아'들이. 아'들을. 아'들도. 아'들만. 아'들에. 아'들에도. 아'들부터. 아'들꺼정

아:무[某]. 아:무가. 아:무를. 아:무도. 아:무만. 아:무에. 아:무에도. 아:무부터. 아:무꺼정

아'재[叔]. 아'재가. 아'재를. 아'재도. 아'재만. 아'재에. 아'재에도. 아'재부터. 아'재꺼정

안:개[霧]. 안:개가. 안:개를. 안:개도. 안:개만. 안:개에. 안:개에도. 안:개부터. 안:개꺼정

어'깨[肩]. 어'깨가. 어'깨를. 어'깨도. 어'깨만. 어'깨에. 어'깨에도. 어'깨부터. 어'깨꺼정

어'름[氷]. 어'름이. 어'름을. 어'름도. 어'름만. 어'름에. 어'름에도. 어'름부터. 어'름꺼정

얼굴'[顔]. 얼굴'이. 얼굴'을. 얼굴'도. 얼굴'만. 얼굴'에. 얼굴'에도. 얼굴'부'터. 얼굴'꺼'정

에'미'[母]. 에'미'가. 에'미'를. 에'미'도. 에'미'만. 에'미'에. 에'미'에도. 에'미'부터. 에'미'꺼정

여'름[夏]. 여'름이. 여'름을. 여'름도. 여'름만. 여'름에. 여'름에도. 여'름부터. 여'름꺼정

여'어(짬). 여'어가. 여'어를. 여'어도. 여'어만. 여'어에. 여'어에도. 여'어부터. 여'어꺼정

염'소'[羔]. 염'소'가. 염'소'를. 염'소'도. 염'소'만. 염'소'에. 염'소'에도. 염'소'부터. 염'소'꺼정

우'리[柵]. 우'리가. 우'리를. 우'리도. 우'리만. 우'리에. 우'리에도. 우'리부터. 우'리꺼정

우리'[吾]. 우리'가. 우리'를. 우리'도. 우리'만. 우리'에. 우리'에도. 우리'부'터. 우리'꺼'정

우:산(雨傘). 우:산이. 우:산을. 우:산도. 우:산만. 우:산에. 우:산에도. 우:산부터. 우:산꺼정

으"름[木通] 으"름이. 으"름을. 으"름도. 으"름만. 으"름에. 으"름에도. 으"름부터. 으"름꺼정

이'름[名]. 이'름이. 이'름을. 이'름도. 이'름만. 이'름에. 이'름에도. 이'름부터. 이'름꺼정

이삭'[穗]. 이삭'이. 이삭'을. 이삭'도. 이삭'만. 이삭'에. 이삭'에도. 이삭'부'터. 이삭'꺼'정

임:금[王]. 임:금이. 임:금을. 임:금도. 임:금만. 임:금에. 임:금에도. 임:금부터. 임:금꺼정

임:재[主]. 임:재가. 임:재를. 임:재도. 임:재만. 임:재에. 임:재에도. 임:재부터. 임:재꺼정

자'리[席]. 자'리가. 자'리를. 자'리도. 자'리만. 자'리에. 자'리에도. 자'리부터. 자'리꺼정

자리'[袋]. 자리'가. 자리'를. 자리'도. 자리'만. 자리'에. 자리'에도. 자리'부'터. 자리'꺼'정

자리'[柄]. 자리'가. 자리'를. 자리'도. 자리'만. 자리'에. 자리'에도. 자리'부'터. 자리'꺼'정

정지'[廚]. 정지'가. 정지'를. 정지'도. 정지'만. 정지'에 → 정제". 정지'에도 → 정제"도. 정지'부'터. 정지'꺼'정

제:비[燕]. 제:비가. 제:비를. 제:비도. 제:비만. 제:비에. 제:비에도. 제:비부터. 제:비꺼정

조개'[貝]. 조개'가. 조개'를. 조개'도. 조개'만. 조개'에. 조개'에도. 조개'부'터. 조개'꺼'정

조:래[笊]. 조:래가. 조:래를. 조:래도. 조:래만. 조:래에. 조:래에도. 조:래부터. 조:래꺼정

줌'치[囊]. 줌'치가. 줌'치를. 줌'치도. 줌'치만. 줌'치에. 줌'치에도. 줌'치부터. 줌'치꺼정

지둥'[柱]. 지둥'이. 지둥'을. 지둥'도. 지둥'만. 지둥'에. 지둥'에도. 지둥'부'터. 지둥'꺼'정

지'름[油]. 지'름이. 지'름을. 지'름도. 지'름만. 지'름에. 지'름에도. 지'름부터. 지'름꺼정

지:집[女]. 지:집이. 지:집을. 지:집도. 지:집만. 지:집에. 지:집에도. 지:집부터. 지:집꺼정

짐'치[菹]. 짐'치가. 짐'치를. 짐'치도. 짐'치만. 짐'치에. 짐'치에도. 짐'치부터. 짐'치꺼정

차'반'[饌]. 차'반'이. 차'반'을. 차'반'도. 차'반'만. 차'반'에. 차'반'에도. 차'반'부터. 차'반'꺼정

찬:합(饌盒). 찬:합이. 찬:합을. 찬:합도. 찬:합만. 찬:합에. 찬:합에도. 찬:합부터. 찬:합꺼정

타:작(打作). 타:작이. 타:작을. 타:작도. 타:작만. 타:작에. 타:작에도. 타:작부터. 타:작꺼정

트'림'[噫]. 트'림'이. 트'림'을. 트'림'도. 트'림'만. 트'림'에. 트'림'에도. 트'림'부터. 트'림'꺼정

팽상'(平床). 팽상'이. 팽상'을. 팽상'도. 팽상'만. 팽상'에. 팽상'에도. 팽상'부'터. 팽상'꺼'정

포'리'[蠅]. 포'리'가. 포'리'를. 포'리'도. 포'리'만. 포'리'에. 포'리'에도. 포'리'부터. 포'리'꺼정

풀'무'[冶]. 풀'무'가. 풀'무'를. 풀'무'도. 풀'무'만. 풀'무'에. 풀'무'에도. 풀'무'부터. 풀'무'꺼정

풍구'(風具). 풍구'가. 풍구'를. 풍구'도. 풍구'만. 풍구'에. 풍구'에도. 풍구'부'터. 풍구'꺼'정

피'리'[笛]. 피'리'가. 피'리'를. 피'리'도. 피'리'만. 피'리'에. 피'리'에도. 피'리'부터. 피'리'꺼정

하'늘[天]. 하'늘이. 하'늘을. 하'늘도. 하'늘만. 하'늘에. 하'늘에도. 하'늘부터. 하'늘꺼정

할'매'[姑]. 할'매'가. 할'매'를. 할'매'도. 할'매'만. 할'매'에. 할'매'에도. 할'매'부터. 할'매'꺼정

할'배'[祖]. 할'배'가. 할'배'를. 할'배'도. 할'배'만. 할'배'에. 할'배'에도. 할'배'부터. 할'배'꺼정

허'리[腰]. 허'리가. 허'리를. 허'리도. 허'리만. 허'리에. 허'리에도. 허'리부터. 허'리꺼정

호:박[瓠]. 호:박이. 호:박을. 호:박도. 호:박만. 호:박에. 호:박에도. 호:박부터. 호:박꺼정

호박'[臼]. 호박'이. 호박'을. 호박'도. 호박'만. 호박'에. 호박'에도. 호박'부'터. 호박'꺼'정

활용 고저장단 일람

(1) 1음절 어간

가'-[去]. 가'고. 가'아도→가도. 가'았다→갔다. 가'이. 간

갈:-~**가**:-[耕]. 갈:고~가:고. 갈'아도. 갈'았다. 가:이. 간:~갈'안

갈-~**가**-[磨]. 갈고~가고. 갈아도. 갈았다. 가이. 간~갈안

갈'-~**가'**-[更]. 갈'고~가'고. 갈'아도. 갈'았다. 가'이. 간~갈'안

긁'-[爬]. 긁'고. 긁'아도. 긁'았다. 긁'으이. 긁'은~긁'안

갋:-[並]. 갋:고. 갋'아도. 갋'았다. 갋'우이. 갋'운~갋'안
감:-[捲]. 감:고. 감'아도. 감'았다. 감'우이. 감'은~감'안
갖'-[具]. 갖'고. 갖'아도. 갖'았다. 갖'이이. 갖'은~갖'인
같-[同]. 같고. 같애도. 같앴다. 같으이. 같은~같안
갚'-[報]. 갚'고. 갚'아도. 갚'았다. 갚'우이. 갚'은
개"-[晴]. 개"고. 개'애도→개"도. 개'앴다→갰"다. 개"이. 갠"
걷:-[步]. 걷:고. 걸'어도. 걸'었다. 걸'으이. 걸'은
걷'-[收]. 걷'고. 걷'어도. 걷'었다. 걷'으이. 걷'은
걸:-~**거**:-[掛]. 걸:고~거:고. 걸'어도. 걸'었다. 거:이. 건:
검:-[黑]. 검:고. 검'어도. 검'었다. 검'우이. 검'은
겹'-[不勝]. 겹'고. 겹'어도. 겹'었다. 겹'우이. 겹'운
고"-[烹]. 고"고. 고'아도→과"도→가"도. 고'았다→괐"다→갔"다. 고"이. 곤"~고'안
곧'-[直]. 곧'고. 곧'아도. 곧'았다. 곧'으이. 곧'은~곧'안
골-~**고**-(코를). 골고~고고. 골아도. 골았다. 고이. 곤~골안
곪:-[膿]. 곪:고. 곪'아도. 곪'았다. 곪'우이. 곪'운~곪'안
곯-[飢]. 곯고. 곯아도. 곯았다. 곯으이. 곯은~곯안
곱:-[麗]. 곱:고. 곱:아도. 곱:았다. 곱:우이. 곱:운~곱:안
곱'-[曲指]. 곱'고. 곱'아도. 곱'았다. 곱'우이. 곱'운~곱'안
굳'-[固]. 굳'고. 굳'어도. 걷'었다. 굳'으이. 굳'은
굵:-[太]. 굵:고. 굵:어도. 굵:었다. 굵:으이. 굵:은
굶:-[飢]. 굶:고. 굶'어도. 굶'었다. 굶'우이. 굶'은
굽'-[曲]. 굽'고. 굽'어도. 굽'었다. 굽'우이. 굽'운
궂'-[惡]. 궂'고. 궂'어도. 궂'었다. 궂'이이. 궂'은
긋:-[劃]. 긋:고. 그'어도. 그'었다. 그'으이. 그'은
기-[匍]. 기고. 기이도→기:도. 기있다→깄:다. 기이. 긴
긷:-[汲]. 긷:고. 길'어도. 길'었다. 길'으이. 길'은
까-[剝]. 까고. 까아도→까도. 까았다→깠다. 까이. 깐
까-[孵]. 까고. 까아도→까도. 까았다→깠다. 까이. 깐
깎'-[削]. 깎'고. 깎'아도. 깎'았다. 깎'으이. 깎'은~깎'안
깔-~**까**-[敷]. 깔고~까고. 깔아도. 깔았다. 까이. 깐~깔안
깜-[瞑]. 깜고. 깜아도. 깜았다. 깜으이. 깜은~깜안

깜−[沐]. 깜고. 깜아도. 깜았다. 깜으이. 깜은~깜안

깨−[覺]. 깨고. 깨애도→깨도. 깨앴다→깼다. 깨이. 깬

깨'−[破]. 깨'고. 깨'애도→깨"도. 개'앴다→깼"다. 깨'이. 깬

꼬"−[誘]. 꼬"고. 꼬'아도→꽈"도→까"도. 꼬'았다→꽜"다→깠"다. 꼬"이. 꼰"~꼬'안

꼽'−[揷]. 꼽'고. 꼽'아도. 꼽'았다. 꼽'우이. 꼽'은~꼽'안

꽂'−[揷]. 꽂'고. 꽂'아도. 꽂'았다. 꽂'이이. 꽂'은~꽂'안

꾸−[夢]. 꾸고. 꾸아도→꽈:도→꼬:도. 꾸았다→꽜:다→꽀:다. 꾸이. 꾼

꿇−[跪]. 꿇고. 꿇어도. 꿇었다. 꿇으이. 꿇은

꿉:−[燒]. 꿉:고. 꿉'어도~꾸'우도→꾸"도. 꿉'었다~꾸'웄다→꿨"다. 꿉'우이. 꿉'운

끄−[消]. 끄고. 끄어도→꺼도. 끄었다→껐다. 끄이. 끈

끊'−[折]. 끊'고. 끊'어도. 끊'었다. 끊'으이. 끊'은

끌−~**끄**−[引]. 끌고~끄고. 끌어도. 끌었다. 끄이. 끈

끍'−[爬]. 끍'고. 끍'어도. 끍'었다. 끍'으이. 끍'은

끓'−[沸]. 끓'고. 끓'어도. 끓'었다. 끓'으이. 끓'은

끆'−[折]. 끆'고. 끆'어도. 끆'었다. 끆'으이. 끆'은

나'−[出]. 나'고. 나아도→나도. 나았다→났다. 나'이. 난

낚'−[釣]. 낚'고. 낚'아도. 낚'았다. 낚'으이. 낚'은~낚'안

낡'−[古]. 낡'고. 낡'아도. 낡'았다. 낡'으이. 낡'은~낡'안

남:−[餘]. 남:고. 남'아도. 남'았다. 남'우이. 남'은~남'안

낫:−[勝]. 낫:고. 낫'아도. 낫'았다. 낫'이이. 낫'은~낫'안

낫:−[癒]. 낫:고. 낫'아도. 낫'았다. 낫'이이. 낫'은~낫'안

낮'−[低]. 낮'고. 낮'아도. 낮'았다. 낮'이이. 낮'은~낮'안

내:−[出]. 내:고. 내'애도→내"도. 내'앴다→냈"다. 내:이. 낸:

널:−~**너:**−[布]. 널:고~너:고. 널'어도. 널'었다. 너:이. 넌:

넓'−[廣]. 넓'고. 넓'어도. 넓'었다. 넓'우이. 넓'운

넘:−[越]. 넘:고. 넘'어도. 넘'었다. 넘'우이. 넘'운

녹'−[溶]. 녹'고. 녹'아도. 녹'았다. 녹'으이. 녹'은~녹'안

놀:−~**노:**−[遊]. 놀:고~노:고. 놀'아도. 놀'았다. 노:이. 논:~놀'안

높'−[高]. 높'고. 높'아도. 높'았다. 높'우이. 높'은~높'안

놓′-[放]. 놓′고. 놓′아도→놔″도→나″도. 놓′았다→놨″다→났″다. 놓′으이. 놓′은→논″~놓′안→놘″→난″

놓′-[産]. 놓′고. 놓′아도→놔″도→나″도. 놓′았다→놨″다→났″다. 놓′으이. 놓′은→논″~놓′안→놘″→난″

누′-[尿]. 누′고. 누′어도→눠″도→노″도~노:도. 누′었다→눴″다→놨″다~놨:다. 누′이. 눈

눋:-[焦]. 눋:고. 눌′어도. 눌′었다. 눌′으이. 눌′은

눕′-[臥]. 눕′고. 눕′어도. 눕′었다. 눕′우이. 눕′운

늘-~느-[增]. 늘고~느고. 늘어도. 늘었다. 느이. 는

늙′-[老]. 늙′고. 늙′어도. 늙′었다. 늙′으이. 늙′은

늦′-[晩]. 늦′고. 늦′어도. 늦′었다. 늦′이이. 늦′은

닫′-[閉]. 닫′고. 닫′아도. 닫′았다. 닫′으이. 닫′은~닫′안

달:-~다:-[弄]. 달:고~다:고. 달′아도. 달′았다. 다:이. 단:~달′안

달-~다-[懸]. 달고~다고. 달아도. 달았다. 다이. 단~달안

달′-~다′-[甘]. 달′고~다′고. 달′아도. 달′았다. 다′이. 단~달′안

달′-~다′-[測]. 달′고~다′고. 달′아도. 달′았다. 다′이. 단~달′안

닭′-[消]. 닭′고. 닭′아도. 닭′았다. 닭′으이. 닭′은~닭′안

닮:-[似]. 닮:고. 닮′아도. 닮′았다. 닮′우이. 닮′운~닮′안

닳′-[消]. 닳′고. 닳′아도. 닳′았다. 닳′으이. 닳′은~닳′안

담:-[盛]. 담:고. 담′아도. 담′았다. 담′우이. 담′운~담′안

닿′-[接]. 닿′고. 닿′아도. 닿′았다. 닿′으이. 닿′은~다′안

대″-[駐]. 대″고. 대′애도→대″도. 대′앴다→댔″다. 대″이. 댄″

대″-[觸]. 대″고. 대′애도→대″도. 대′앴다→댔″다. 대″이. 댄″

때:-[燒]. 때:고. 때′애도→때″도. 때′앴다→땠″다. 때:이. 땐:

덜:-~더:-[減]. 덜:고~더:고. 덜′어도. 덜′었다. 더:이. 던:

덥:-[署]. 덥:고. 덥′어도. 덥′었다. 덥′우이. 덥′운

덮′-[覆]. 덮′고. 덮′어도. 덮′었다. 덮′으이. 덮′은

돋′-[昇]. 돋′고. 돋′아도. 돋′았다. 돋′으이. 돋′은~돋′안

돌:-~도:-[廻]. 돌:고~도:고. 돌′아도. 돌′았다. 도:이. 돈:~돌′안

두′-[置]. 두′고. 두′어도→둬″도→도″도. 두′었다→뒀″다→돴:다. 두′이. 둔

듣′-[聞]. 듣′고. 들′어도. 들′었다. 들′으이. 들′은

들– ~**드**–[入]. 들고~드고. 들어도. 들었다. 드이. 든~들은

들′– ~**드**′–[擧]. 들′고~드′고. 들′어도. 들′었다. 드′이. 든~들′은

디:–[火傷]. 디:고. 디′이도→디″도. 디′있다→딨″다. 디:이. 딘:

따–[摘]. 따고. 따아도→따도. 따았다→땄다. 따이. 딴

뛲′–[修]. 뛲′고. 뛲′아도. 뛲′았다. 뛲′으이. 뛲′은~뛲′안

땅ᇂ′–[辮]. 땅ᇂ′고. 땅ᇂ′기. 땅ᇂ′지. 땅ᇂ′고도. 땅ᇂ′지만. *땅ᇂ′아도. *땅ᇂ′았다. *땅ᇂ′으이. *땅ᇂ′은~*땅ᇂ′안

땋′–[辮]. 땋′고. 땋′아도. 땋′았다. 땋′으이. 땋′은~땋′안

떨:– ~**떠**:–[振]. 떨:고~떠:고. 떨′어도. 떨′었다. 떠:이. 떤:

떪:–[澁]. 떪:고. 떪:어도. 떪:었다. 떪:우이. 떪:은

뚜–[碁]. 뚜고. 뚜어도→뚸:도→또:도. 뚜었다→뚰다→똤다. 뚜이. 뚠

뚧:–[貫]. 뚧:고 뚧′어도. 뚧′었다. 뚧′우이. 뚧′운~뚧′은

뜨–[覺]. 뜨고. 뜨어도→떠도. 뜨었다→떴다. 뜨이. 뜬

뜨–[浮]. 뜨고. 뜨어도→떠도. 뜨었다→떴다. 뜨이. 뜬

뜯–[取]. 뜯고. 뜯어도. 뜯었다. 뜯으이. 뜯은

띠:–[帶]. 띠:고. 띠′이도→띠″도. 띠′있다→띴″다. 띠:이. 띤:

띠–[帶]. 띠고. 띠이도→띠:도. 띠있다→띴:다. 띠이. 띤

띠′–[躍]. 띠′고. 띠′이도→띠″도. 띠′있다→띴″다. 띠′이. 띤

막′–[防]. 막′고. 막′아도. 막′았다. 막′으이. 막′은~막′안

망ᇂ:–[多]. 망ᇂ:고. 망ᇂ:애도. 망ᇂ:앴다. 망ᇂ:으이. 망ᇂ:은~망ᇂ:안

말:– ~**마**:–[勿]. 말:고~마:고. 말′아도. 말′았다. 마:이. 만:~말′안

말′– ~**마**′–[捲]. 말′고~마′고. 말′아도. 말′았다. 마′이. 만~말′안

말′– ~**마**′–[凔]. 말′고~마′고. 말′아도. 말′았다. 마′이. 만~말′안

맑′–[淸]. 맑′고. 맑′아도. 맑′았다. 맑′으이. 맑′은~맑′안

맞′–[適]. 맞′고. 맞′아도. 맞′았다. 맞′으이. 맞′은~맞′안

맡′–[任]. 맡′고. 맡′아도. 맡′았다. 맡′으이. 맡′은~맡′안

매–[鏟]. 매고. 매애도→매도. 매앴다→맸다. 매이. 맨

매′–[結]. 매′고. 매′애도→매″도. 매′앴다→맸″다. 매′이. 맨

맵′–[辛]. 맵′고. 맵′아도. 맵′았다. 맵′우이. 맵′은~맵′안

멀:– ~**머**:–[遠]. 멀:고~머:고. 멀′어도. 멀′었다. 머:이. 먼:

모″–[集]. 모″고. 모′아도→뫄″도→마″도. 모′았다→뫘″다→맜″다.

모''이. 몬''~모'안

몰:-~**모**:-[逐]. 몰:고~모:고. 몰'아도. 몰'았다. 모:이. 몬:~몰'안

묵'-[食]. 묵'고. 묵'기. 묵'지. 묵'우도→무'우도→무''도. 묵'윴다→무'윴다→뭈''다. 묵'우이→무'우이→무''이. 묵'은→무'운~문''

묻:-[問]. 묻:고. 물'어도. 물'었다. 물'으이. 물'은

물:-~**무**:-[辦]. 물:고~무:고. 물'어도. 물'었다. 무:이. 문:

물'-~**무**'-[咬]. 물'고~무'고. 물'어도. 물'었다. 무'이. 문~물'은

묽'-[稀]. 묽'고. 묽'어도. 묽'었다. 묽'으이. 묽'은

미:-[擔]. 미:고. 미'이도→미''도. 미'있다→밌''다. 미:이. 민:

믿'-[信]. 믿'고. 믿'어도. 믿'었다. 믿'으'이. 믿'은

밀:-~**미**:-[推]. 밀:고~미:고. 밀'어도. 밀'었다. 미:이. 민:

밉'-[憎]. 밉'고. 밉'어도. 밉'었다. 밉'우이. 밉'은

맡'-[嗅]. 맡'고. 맡'아도. 맡'았다. 맡'으이. 맡'은~맡'안

박'-[插]. 박'고. 박'아도. 박'았다. 박'으이. 박'은~박'안

받'-[受]. 받'고. 받'아도. 받'았다. 받'으이. 받'은

밝'-[明]. 밝'고. 밝'아도. 밝'았다. 밝'으이. 밝'은~밝'안

뱉'-[唾]. 뱉'고. 뱉'아도. 뱉'았다. 뱉'으이. 뱉'은~뱉'안

벌:-~**버**:-[列]. 벌:고~버:고. 벌:어도. 벌:었다. 벌:으이. 벌:은

벌''-~**버**''-[稼] 벌''고~버''고. 벌''어도. 벌''었다. 버''이. 번''

벗'-[脫]. 벗'고. 벗'어도. 벗'었다. 벗'이이. 벗'은

보'-[見]. 보'고. 보'아도→봐''도→바:도. 보'았다→봤''다→밨:다. 보'이. 본~반:

볿:-[踏]. 볿:고. 볿'아도. 볿'았다. 볿'우이. 볿'운~볿'안

붇:-[增]. 붇:고. 불'어도. 불'었다. 불'으이. 불'은

붇:-[漲]. 붇:고. 불'어도. 불'었다. 불'으이. 불'은

불:-~**부**:-[吹]. 불:고~부:고. 불'어도. 불'었다. 부:이. 분:

붉'-[赤]. 붉'고. 붉'어도. 붉'었다. 붉'으이. 붉'은

붋'-[羨]. 붋'고. 붋'어도. 붋'었다. 붋'우이. 붋'운

붓:-[注]. 붓:고. 부'아도. 부'았다. 부'으이. 부'은~부'안

붙'-[附]. 붙'고. 붙'어도. 붙'었다. 붙'으이. 붙'은

비:-[空]. 비:고. 비'이도→비''도. 비'있다→빘''다. 비:이. 빈:

비:-[刈]. 비:고. 비'이도→비''도. 비'있다→빘''다. 비:이. 빈:

비:－[枕]. 비:고. 비′이도→비″도. 비′있다→빘″다. 비:이. 빈:
비″－<**보′이**－[使見]. 비″도. 비′이도→비″도. 비′있다→빘″다. 비″이. 빈″
비″－<**보이″**－[被見]. 비″도. 비′이도→비″도. 비′있다→빘″다. 비″이. 빈″
빌:－～**비:**－[禱]. 빌:고～비:고. 빌′어도. 빌′었다. 비:이. 빈:
빨－～**빠**－[洗]. 빨고～빠고. 빨아도. 빨았다. 빠이. 빤～빨안
빨－～**빠**－[吸]. 빨고～빠고. 빨아도. 빨았다. 빠이. 빤～빨안
뻗′－[伸]. 뻗′고. 뻗′어도. 뻗′었다. 뻗′으이. 뻗′은
뽀″－[碎]. 뽀″고. 뽀′아도→뽜″도→빠″도. 뽀′았다→뽰″다→빴″다. 뽀″이. 뽄″～뽀′안
볶′－[炒]. 볶′고. 볶′아도. 볶′았다. 볶′으이. 볶′은～볶′안
뽑－[拔]. 뽑고. 뽑아도. 뽑았다. 뽑우이. 뽑은～뽑안
뿌－(조동사). 뿌고. 뿌우도→뿌도. 뿌웠다→뿠다. 뿌이. 뿐
삐－[折]. 삐고. 삐이도→삐:도. 삐있다→삤:다. 삐이. 삔
삣′－[梳]. 삣′고. 삣′어도. 삣′었다. 삣′이이. 삣′은～삣′인
사－[買]. 사고. 사아도→사도. 사았다→샀다. 사이. 산
사－[抱]. 사고. 사아도→사도. 사았다→샀다. 사이. 산
삭′－[酵]. 삭′고. 삭′아도. 삭′았다. 삭′으이. 삭′은～삭′안
살:－～**사:**－[生]. 살:고～사:고. 살′아도. 살′았다. 사:이. 산:~살′안
살－～**사**－[燒]. 살고～사고. 살아도. 살았다. 사이. 산～살안
삶:－[烹]. 삶:고. 삶′아도. 삶′았다. 삶′우이. 삶′은～삶′안
삼:－[爲]. 삼:고. 삼′아도. 삼′았다. 삼′우이. 삼′은～삼′안
샇′－[積]. 샇′고. 샇′아도. 샇′았다. 샇′으이. 샇′은～샇′안
서′－[立]. 서′고. 서′어도→서도. 서′었다→섰다. 서′이.
섞′－[混]. 섞′고. 섞′어도. 섞′었다. 섞′으이. 섞′은
설:－～**서:**－[未熟]. 설:고～서:고. 설′어도. 설′었다. 서:이. 선:
설－～**서**－[切]. 설고～서고. 설어도. 설었다. 설으이. 설은
섧:－[哀]. 섧:고. 섧:어도. 섧:었다. 섧:우이. 섧:은
속′－[欺]. 속′고. 속′아도. 속′았다. 속′으이. 속′은～속′안
솎′－[稀]. 솎′고. 솎′아도. 솎′았다. 솎′으이. 솎′은～솎′안
솓′－[注]. 솓′고. 솓′아도. 솓′았다. 솓′으이. 솓′은～솓′안

솔:－~**소**:－[狹]. 솔:고~소:고. 솔′아도. 솔′았다. 소:이. 손:~솔′안
솟′－[聳]. 솟′고. 솟′아도. 솟′았다. 솟′으이~솟이이. 솟′은~솟′안
수－[射]. 수고. 수아도. 수았다. 수이. 순
숙′－[俯]. 숙′고. 숙′어도. 숙′었다. 숙′으이. 숙′은
숨－[隱]. 숨고. 숨어도. 숨었다. 숨으이. 숨은
숩:－[易]. 숩:고. 숩:어도. 숩:었다. 숩:우이. 숩:은
시:－[强]. 시:고. 시′이도→시″도. 시′있다→싰″다. 시:이. 신:
시:－[休]. 시:고. 시′이도→시″도. 시′있다→싰″다. 시:이. 신:
시－[冠]. 시고. 시어도→서도. 시었다→섰다. 시이. 신
시－[書]. 시고. 시어도→서도. 시었다→섰다. 시이. 신
시－[用]. 시고. 시어도→서도. 시었다→섰다. 시이. 신
쉬′－[洗]. 쉬′고. 쉬′어도. 쉬′었다. 쉬′으이. 쉬′은
신:－[履]. 신:고. 신′어도. 신′었다. 신′으이. 신′은
싣:－[載]. 싣:고. 실′어도. 실′었다. 실′으이. 실′은
실－~**시**－[掃]. 실고~시고. 실어도. 실었다. 시이. 신
싫－[厭]. 싫고. 싫어도. 싫었다. 싫으이. 싫은
싶′－[咀]. 싶′고. 싶′어도. 싶′었다. 싶′우이. 싶′운
안:－[抱]. 안:고. 안′아도. 안′았다. 안′으이. 안′은~안′안
앉′－[坐]. 앉′아도. 앉′았다. 앉′으이~앉′이이. 앉′은~앉′인~앉′안
않－[否]. 않고. 않애도. 않앴다. 않으이. 않은~않안
알:－~**아**:－[知]. 알:고~아:고. 알′아도. 알′았다. 아:이. 안:~알′안
앍′－[痛]. 앍′고. 앍′아도. 앍′았다. 앍′으이. 앍′은~앍′안
약′－[謀]. 약′고. 약′아도. 약′았다. 약′으이. 약′은~약′안
얇:－[薄]. 얇:고. 얇′아도. 얇′았다. 얇′우이. 얇′운~얇′안
얕′－[淺]. 얕′고. 얕′아도. 얕′았다. 얕′으이. 얕′은~얕′안
얹′－[載]. 얹′고. 얹′어도. 얹′었다. 얹′이이. 얹′은~얹′인
얻:－[得]. 얻:고 얻:어도. 얻:었다. 얻:으이. 얻:은
얼:－~**어**:－[凍]. 얼:고~어:고. 얼′어도. 얼′었다. 어:이. 언:
얽′－[編]. 얽′고. 얽′어도. 얽′었다. 얽′으이. 얽′은
없:－[無]. 없:고 없:어도. 없:었다. 없:이이. 없:는
업′－[負]. 업′고. 업′어도. 업′었다. 업′우이. 업′운
없:－[無]. 없:고. 없:어도. 없:었다. 없:이이. 없:는

엮'-[編]. 역'고. 엮'어도. 엮'었다. 엮'으이. 엮'은
열:-~여:-[開]. 열:고~여:고. 열'어도. 열'었다. 여:이. 연:
엷:-[薄]. 엷:고. 엷'어도. 엷'었다. 엷'우이. 엷'운
옇'-[編]. 옇'고. 옇'기. 옇'지. 옇'고도. 옇'지만. *옇'어도. *옇'었다. *옇'으이. *옇'은
옅'-[薄]. 옅'고. 옅'어도. 옅'었다. 옅'으이. 옅'은
옇'-[入]. 옇'고. 옇'어도. 옇'었다. 옇'으이. 옇'은
오'-[來]. 오'고. 오'아도→와도. 오'았다→왔다. 오'이. 온
옭'-[編]. 옭'고. 옭'아도. 옭'았다. 옭'으이. 옭'은~옭'안
옮:-[移]. 옮:고. 옮'아도. 옮'았다. 옮'우이. 옮'운~옮'안
옳-[是]. 옳고. 옳애도. 옳앴다. 옳으이. 옳은~옳안
웃:-[笑]. 웃:고. 웃'어도. 웃'었다. 웃'이이. 웃'은
읊'-[吟]. 읊'고. 읊'어도. 읊'었다. 읊'우이. 읊'운
이"-[蓋]. 이"고. 이'아도. 이'았다. 이"이. 인"~이'안
이'-[戴]. 이'고. 이'어도→여도. 이'었다→였다. 인
익'-[熟]. 익'고. 익'어도. 익'었다. 익'으이. 익'은
일:-~이;-[興]. 일:고~이:고. 일'어도. 일'었다. 이:이. 인:
읽'-[讀]. 읽'고. 읽'어도. 읽'었다. 읽'으이. 읽'은
잃'-[失]. 잃'고. 잃'어도. 잃'었다. 잃'으이. 잃'은
입'-[被]. 입'고. 입'어도. 입'었다. 입'우이. 입'운
잇:-[續]. 잇:고. 잇'어도. 잇'었다. 잇'이이. 잇'은
잊'-[忘]. 잊'고. 잊'어도. 잊'었다. 잊'이이. 잊'은~잊'인
자'-[寢]. 자'고. 자'아도→자도. 자'았다→잤다. 자'이. 잔
작:-[小]. 작:고. 작:아도. 작:았다. 작:으이. 작:은~작:안
잡'-[捕]. 잡'고. 잡'아도. 잡'았다. 잡'우이. 잡'운~잡'안
잦'-[頻]. 잦'고. 잦'아도. 잦'았다. 잦'이이. 잦'은~잦'인~잦'안
재"-[測]. 재"고. 재'애도→재"도. 재'앴다→쟀"다. 재"이. 잰"
적:-[少]. 적:고. 적:어도. 적:었다. 적:으이. 적:은
적'-[記]. 적'고. 적'어도. 적'었다. 적'으이. 적'은
전:-[編]. 전:고. 절'어도. 절'었다. 절'으이. 절'은
절:-~저:-[跛]. 절:고~저:고. 절'어도. 절'었다. 저:이. 전:
젊:-[壯]. 젊:고. 젊'어도. 젊'었다. 젊'우이. 젊'운

접-[希]. 접고. 접어도. 접었다. 접우이. 접은

접'-[摺]. 접'고. 접'어도. 접'었다. 접'우이. 접'운

잣:-[捲]. 잣:고. 잣'아도. 잣'았다. 잣'이이. 잣'은~잣'인~잣'안

젓:-[攪]. 젓:고. 젓'어도. 젓'었다. 젓'이이. 젓'은

젗'-[濕]. 젗'고. 젗'어도. 젗'었다. 젗'이이. 젗'은~젗'인

졸-~**조**-[眠]. 졸고~조고. 졸아도. 졸았다. 조이. 존~졸안

좋:-[好]. 좋:고 좋:아도. 좋:았다. 좋:으이. 좋:은~좋:안

주'-[授]. 주'고. 주'어도→줘"도→조"도~조:도. 주'었더→줬"다→졿"다~졿:다. 주'이. 준

죽'-[死]. 죽'고. 죽'어도. 죽'었다. 죽'으이. 죽'은

줄:-~**주**:-[減]. 줄:고~주:고. 줄'어도. 줄'었다. 주:이. 준:

지'-[負]. 지'고. 지'어도→져도→저도. 지'었다→졌다→젔다. 지'이. 진

지'-[除]. 지'고. 지'어도→져도→저도. 지'었다→졌다→젔다. 지'이. 진

지'-[敗]. 지'고. 지'어도→져도→저도. 지'었다→졌다→젔다. 지'이. 진

질:-~**지**:-[長]. 질:고~지:고. 질'어도. 질'었다. 지:이. 진:

짓:-[作]. 짓:고. 지'아도. 지'았다. 지'으이. 지'은~지'안

짚'-[深]. 짚'고. 짚'어도. 짚'었다. 짚'우이. 짚'운

짚'-[杖]. 짚'고. 짚'어도. 짚'었다. 짚'우이. 짚'운

짜-[織]. 짜고. 짜아도→짜도. 짜았다→짰다. 짜이. 짠

짧'-[短]. 짧'고. 짧'아도. 짧'았다. 짧'우이. 짧'운~짧'안

쪼"-[啄]. 쪼"고. 쪼'아도→쫘"도→짜"도. 쪼'았다→쫬"다→짰"다. 쪼"이. 쫀"~쪼'안

좁'-[狹]. 좁'고. 좁'아도. 좁'았다. 좁'우이. 좁'운~좁'안

쫒'-[啄]. 쫒'고. 쫒'아도. 쫒'았다. 쫒'이이. 쫒'은~쫒'안

쫓'-[從]. 쫓'고. 쫓'아도. 쫓'았다. 쫓'이이. 쫓'은~쫓'안

쫓'-[逐]. 쫓'고. 쫓'아도. 쫓'았다. 쫓'이이. 쫓'은~쫓'안

찌-[烹]. 찌고. 찌어도→쪄도→쩌도. 찌었다→쪘다→쩠다 찌이. 찐

찍'-[搗]. 찍'고. 찍'어도. 찍'었다. 찍'으이. 찍'은

찝'-[把]. 찝'고. 찝'어도. 찝'었다. 찝'우이. 찝'운

찧'-[搗]. 찧'고. 찧'기. 찧'지. 찧'고도. 찧'지만. *찧'어도. *찧'었다. *찧'으이. *찧'은

차-[盈]. 차고. 차아도→차도. 차았다→찼다. 차이. 찬

차-[蹴]. 차고. 차아도→차도. 차았다→찼다. 차이. 찬

차-[佩]. 차고. 차아도→차도. 차았다→찼다. 차이. 찬

차-[寒]. 차고. 차아도→차도. 차았다→찼다. 차이. 찬

참-[忍]. 참고. 참아도. 참았다. 참으이. 참은~참안

찹-[冷]. 찹고. 찹아도. 찹았다. 찹우이. 찹운~찹안

찾-[尋]. 찾고. 찾아도. 찾았다. 찾이이. 찾은~찾인~찾안

추-[舞]. 추고. 추아도~추어도→춰도→초도. 추았다~추었다→췄다→촜다. 추이. 춘

추-[探]. 추고. 추아도. 추았다. 추이. 춘

치-[收]. 치고. 치어도→쳐도→처도. 치었다→쳤다→첬다. 치이. 친

치-[打]. 치고. 치어도→쳐도→처도. 치었다→쳤다→첬다. 치이. 친

칩-[寒]. 칩고. 칩어도. 칩었다. 칩우이. 칩은

캐-[採]. 캐고. 캐애도→캐도. 개앴다→갰다. 캐이. 캔

캐'-[點火]. 캐'고. 캐'애도→캐"도. 캐'앴다→캤"다. 캐'이. 캔

크-[大]. 크고. 크어도→커도. 크었다→컸다. 크이. 큰

타-[燒]. 타고. 타아도→타도. 타았다→탔다. 타이. 탄

타-[乘]. 타고. 타아도→타도. 타았다→탔다. 타이. 탄

타-[混]. 타고. 타아도→타도. 타았다→탔다. 타이. 탄

트-[開]. 트고. 트어도→터도. 트었다→텄다. 트이. 튼

티'-[跳]. 티'고. 티'이도→티"도. 티'있다→팄"다. 티'이. 틴

파-[掘]. 파고. 파아도→파도. 파았다→팠다. 파이. 판

팔-~**파**-[賣]. 팔고~파고. 팔아도. 팔았다. 파이. 판~팔안

패-[開]. 패고. 패애도→패도. 패앴다→팼다. 패이. 팬

패-[打]. 패고. 패애도→패도. 패앴다→팼다. 패이. 팬

패'-[伸]. 패'고. 패'애도→패"도. 페'앴다→팼"다. 패'이. 팬

퍼-[汲]. 퍼고. 퍼어도→퍼도. 퍼었다→팼"다. 퍼이. 펀

풀-~**푸**-[解]. 풀고~푸고. 풀어도. 풀었다. 푸이. 푼

피-[開]. 피고. 피이도→피:도. 피있다→핐:다. 피이. 핀

하'-[爲]. 하'고. 하'여도~해도. 하'였다~했다. 하'이. 한~핸

훑'－[舐]. 훑'고. 훑'아도. 훑'았다. 훑'으이. 훑'은～훑'안
훑'－[扱]. 훑'고. 훑'어도. 훑'었다. 훑'으이. 훑'은
히－[白]. 히고. 히이도→히:도. 히있다→힜:다. 히이. 힌

(2) 2음절 어간

가'늘'－～가'느'－[細]. 가'늘'고～가'느'고. 가'늘'어도. 가'늘'었다. 가'느'이. 가'늘'은
가'리－[遮]. 가'리고. 가'리이도→가'리도. 가'리있다→가'맀다. 가'리이. 가'린
가'리－[避]. 가'리고. 가'리이도→가'리도. 가'리있다→가'맀다. 가'리이. 가'린
가리'－[分]. 가리'고. 가리'아도→갈'라도. 가리'았다→갈'랐다. 가리'이. 가린～갈'란
가리'－[選]. 가리'고. 가리'아도→갈'라도. 가리'았다→갈'랐다. 가리'이. 가린～갈'란
가'물'－～가'무'－[旱]. 가'물'고～가'무'고. 가'물'어도. 가'물'었다. 가'무'이. 가'물'은～가'물'안
가뿌'－[窒]. 가뿌'고. 가뿌'아도→가'빠도. 가뿌'았다→가'빴다. 가뿌'이. 가뿐
가'시－[除]. 가'시고. 가'시어도→가'셔도. 가'시었다→가'셨다. 가'시이. 가'신
가'지－[持]. 가'지고. 가'지어도→가'져도→가'저도. 가'지었다→가'졌다→가'젔다. 가'지이. 가'진
간질'－간지'－[搛]. 간질'고～간지'고. 간질'어도. 간질'었다. 간지'이. 간질'은
갈리"－[被耕]. 갈리"고. 갈리'이도→갈리"도. 갈리'있다→갈맀"다. 갈리"이. 갈린"
개이"－[被捏]. 개이"고. 개이'이도→개이"도. 개이'있다→개있"다. 개이"이. 개인"
개이"－[被晴]. 개이"고. 개이'이도→개이"도. 개이'있다→개있"다. 개이"이. 개인"

개작'－[近]. 개작'고. 개작'아도. 개작'았다. 개작'으이. 개작'은～개작'안

갠찮'－[良]. 갠찮'고. 갠찮'애도. 갠찮'앴다. 갠찮'으이. 갠찮'은～갠찮'안

거두'－[使收]. 거두'고. 거두'아도→거다"도. 거두'았다→거닸"다. 거두'이. 거둔

거:들－～**거:드**－[助]. 거:들고～거:드고. 거:들어도. 거:들었다. 거:드이. 거:들은

거리'－[濾]. 거리'고. 거리'어도→걸'러도. 거리'었다→걸'렀다. 거리'이. 거린

건:너－[渡]. 건:너고. 건:너어도→건:너도. 건:너었다→건:넜다. 건:너이. 건:넌

걷히"－[被收]. 걷히"고. 걷히'이도→걷히"도. 걷히'있다→덭힜"다. 덭히"이. 덭힌"

게'우－[吐]. 게'우고. 게'우아도→게'아도～게'야도. 게'우았다→게'았다～게'얐다. 게'우이. 게'운～게'안～게'얀

계:시－[存]. 계:시고. 계:시이도→계:시도. 계:시있다→계:싰다. 계:시이. 계:신

고리'－[均]. 고리'고. 고리'아도→골'라도. 고리'았다→골'랐다. 고리'이. 고린

고:맙－[謝]. 고:맙고. 고:맙아도. 고:맙았다. 고:맙우이. 고:맙운～고:맙안

고'우－[烹]. 고'우고. 고'우아도→고'아도. 고'우았다→고'았다. 고'우이. 고'운～고'안

고이"－[被拄]. 고이"고. 고이'이도→고이"도. 고이'있다→고있"다. 고이"이. 고인"

고이"－[被烹]. 고이"고. 고이'이도→고이"도. 고이'있다→고있"다. 고이"이. 고인"

고푸'－[飢]. 고푸'고. 고푸'아도→고'파도. 고푸'았다→고'팠다. 고푸'이. 고푼～고'판

곤'치－[改]. 곤'치고. 곤'치이도→곤'치도～곤'치어도→곤'쳐도→곤'처도. 곤'치있다→곤'칬다～곤'치었다→곤'쳤다→곤'첬다. 곤'치이. 곤'친

그리'－[非]. 그리'고. 그리'어도→글'러도. 그리'었다→글'렀다. 그리'이. 그린

기'렵' －[不足]. 기'렵'고. 기'렵'어도. 기'렵'었다. 기'렵'우이. 기'렵'운

기'리' －[望]. 기'리'고. 기'리'이도→기'리'도. 기'리'있다→기'렀'다. 기'리'이. 기린

기'리' －[畵]. 기'리'고. 기'리'이도→기'리'도. 기'리'있다→기'렀'다. 기'리'이. 기린

기'찮' －[厭]. 기'찮'고. 기'찮'애도. 기'찮'앴다. 기'찮'으이. 기'찮'은

까:맣 －[黑]. 까:맣고. *까:맣여도→까:매도. *까:맣였다→까:맸다. 까:마이. 까:만

까불' －～**까부'** －[輕擧]. 까불'고～까부'고. 까불'어도. 까불'었다. 까부'이. 까불'은～까불'안

까불' －～**까부'** －[箕]. 까불'고～까부'고. 까불'어도. 까불'었다. 까부'이. 까불'은～까불'안

까이" －[被剝]. 까이"고. 까이'이도→까이"도. 까이'있다→까있"다. 까이"이. 까인"

까이" －[被孵]. 까이"고. 까이'이도→까이"도. 까이'있다→까있"다. 까이"이. 까인"

깎이" －[被削]. 깎이"고. 깎이'이도→깎이"도. 깎이'있다→깎있"다. 깎이"이. 깎인"

깨'닫' －[覺]. 깨'닫'고. 깨'달'아도. 깨'달'았다. 깨'달'으이. 깨'달'은

깨'우 －[使覺]. 깨'우고. 깨'우아도→깨'아도～깨'야도. 깨'우았다→깨'았다～깨'얐다. 깨'우이. 깨'운～깨'안～깨'얀

꺼:리 －[忌]. 꺼:리고. 꺼:리이도→꺼:리도. 꺼:리있다→꺼:렀다. 꺼:리이. 꺼:린

꺼'지' －[陷]. 꺼'지'고. 꺼'지'어도→꺼'져'도→꺼'저'도. 꺼'지'었다→꺼'졌'다→꺼'젔'다. 꺼'지'이. 꺼진

껀'지 －[渡]. 껀'지고. 껀'지이도→껀'지도～껀'지어도→껀'져도→껀저도. 껀'지있다→껀'짔다～껀'지었다→껀'졌다→껀'젔다. 껀'지이. 껀'진

꼬시' －[芳]. 꼬시'고. 꼬시'이도→꼬시"도. 꼬시'있다→꼬싰"다. 꼬시'이. 꼬신

꼬'우 －[誘]. 꼬'우고. 꼬'우아도→꼬'아도. 꼬'우았다→꼬'았다. 꼬'우이. 꼬'운～꼬'안

꾸불'－～꾸부'－[轉]. 꾸불'고～꾸부'고. 꾸불'어도. 꾸불'었다. 꾸부'이. 꾸불'은

꾸짖'－[叱]. 꾸짖'고. 꾸짖'어도. 구짖'었다. 꾸짖'이이. 구찢'은

끄리'－[解]. 끄리'고. 끄리'어도→끌'러도. 끄리'었다→끌'렀다. 끄리'이. 끄린

끈질'－～끈지'－[搔]. 끈질'고～끈지'고. 끈질'어도. 끈질'었다. 끈지'이. 끈질'은

끈'치－[止]. 끈'치고. 끈'치이도→끈'치도～끈'치어도→끈'쳐도→끈'처도. 끈'치있다→끈'칬다～끈'치었다→끈'쳤다→끈'첬다. 근'치이. 끈'친

끌리"－[被曳]. 끌리"고. 끌리'이도→끌리"도. 끌리'있다→끌맀"다. 끌리"이. 끌린"

끝'나'－[終]. 끝'나'고. 끝'나'아도→끝'나'도. 끝'나'았다→끝'났'다. 끝'나'이. 끝난

끼'리－[使沸]. 끼'리고. 끼'리이도→끼'리도. 끼'리있다→끼'맀다. 끼'리이. 끼'린

나뿌'－[不足]. 나뿌'고. 나뿌'아도→나'빠도. 나뿌'았다→나'빴다. 나뿌'이. 나뿐

나뿌'－[邪]. 나뿌'고. 나뿌'아도→나'빠도. 나뿌'았다→나'빴다. 나뿌'이. 나뿐

날'리－[使飛]. 날'리고. 날'리이도→날'리도. 날'리있다→날'맀다. 날'리이. 날'린

날리"－[被飛]. 날리"고. 날리'이도→날리"도. 날리'있다→날맀"다. 날리"이. 날린"

날'새－[敏]. 날'새고. 날'새애도→날'새도. 날'새앴다→날'샜다. 날'새이. 날'샌

낫우'－[使癒]. 낫우'고. 낫우'아도→낫아"도. 낫우'았다→낫았"다. 낫우'이. 낫운～낫안"

낮추'－[使低]. 낮추'고. 낮추'아도→낮차"도. 낮추'았다→낮찼"다. 낮추'이. 낮춘～낮찬"

내'리－[降]. 내'리고. 내'리이도→내'리도. 내'리있다→내'맀다. 내'리이. 내'린

넘'기-[使過]. 넘'기고. 넘'기이도→넘'기도. 넘'기있다→넘'깄다. 넘'기이. 넘'긴

노:랗-[黃]. 노:랗고. *노:랗여도→노:래도. *노:랗였다→노:랬다. 노:라이. 노:란

노푸'-[高]. 노푸'고. 노푸'아도→노'파도. 노푸'았다→노'팠다. 노푸'이. 노푼~노'판

놀:래-[驚]. 놀:래고. 놀:래애도→놀:래도. 놀:래앴다→놀:랬다. 놀:래이. 놀:랜

놀:래-[驚]. 놀:래고. 놀:래애도→놀:래도. 놀:래앴다→놀:랬다. 놀:래이. 놀:랜

놀'리-[使弄]. 놀'리고. 놀'리이도→놀'리도. 놀'리있다→놀'렀다. 놀'리이. 놀'린

놀'리-[使遊]. 놀'리고. 놀'리이도→놀'리도. 놀'리있다→놀'렀다. 놀'리이. 놀'린

누'리-[黃]. 누'리고. 누'리이도→누'리도. 누'리있다→누'렀다. 누'리이. 누'린

눌:리-[壓]. 눌:리고. 눌:리이도→눌:리도. 눌:리있다→눌:렀다. 눌:리이. 눌:린

느'리-[緩]. 느'리고. 느'리이도→느'리도. 느'리있다→느'렀다. 느'리이. 느'린

니'비-[縫]. 니'비고. 니'비이도→니'비도. 니'비있다→니'빘다. 니'비이. 니'빈

다'리-[尉]. 다'리고. 다'리이도→다'리도. 다'리있다→다'렀다. 다'리이. 다'린

다리'-[異]. 다리'고. 다리'아도→달'라도. 다리'았다→달'랐다. 다리'이. 다린

닫히"-[被閉]. 닫히"고. 닫히'이도→닫히"도. 닫히'있다→닫혔"다. 닫히"이. 닫힌"

달개'-[說]. 달개'고. 달개'애도→달개"도. 달개'앴다→달갰"다. 달개'이. 달갠~달갠"

닮기"-[被磨]. 닮기"고. 닮기'이도→닮기"도. 닮기'있다→닮깄"다. 닮기"이. 닮긴"

담기″－[被盛]. 담기″고. 담기′이도→담기″도. 담기′있다→담깄″다. 담기″이. 담긴″

댕′기－[行]. 댕′기고. 댕′기이도→댕′기도. 댕′기있다→댕′깄다. 댕′기이. 댕′긴

더′듬－[摸]. 더′듬고. 더′듬어도. 더′듬었다. 더′듬우이. 더′듬은

더′디－[遲]. 더′디고. 더′디이도→더′디도. 더′디있다→더′딨다. 더′디이. 더′딘

더:럽－[汚]. 더:럽고. 더:럽어도. 더:럽었다. 더:럽우이. 덥:럽운

덥구－[使熱]. 덥구′고. 덥구′아도→덥가″도. 덥구′았다→덥갔″다. 덥구′이. 덥군

도:지－[回]. 도:지고. 도:지어도→도:져도→도:저도. 도:지었다→도:졌다→도:젔다. 도:지이. 도:진

돋히″－[被旭]. 돋히″고. 돋히′이도→돋히″도. 돋히′있다→돋힜″다. 돋히″이. 돋힌″

돌′리－[使回]. 돌′리고. 돌′리이도→돌′리도. 돌′리있다→돌′맀다. 돌′리이. 돌′린

두리′－[帳]. 두리′고. 두리′이도→둘′러도. 두리′었다→둘′렀다. 두리′이. 두린

드′물′－～**드′무′**－[稀]. 드′물′고～드′무′고. 드′물′어도. 드′물′었다. 드′무′이. 두′물′은

들리″－[被擧]. 들리″고. 들리′이도→들리″도. 들리′있다→들맀″다. 들리″이. 들린″

디′디－[踏]. 디′디고. 디′디이도→디′디도. 디′디있다→디′딨다. 디′디이. 디′딘

디″지－[死]. 디″지고. 디″지어도→디″져도→디″저도. 디″지었다→디″졌다→디″젔다. 디″지이. 디″진

따′갑′－[刺]. 따′갑′고. 따′갑′아도. 따′갑′았다. 따′갑′우이. 따′깝′운～따′갑′안

따듬′－[整]. 따듬′고. 따듬′어도. 따뜸′었다. 따듬′우이. 따듬′운

따시′－[溫]. 따시′고. 따시′이도→따시″도. 따시′있다→따싰″다. 따시′이. 따신

때′리－[打]. 때′리고. 때′리이도→때′리도. 때′리있다→때′맀다. 때′리이.

때'린

떤'지－[投]. 떤'지고. 떤'지이도→떤'지도～떤'지어도→떤'져도→떤저도. 떤'지있다→떤'짔다～떤'지었다→떤'졌다→떤'젔다. 떤'지이. 떤'진

뚜껍'－[厚]. 뚜껍'고. 뚜껍'어도. 뚜껍'었다. 뚜껍'우이. 뚜껍'운

뜨'겁'－[熱]. 뜨'겁'고. 뜨'겁'어도. 뜨'겁'었다. 뜨'겁'우이. 뜨'겁'운

마리'－[乾]. 마리'고. 마리'아도→말'라도. 마리'았다→말'랐다. 마리'이. 마린～말'란

마'시－[飮]. 마'시고. 마'시이도→마'시도. 마'시있다→마'싰다. 마'시이. 마'신

만'내－[逢]. 만'내고. 만'내애도→만'내도. 만'내앴다→만'냈다. 만'내이. 만'낸

만'치－[撫]. 만'치고. 만'치이도→만'치도～만'치어도→만'쳐도→만'처도. 만'치었다→만'쳤다→만'첬다～만'치있다→만'칬다. 만'치이. 만'친

말:갛－[淸]. 말:갛고. *말:갛여도→말:개도. *말:갛였다→말:갰다. 말:가이. 말:간

말리"－[被捲]. 말리"고. 말리'이도→말리"도. 말리'있다→말맀"다. 말리"이. 말린"

말리"－[被淦]. 말리"고. 말리'이도→말리"도. 말리'있다→말맀"다. 말리"이. 말린"

맨들'－맨드'－[造]. 맨들'고～맨드'고. 맨들'어도. 맨들'었다. 맨드'이. 맨들'은

맹글'－맹그'－[造]. 맹글'고～맹그'고. 맹글'어도. 맹글'었다. 맹그'이. 맹글'은

머'금－[含]. 머'금고. 머'금어도. 머'금었다. 머'금우이. 머'금은

머물'－머무'－[留]. 머물'고～머무'고. 머물'어도. 머물'었다. 머무'이. 머물'은

모리－[不知]. 모리고. 모리아도→몰라도. 모리았다→몰랐다. 모리이. 모린～몰란.

모:시－[侍]. 모:시고. 모:시이도→모:시도. 모:시있다→모:싰다. 모:시이. 모:신

모′우－[集]. 모′우고. 모′우아도→모′아도～뫄″도→마″도. 모′우았다→모′았다～뫘″다→맜″다. 모′우이. 모′운～모′안→만″

모:질－～**모:지**－[惡]. 모:질고～모:지고. 모:질어도. 모:질었다. 모:지이. 모:질은

무겁′－[重]. 무겁′고. 무겁′어도. 무겁′었다. 무겁′우이. 무겁′운

무꾸′－[束]. 무꾸′고. 무꾸′아도→무까″도. 무꾸′았다→무깠″다. 무꾸′이. 무꾼

무끼″－[被束]. 무끼″고. 무끼′이도→무끼″도. 무꾸′있다→무낐″다. 무끼″이. 무낀″

무디′－[鈍]. 무디′고. 무디′이도→무디″도. 무디′있다→무딨″다. 무디′이. 무딘

무리′－[軟]. 무리′고. 무리′어도→물′러도. 무리′었다→물′렀다. 무리′이. 무린

무′섭－[恐]. 무′섭고. 무′섭어도. 무′섭었다. 무′섭우이. 무′섭운

묻히″－[被埋]. 묻히″고. 묻히′이도→묻히″도. 묻히′있다→묻힜″다. 묻히″이. 묻힌″

물′리－[使退]. 물′리고. 물′리이도→물′리도. 물′리있다→물′맀다. 물′리이. 물′린

물리″－[被咬]. 물리″고. 물리′이도→물리″도. 물리′있다→물맀″다. 갈리″이. 갈린″

뭉개′－[崩]. 뭉개′고. 뭉개′애도→뭉개″도. 뭉개′앴다→뭉갰″다. 뭉개′이. 뭉갠～뭉갠″

미″지－[塞]. 미″지고. 미″지어도→미″져도→미″저도. 미″지었다→미″졌다→미″젔다. 미″지이. 미″진

믹히″－[被食]. 믹히″고. 믹히′이도→믹히″도. 믹히′있다→믹힜″다. 믹히″이. 믹힌″

바꾸′－[換]. 바꾸′고. 바꾸′아도→바까″도. 바꾸′았다→바깠″다. 바꾸′이. 바꾼～바깐″

바′래′－[望]. 바′래′고. 바′래′애도→바′래′도. 바′래′앴다→바′랬′다. 바′래′이. 바랜

바래″－[漂]. 바래″고. 바래′애도→바래″도. 바래′앴다→바랬″다. 바래″이. 바랜″

바리'-[塗]. 바리'고. 바리'아도→발'라도. 바리'았다→발'랐다. 바리'이. 바린~발'란

바리'-[正]. 바리'고. 바리'아도→발'라도. 바리'았다→발'랐다. 바리'이. 바린~발'란

바뿌'-[忙]. 바뿌'고. 바뿌'아도→바'빠도. 바뿌'았다→바'빴다. 바뿌'이. 바뿐

바'치-[贈]. 바'치고. 바'치이도→바'치도. 바'치있다→바'칬다. 바'치이. 바'친

반'갑'-[歡]. 반'갑'고. 반'갑'아도. 반'갑'았다. 반'갑'우이. 반'깝'운~반'갑'안

받들'-**받드'**-[捧]. 받들'고~받드'고. 받들'어도. 받들'었다. 받드'이. 받들'은

발:갛-[赤]. 발:갛고. *발:갛여도→발:개도. *발:갛였다→발:갰다. 발:가이. 발:간

배'우-[學]. 배'우고. 배'우아도→배'아도~배'야도. 배'우았다→배'았다~배'얐다. 배'우이. 배'운~배'안~배'얀

벌:리-[開]. 벌:리고. 벌:리이도→벌:리도. 벌:리있다→벌:맀다. 벌:리이. 벌:린

벌리"-[被稼]. 벌리"고. 벌리'이도→벌리"도. 벌리'있다→벌맀"다. 벌리"이. 벌린"

벌:시-[開]. 벌:시고. 벌:시이도→벌:시도. 벌:시있다→벌:싰다. 벌:시이. 벌:신

베'끼-[使脫]. 베'끼고. 베'끼이도→베'끼도. 베'끼있다→베'낐다. 베'끼이. 베'낀

베'리-[捨]. 베'리고. 베'리이도→베'리도. 베'리있다→베'맀다. 베'리이. 베'린

보내'-[送]. 보내'고. 보내'애도→보내"도. 보내'앴다→보냈"다. 보내'이. 보낸~보낸"

보리'-[塗]. 보리'고. 보리'아도→볼'라도. 보리'았다→볼'랐다. 보리'이. 보린~볼'란

보태'-[加]. 보태'고. 보태'애도→보태"도. 보태'앴다→보탰"다. 보태'이. 보탠~보탠"

부'리'-[使]. 부'리'고. 부'리'이도→부'리'도. 부'리'있다→부'맀'다. 부'

리'이. 부린

부리'-[飽]. 부리'고. 부리'어도→불'러도. 부리'었다→불'렀다. 부리'이. 부린

부리'-[呼]. 부리'고. 부리'어도→불'러도. 부리'었다→불'렀다. 부리'이. 부린

부'치-[使付]. 부'치고. 부'치이도→부'치도. 부'치있다→부'쳤다. 부'치이. 부'친

부'치-[送]. 부'치고. 부'치이도→부'치도. 부'치있다→부'쳤다. 부'치이. 부'친

붙잡'-[扶]. 붙잡'고. 붙잡'아도. 붙잡'았다. 붙잡'으이. 붙잡'은~붙잡'안

비'기-[相殺]. 비'기고. 비'기이도→비'기도. 비'기있다→비'겼다. 비'기이. 비'긴

비비'-[刮]. 비비'고. 비비'이도→비비"도. 비비'있다→비빘"다. 비비'이. 비빈

비'우-[使空]. 비'우고. 비'우아도→비'아도~비'야도. 비'우았다→비'았다~비'얐다. 비'우이. 비'운~비'안~비'얀

빈추'-[使照]. 빈추'고. 빈추'차도→빈챠"도→빈차"도. 빈추'았다→빈챴"다→빈찼"다. 빈추'이. 빈춘"

빈치'-[照]. 빈치'고. 빈치'이도→빈치"도. 빈치'있다→빈칬"다. 빈치'이. 빈친

빌:시-[開]. 빌:시고. 빌:시이도→빌:시도. 빌:시있다→빌:싰다. 빌:시이. 빌:신

빠'지'-[溺]. 빠'지'고. 빠'지'어도→빠'져'도→빠'저'도. 빠'지'었다→빠'졌'다→빠'젔'다. 빠'지'이. 빠진

뺀히"-[被暢]. 뺀히"고. 뺀히'이도→뺀히"도. 뺀히'있다→뺀힜"다. 뺀히"이. 뺀힌"

뽑히"-[被拔]. 뽑히"고. 뽑히'이도→뽀히"도. 뽀히'있다→뽑힜"다. 뽑히"이. 뽑힌"

뽀'우-[碎]. 뽀'우고. 뽀'우아도→뽀'아도. 보'우았다→뽀'았다. 뽀'우이. 뽀'운~뽀'안

삐"지-[忿] **삐"지고**. 삐"지어도→삐"져도→삐"저도. 삐"지었다→삐"졌다→삐"젔다. 삐"지이. 삐"진

살'피-[省]. 살'피고. 살'피이도→살'피도. 살'피있다→살'핐다. 살'피이. 살'핀

새'기-[交]. 새'기고. 새'기이도→새'기도. 새'기있다→새'깄다. 새'기이. 새'긴

새'기-[譯]. 새'기고. 새'기이도→새'기도. 새'기있다→새'깄다. 새'기이. 새'긴

생'기-[生]. 생'기고. 생'기이도→생'기도. 생'기있다→생'깄다. 생'기이. 생'긴

생'키-[呑]. 생'키고. 생'키이도→생'키도. 생'키있다→생'킸다. 생'키이. 생'킨

서:럽-[悲]. 서:럽고. 서:럽어도. 서:럽었다. 서:럽우이. 서:럽운

섬'기-[事]. 섬'기고. 섬'기이도→섬'기도. 섬'기있다→섬'깄다. 섬'기이. 섬'긴

수'시-[刺]. 수'시고. 수'시이도→수'시도. 수'시있다→수'싰다. 수'시이. 수'신

슬푸'-[悲]. 슬푸'고. 슬푸'어도→슬'퍼도. 슬푸'었다→슬'펐다. 슬푸'이. 슬푼

삼'가-[謹]. 삼'가고. 삼'가아도→삼'가도. 삼'가았다→삼'갔다. 삼'가이. 삼'간

싱겁'-[淡]. 싱겁'고. 싱겁'어도. 싱겁'었다. 싱겁'우이. 싱겁'운

아깝'-[惜]. 아깝'고. 아깝'아도. 아깝'았다. 아깝'우이. 아깝'운~아깝'안

아'물-~아'무-[癒]. 아'물고~아'무고. 아'물어도. 아'물었다. 아'무이. 아'물은~아'문

아푸'-[痛]. 아푸'고. 아푸'아도→아'파도. 아푸'았다→아'팠다. 아푸'이. 아푼~아'판

알맞'-[適]. 알맞'고. 알맞'아도. 알맞'았다. 알맞'이이. 알맞'은~알맞'안

애'끼-[惜]. 애'끼고. 애'끼이도→애'끼도. 애'끼있다→애'낐다. 애'끼이. 애'낀

애'럽-[難]. 애'럽고. 애'럽어도. 애'럽었다. 애'럽우이. 애'럽운

야푸'-[淺]. 야푸'고. 야푸'아도→야'파도. 야푸'았다→야'팠다. 야푸'이. 야푼~야'판

어'기-[違]. 어'기고. 어'기이도→어'기도. 어'기있다→어'깄다. 어'기이.

어'긴

어둡'－[暗]. 어둡'고. 어둡'어도. 어둡'었다. 어둡'우이. 어둡'운

어'질'－～어'지'－[仁]. 어'질'고～어'지'고. 어'질'어도. 어'질'었다. 어'지'이. 어'질'은

얽히"－[被繫]. 얽히"고. 얽히'이도→얽히"도. 얽히'있다→얽혔"다. 얽히"이. 얽힌"

업히"－[被負]. 업히"고. 업히'이도→업히"도. 업히'있다→업혔"다. 업히"이. 업힌"

에'리－[幼]. 에'리고. 에'리이도→에'리도. 에'리있다→에'렸다. 에'리이. 에'린

여'리－[弱]. 여'리고. 여'리이도→여'리도. 여'리있다→여'렸다. 여'리이. 여'린

오리'－[登]. 오리'고. 오리'아도→올'라도. 오리'았다→올'랐다. 오리'이. 오린～올'란

오무'－[蹙]. 오무'고. 오무'아도→오마"도. 오무'았다→오맜"다. 오무'이. 모문～오만"

왜'롭'－[孤]. 왜'롭'고. 왜'롭'아도. 왜'롭'았다. 왜'롭'우이. 왜'롭'운

이개'－[捻]. 이개'고. 이개'애도→이개"도. 이개'앴다→이갰"다. 이개'이. 이갠～이갠"

이'기－[勝]. 이'기고. 이'기이도→이'기도. 이'기있다→이'깄다. 이'기이. 이'긴

이끌'－～이끄'－[引]. 이끌'고～이끄'고. 이끌'어도. 이끌'었다. 이끄'이. 이끌'은

이:지－[肥]. 이:지고. 이:지어도→이:져도→이:저도. 이:지었다→이:졌다→이:젔다. 이:지이. 이:진

자'라－[育]. 자'라고. 자'라아도→자'라도. 자'라았다→자'랐다. 자'라이. 자'란

자래"－[充]. 자래"고. 자래'애도→자래"도. 자래'앴다→자랬"다. 자래"이. 자랜"

짜리'－[短]. 짜리'고. 짜리'아도→짤'라도. 짜리'았다→짤'랐다. 짜리'이. 짜린

자불'－～자부'－[眠]. 자불'고～자부'고. 자불'어도. 자불'었다. 자부'이. 자

불'은~자불'안

자:시-[食]. 자:시고. 자:시이도→자:시도. 자:시있다→자:싰다. 자:시이. 자:신

잡히"-[被捕]. 잡히"고. 잡히'이도→잡히"도. 잡히'있다→잡힜"다. 잡히"이. 잡힌"

재'업-[厭]. 재'업고. 재'업어도. 재'업었다. 재'업우이. 재'업운

재'우-[使寢]. 재'우고. 재'우아도→재'아도~재'야도. 재'우았다→재'았다~재'얐다. 재'우이. 재'운~재'안~재'얀

저르'-[短]. 저르'고. 저르'아도→절'러도. 저르'었다→절'렀다. 저르'이. 저른

저'물-~**저'무**-[暮]. 저'물고~저'무고. 저'물어도. 저'물었다. 저'무이. 저'문~저'물은

전'디-[忍]. 전'디고. 전'디이도→전'디도. 전'디있다→전'딨다. 전'디이. 전'딘

점:잖-[鄭]. 점:잖고. 점:잖애도. 점:잖앴다. 점:잖으이. 점:잖은

제'치-[除]. 제'치고. 제'치이도→제'치도~제'치어도→제'쳐도→제'처도. 제'치있다→제'칬다~제'치었다→제'쳤다→제'첬다. 제'치이. 제'친

쪼'우-[啄]. 쪼'우고. 쪼'우아도→쪼'아도. 쪼'우았다→쪼'았다. 쪼'우이. 쪼'운~쪼'안

죽'이-[殺]. 죽'이고. 죽'이이도→죽'이도. 죽'이있다→죽'있다. 죽'이이. 죽'인

즐'겁'-[樂]. 즐'겁'고. 즐'겁'어도. 즐'겁'었다. 즐'겁'우이. 즐'겁'운

지'겹-[厭]. 지'겹고. 지'겹어도. 지'겹었다. 지'겹우이. 지'겹운

지내-[過]. 지내고. 지내애도→지내도. 지내앴다→지냈다. 지내이. 지낸

지루'-[使育]. 지루'고. 지루'아도→지라"도~질라"도. 지루'았다→지랐"다~질랐"다. 지루'이. 지룬~지란"~질란"

지'리-[使育]. 지'리고. 지'리이도→지'리도. 지'리있다→지'렸다. 지'리이. 지'린

지불'-~**지부'**-[傾]. 지불'고~지부'고. 지불'어도. 지불'었다. 지부'이. 지불'은~지불'안

지'우-[使負]. 지'우고. 지'우아도→지'아도~지'야도→자"도→자"도.

지'우았다 → 지'았다~지'얐다 → 잤"다 → 잤"다. 지'우이. 지'운~지'안~지'얀

지'우-[使除]. 지'우고. 지'우아도 → 지'아도~지'야도 → 쟈"도 → 자"도. 지'우았다 → 지'았다~지'얐다 → 쟜"다 → 잤"다. 지'우이. 지'운~지'안~지'얀

지푸'-[深]. 지푸'고. 지푸'어도 → 지'퍼도. 지푸'었다 → 지'펐다. 지푸'이. 지푼

질구'-[使育]. 질구'고. 질구'아도 → 질가"도. 질구'았다 → 질갔"다. 질구'이. 질군~질간"

질'기-[靭]. 질'기고. 질'기이도 → 질'기도. 질'기있다 → 질'깄다. 질'기이. 질'긴

질'기'-[樂]. 질'기'이도 → 질'기'도~질'기'어도 → 질'겨'도. 질'기'있다 → 질'깄'다~질'기'었다 → 질'겼'다. 질'기'이. 질긴

쪼개'-[割]. 쪼개'고. 쪼개'애도 → 쪼개"도. 쪼개'앴다 → 쪼갰"다. 쪼개'이. 쪼갠~쪼갠"

찍기"-[被搗]. 찍기"고. 찍기'이도 → 찍기"도. 찍기'있다 → 찍깄"다. 찍기"이. 찍긴"

차'갑'-[冷]. 차'갑'고. 차'갑'아도. 차'갑'았다. 차'갑'우이. 차'갑'운

채'리-[設]. 채'리고. 채'리이도 → 채'리도. 채'리있다 → 채'렸다. 채'리이. 채'린

채'우-[使盈]. 채'우고. 채'우아도 → 채'아도~채'야도. 채'우았다 → 채'았다~채'얐다. 채'우이. 채'운~채'안~채'얀

처'지'-[遲]. 처'지'고. 처'지'이도 → 처'지'도~처'지'어도 → 처'져도. 처'지'있다 → 처'짔'다~처'지'었다 → 처'졌'다 → 처'젔'다. 처'지'이. 처진

추'접-[醜]. 추'접고. 추'접어도. 추'접었다. 추'접우이. 추'접운

치솟'-[聳]. 치솟'고. 치솟'아도. 치솟'았다. 치솟'이이. 치솟'은~치솟'안

치'우-[撤]. 치'우고. 치'우아도 → 치'아도~치'야도 → 챠"도~차"도. 치'우았다 → 치'았다~치'얐다 → 챴"다 → 찼"다. 치'우이. 치'운~치'안~치'얀

칭기"-[被轢]. 칭기"고. 칭기'이도 → 칭기"도. 칭기'있다 → 칭깄"다. 칭기"이. 칭긴"

키'우-[使育]. 키'우고. 키'우아도 → 키'아도~키'야도. 키'우았다 → 키'았

다~키'았다. 키'우이. 키'운~키'안~키'얀

태'우-[使燒]. 태'우고. 태'우아도→태'아도~태'야도. 태'우았다→태'았다~태'았다. 태'우이. 태'운~태'안~태'얀

태'우-[使乘]. 태'우고. 태'우아도→태'아도~태'야도. 태'우았다→태'았다~태'았다. 태'우이. 태'운~태'안~태'얀

터'지'-[坼]. 터'지'이도→터'지'도~터'지'어도→터'져'도. 터'지'있다→터'짔'다~터'지'었다→터'졌'다→터'젔'다. 터'지'이. 터진

파:랗-[靑]. 파:랗고. *파:랗여도→파:래도. *파:랗였다→파:랬다. 파:라이. 파:란

파묻'-[埋]. 파묻'고. 파묻'어도. 파묻'었다. 파묻'으이. 파묻'은

포개'-[疊]. 포개'고. 포개'애도→포개"도. 포개'앴다→포갰"다. 포개'이. 포갠~포갠"

푸'리-[靑]. 푸'리고. 푸'리이도→푸'리도. 푸'리있다→푸'렀다. 푸'리이. 푸'린

하:얗-[白]. 하:얗고. *하:얗여도→하:애도. *하:얗였다→하:앴다. 하:야이. 하:얀

해깝'-[輕]. 해깝'고. 해깝'아도. 해깝'았다. 해깝'우이. 해깝'운~해갑'안

헐'겁'-[弛·緩]. 헐'겁'고. 헐'겁'어도. 헐'겁'었다. 헐'겁'우이. 헐'겁'운

헐벗'-[貧]. 헐벗'고. 헐벗'어도. 헐벗'었다. 헐벗'이이. 헐벗'은

흐'리-[曇]. 흐'리고. 흐'리이도→흐'리도. 흐'리있다→흐'렀다. 흐'리이. 흐'린

흐리'-[流]. 흐리'고. 흐리'어도→흘'러도. 흐리'었다→흘'렀다. 흐리'이. 흘린

히'리-[淡]. 히'리고. 히'리이도→히'리도. 히'리있다→히'렀다. 히'리이. 히'린

(3) 3음절 어간

가리'치-. 가리'치고. 가리'치이도→가리'치도~갈'치도. 가리'치있다→가리'첬다~갈'첬다. 가리'치이. 가리'친

가파'리'-. 가파'리'고. 가파'리'아도→가팔'라도. 가파'리'았다→가팔'랐다. 가파'리'이. 가파린

감:사하-. 감:사하고. 감:사하여도~감:사해도. 감:사하였다~감:사했다.

감:사하이. 감:사한

거니'리-. 거니'리고. 거니'리이도 → 거니'리도. 거니'리있다 → 거니'렀다. 거니'리이. 거니'린

궁'리'하-. 궁'리'하고. 궁'리'하여도~궁'리'해도. 궁'리'하였다~궁'리'했다. 궁'리'하이. 궁'리'한

깔보이"-. 깔보이"고. 깔보이"이도 → 깔보이"도. 깔보이"있다 → 깔보있"다. 깔보이"이. 깔보인"

내쫓기"-. 내쫓기"고. 내쫓기"이도 → 내쫓기"도. 내쫓기"있다 → 내쫓깄"다. 내쫓기"이. 내쫓긴"

늘'어'나-. 늘'어'나고. 늘'어'나아도 → 늘'어'나도. 늘'어'나았다 → 늘'어'났다. 늘'어'나이. 늘'어'난

더럽히"-. 더럽히"고. 더럽히"이도 → 더럽히"도. 더럽히"있다 → 더럽힜"다. 더럽히"이. 더럽힌"

돌'아가-. 돌'아가고. 돌'아가아도 → 돌'아가도. 돌'아가았다 → 돌'아갔다. 돌'아가이. 돌'아간.

들'어'가-. 들'어'가고. 들'어'가아도 → 들'어'가도. 들'어'가았다 → 들'어'갔다. 들'어'가이. 들'어'간

떠밀리"-. 떠밀리"고. 떠밀리"이도 → 떠밀리"도. 떠밀리"있다 → 떠밀렀"다. 떠밀리"이. 떠밀린"

떨'어지-. 떨'어지고. 떨'어지어도 → 떨'어져도 → 떨'어저도. 떨'어지었다 → 떨'어졌다 → 떨'어젔다. 떨'어지니. 떨'어진

뚜디'리-. 뚜디'리고. 뚜디'리이도 → 뚜디'리도. 뚜디'리있다 → 뚜디'렀다. 뚜디'리이. 뚜디'린

모지래"-. 모지래"고. 모지래"애도 → 모지래"도. 모지래"앴다 → 모지랬"다. 모지래"이. 모지랜"

부끄'럽'-. 부끄'럽'고. 부끄'럽'어도. 부끄'럽'었다. 부끄'럽'우이. 부끄'럽'운

불'상'하-. 불'상'하고. 불'상'하여도~불'상'해도. 불'상'하였다~불'상'했다. 불'상'하이. 불'상'한

불'팬'하-. 불'팬'하고. 불'팬'하여도~불'팬'해도. 불'팬'하였다~불'팬'했다. 불'팬'하이. 불'팬'한

사:람답-. 사:람답고. 사:람답아도. 사:람답았다. 사:람답우이. 사:람답운

사나"답-. 사나"답고. 사나"답아도. 사나"답았다. 사나"답우이. 사나"답운

사랑′하′−. 사랑′하′고. 사랑′하′여도∼사랑해도. 사랑′하′였다∼사랑했다. 사랑′하′이. 사랑한

성:가시−. 성:가시고. 성:가시이도→성:가시도. 성:가시있다→성:가싰다. 성:가시이. 성:가신

수구′리−. 수구′리고. 수구′리이도→수구′리도. 수구′리있다→수구′맀다. 수구′리이. 수구′린

시달키″−. 시달키″고. 시달키″이도→시달키″도. 시달키″있다→시달킸″다. 시달키″이. 시달킨″

시부′리−. 시부′리고. 시부′리이도→시부′리도. 시부′리있다→시부′맀다. 시부′리이. 시부′린

시원′하′−. 시원′하′고. 시원′하′여도∼시원해도. 시원′하′였다∼시원했다. 시원′하′이. 시원한

아름′답′−. 아름′답′고. 아름′답′아도. 아름′답′았다. 아름′답′우이. 아름′답′운

어′지′럽−. 어′지′럽고. 어′지′럽어도. 어′지′럽었다. 어′지′럽우이. 어′지′럽운

어리′숙′−. 어리′숙′고. 어리′숙′어도. 어리′숙′었다. 어리′숙′으이. 어리′숙′은

얼′부′풀−∼**얼′부′푸**−. 얼′부′풀고∼얼′부′푸고. 얼′부′풀어도. 얼′부′풀었다. 얼′부′푸이. 얼′부′푼

엄청′나′−. 엄청′나′고. 엄청′나아도→엄청나도. 엄청′나′았다→엄청났다. 엄청′나′이. 엄청난

연:구하−. 연:구하고. 연:구하여도∼연:구해도. 연:구하였다∼연:구했다. 연:구하이. 연:구한

연′결하−. 연′결하고. 연′결하여도∼연′결해도. 연′결하였다∼연′결했다. 연′결하이. 연′결한

예나″답−. 예나″답고. 예나″답아도. 예나″답았다. 예나″답우이. 예나″답운

용′서하−. 용′서하고. 용′서하여도∼용′서해도. 용′서하였다∼용′서했다. 용′서하이. 용′서한

원:망하−. 원:망하고. 원:망하여도∼원:망해도. 원:망하였다∼원:망했다. 원:망하이. 원:망한

자′빠지−. 자′빠지고. 자′빠지어도→자′빠져도→자′빠저도. 자′빠지었다→자′빠졌다→자′빠젔다. 자′빠지이. 자′빠진

조:심하−. 조:심하고. 조:심하여도∼조:심해도. 조:심하였다∼조:심했다. 조:심하이. 조:심한.

조용'하'−. 조용'하'고. 조용'하'여도~조용해도. 조용'하'였다~조용했다. 조용'하'이. 조용한

쳐다비"−. 쳐다비"고. 쳐다비"이도→쳐다비"도. 쳐다비"있다→쳐다빘"다. 쳐다비"이. 쳐다빈"

커:다랗−. 커:다랗고. *커:다랗여도→커:다래도. *커:다랗였다→커:다랬다. 커:다랗으니. 커:다란

탐시'럽−. 탐시'럽고. 탐시'럽어도. 탐시'럽었다. 탐시'럽우이. 탐시'럽운

행팬'없−. 행팬'없고. 행팬'없어도. 행팬'없었다. 행팬'없이이. 행팬'없는

향'기롭−. 향'기롭고. 향'기롭아도. 향'기롭았다. 향'기롭우이. 향'기롭운

히날'리−. 히날'리고. 히날'리이도→히날'리도. 히날'리있다→히날'렸다. 히날'리이. 히날'린.

독특한 용언의 활용

(1) '(○)○하−' 어간

■ (○)○하−의 'ㅏ' 생략 어간

개:싫−(괘씸하−). 개:싫고. 개:싫애도. 개:싫앴다. 개:싫우이. 개:싫운

개웋'−(개운하−). 개웋'고. 개웋'애도. 개웋'앴다. 개웋'으이. 개웋'은

고닿'−(고단하−). 고닿'고. 고닿'애도. 고닿'앴다. 고닿'으이. 고닿'은

괗:−(과(過)하−). 괗:고. 괗:애도. 괗:앴다. 괗:으이. 괗:은

궁긇'−(궁굼하−). 궁긇'고. 궁긇'애도. 궁긇'앴다. 궁긇'우이. 궁긇'운

깨긇'−(깔끔하−). 깨긇'고. 깨긇'애도. 깨긇'앴다. 깨긇'우이. 깨긇'운

깨웋'−(개운하−). 깨웋'고. 깨웋'애도. 깨웋'앴다. 깨웋'으이. 깨웋'은

깵:−(게으르−). 깵:고. 깵:애도. 깵:앴다. 깵:으이. 깵:은

끼긇'−(꺼림하−). 끼긇'고. 끼긇'애도. 끼긇'앴다. 끼긇'우이. 끼긇'운

끼룷'−(꺼림하−). 끼룷'고. 끼룷'애도. 끼룷'앴다. 끼룷'우이. 끼룷'운

끼릻'−(꺼림하−). 끼릻'고. 끼릻'애도. 끼릻'앴다. 끼릻'우이. 끼릻'운

난갏'−(난감(難堪)하−). 난갏'고. 난갏'애도. 난갏'앴다. 난갏'우이. 난갏'운

대닿'−(대단하−). 대닿'고. 대닿'애도. 대닿'앴다. 대닿'으이. 대닿'은

똘똟'−(똘똘하−). 똘똟'고. 똘똟'애도. 똘똟'앴다. 똘똟'으이. 똘똟'은

만많'−(만만하−). 만많'고. 만많'애도. 만많'앴다. 만많'으이. 만많'은

무덚'-(무던하-). 무덚'고. 무덚'애도. 무덚'앴다. 무덚'으이. 무덚'은

무않'-(무안(無顔)하-). 무않'고. 무않'애도. 무않'앴다. 무않'으이. 무않'은

미않-(미안(未安)하-). 미않고. 미않애도. 미않앴다. 미않으이. 미않은

부'랑ᇂ-(난폭하-). 부'랑ᇂ고. 부'랑ᇂ애도. 부'랑ᇂ앴다. 부'랑ᇂ으이. 부'랑ᇂ은

불'상ᇂ'-(불쌍하-). 불'상ᇂ'고. 불'상ᇂ'애도. 불'상ᇂ'앴다. 불'상ᇂ'으이. 불'상ᇂ'은

쁠쁧'-(날래-). 쁠쁧'고. 쁠쁧'애도. 쁠쁧'앴다. 쁠쁧'으이. 쁠쁧'은

삼싫-(얌전하-. 알뜰하-). 삼싫고. 삼싫애도. 삼싫앴다. 삼싫으이. 삼싫은

서늟'-(서늘하-). 서늟'고. 서늟'애도. 서늟'앴다. 서늟'으이. 서늟'은

서욶'-(서운하-). 서욶'고. 서욶'애도. 서욶'앴다. 서욶'으이. 서욶'은

서웒'-(서운하-). 서웒'고. 서웒'애도. 서웒'앴다. 서웒'으이. 서웒'은

성ᇂ'-(성하-). 성ᇂ'고. 성ᇂ'애도. 성ᇂ'앴다. 성ᇂ'으이. 성ᇂ'은

수'앙ᇂ-(인색하-. 사납-). 수'앙ᇂ고. 수'앙ᇂ애도. 수'앙ᇂ앴다. 수'앙ᇂ으이. 수'앙ᇂ은

수'엃-(수월하-). 수'엃고. 수'엃애도. 수'엃앴다. 수'엃으이. 수'엃은

숧"-(수월하-). 숧"고. 숧"애도. 숧"앴다. 숧"으이. 숧"은

숞:-(순(順)하-). 숞:고. 숞:애도. 숞:앴다. 숞:으이. 숞:은

시웒'-(시원하-). 시웒'고. 시웒'애도. 시웒'앴다. 시웒'으이. 시웒'은

실'랂-(심란(心亂)하-). 실'랂고. 실'랂애도. 실'랂앴다. 실'랂으이. 실'랂은

심심ᇂ'-(심심하-). 심심ᇂ'고. 심심ᇂ'애도. 심심ᇂ'앴다. 심심ᇂ'우이. 심심ᇂ'운

싱싱ᇂ'-(씽씽하-). 싱싱ᇂ'고. 싱싱ᇂ'애도. 싱싱ᇂ'앴다. 싱싱ᇂ'으이. 싱싱ᇂ'은

안젆'-(안전(安全)하-). 안젆'고. 안젆'애도. 안젆'앴다. 안젆'으이. 안젆'은

앙'통ᇂ-(애석하-). 앙'통ᇂ고. 앙'통ᇂ애도. 앙'통ᇂ앴다. 앙'통ᇂ으이. 앙'통ᇂ은

애'밇'-(억울하-). 애'밇'고. 애'밇'애도. 애'밇'앴다. 애'밇'으이. 애'밇'은

애'읺'-(가엾-). 애'읺'고. 애'읺'애도. 애'읺'앴다. 애'읺'으이. 애'읺'은

앵'통ᇂ-(애석하-). 앵'통ᇂ고. 앵'통ᇂ애도. 앵'통ᇂ앴다. 앵'통ᇂ으이. 앵'통ᇂ은

어중'갆'-(어중간(於中間)하-). 어중'갆'고. 어중'갆'애도. 어중'갆'앴다. 어중'갆'으이. 어중'갆'은

어중ᇂ'-(어중간(於中間)하-). 어중ᇂ'고. 어중ᇂ'애도. 어중ᇂ'앴다. 어중ᇂ'으이. 어중ᇂ'은

억'욿'-(억울(抑鬱)하-). 억'욿'고. 억'욿'애도. 억'욿'앴다. 억'욿'으이. 억'욿'은

엄:젆-(대견하-). 엄:젆고. 엄:젆애도. 엄:젆앴다. 엄:젆으이. 엄:젆은

여젆'-(여전(如前)하-). 여젆'고. 여젆'애도. 여젆'앴다. 여젆'으이. 여젆'은

오:가ᇡ-(분에 넘치-). 오:가ᇡ고. 오:가ᇡ애도. 오:가ᇡ앴다. 오:가ᇡ우이. 오:가ᇡ운
용ᇂ:-(용하-). 용ᇂ:고. 용ᇂ:애도. 용ᇂ:앴다. 용ᇂ:으이. 용ᇂ:은
이'양ᇂ-(사납-). 이'양ᇂ고. 이'양ᇂ애도. 이'양ᇂ앴다. 이'양ᇂ으이. 이'양ᇂ은
이상ᇂ'-(이상(異常)하-). 이상ᇂ'고. 이상ᇂ'애도. 이상ᇂ'앴다. 이상ᇂ'으이. 이상ᇂ'은
재영ᇂ'-(조용하-. 찬찬하-). 재영ᇂ'고. 재영ᇂ'애도. 재영ᇂ'앴다. 재영ᇂ'으이. 재영ᇂ'은
정'갏-(정갈하-). 정'갏고. 정'갏애도. 정'갏앴다. 정'갏으이. 정'갏은
조용ᇂ'-(조용하-). 조용ᇂ'고. 조용ᇂ'애도. 조용ᇂ'앴다. 조용ᇂ'으이. 조용ᇂ'은
주영ᇂ'-(한가하-). 주영ᇂ'고. 주영ᇂ'애도. 주영ᇂ'앴다. 주영ᇂ'으이. 주영ᇂ'은
짭짫'-(짭짤하-). 짭짫'고. 짭짫'애도. 짭짫'앴다. 짭짫'으이. 짭짫'은
쪼깽ᇂ'-(조그마하-). 쪼깽ᇂ'고. 쪼깽ᇂ'애도. 쪼깽ᇂ'앴따. 쪼깽ᇂ'으이. 쪼깽ᇂ'은
쪼맹ᇂ'-(조그마하-). 쪼맹ᇂ'고. 쪼맹ᇂ'애도. 쪼맹ᇂ'앴다. 쪼맹ᇂ'으이. 쪼맹ᇂ'은
처영ᇂ'-(조용하-. 의젓하-). 처영ᇂ'고. 처영ᇂ'애도. 처영ᇂ'앴다. 처영ᇂ'으이. 처영ᇂ'은
칠칧'-(칠칠하-). 칠칧'고. 칠칧'애도. 칠칧'앴다. 칠칧'으이. 칠칧'은
칼캃'-(칼칼하-). 칼캃'고. 칼캃'애도. 칼캃'앴다. 칼캃'으이. 칼캃'은
튼튾'-(튼튼하-). 튼튾'고. 튼튾'애도. 튼튾'앴다. 튼튾'으이. 튼튾'은
팬않'-(편안(便安)하-). 팬않'고. 팬않'애도. 팬않'앴다. 팬않'으이. 팬않'은
팮'-(편(便)하-). 팮'고. 팮'애도. 팮'앴다. 팮'으이. 팮은
허'숧'-(허술하-). 허'숧'고. 허'숧'애도. 허'숧'앴다. 허'숧'으이. 허'숧'은
헌칧'-(헌칠하-. 훤칠하-). 헌칧'고. 헌칧'애도. 헌칧'앴다. 헌칧'으이. 헌칧'은
헗-(헐하-). 헗고. 헗애도. 헗앴다. 헗으이. 헗은
흖'-(흔하-). 흖'고. 흖'애도. 흖'앴다. 흖'으이. 흖'은
흥'가ᇡ-(흔감(欣感)하-). 흥'가ᇡ고. 흥'가ᇡ에도. 흥'가ᇡ앴다. 흥'가ᇡ우이. 흥'가ᇡ운
히'얂-(희한(稀罕)하-). 히'얂고. 히'얂애도. 히'얂앴다. 히'얂으이. 히'얂은

▪ ○○하-의 '하' 생략 어간

○○하-의 '하' 생략 어간은 {-아}와 {-았-}의 이형태 선택이 약간 유동적이다.

생'각'-(생각하-). 생'각'고. 생'각'애도. 생'각'앴다. 생'각'으이. 생'각'은

시:작－(**시:작(始作)하**－). 시:작고. 시:작아도. 시:작았다. 시:작으이. 시:작은
까꼽'－(**까꼽'하'**－). 까꼽'고. 까꼽'아도. 까꼽'았다. 까꼽'우이. 까꼽'운
깨끗'－(**깨끗'하'**－). 깨끗'고. 깨끗'애도. 깨끗'앴다. 깨끗'이이. 깨끗'은
눅눅'－(**눅눅'하'**－). 눅눅'고. 눅눅'어도. 눅눅'었다. 눅눅'으이. 눅눅'은
똑똑'－(**똑똑'하'**－). 똑똑'고. 똑똑'애도. 똑똑'앴다. 똑똑'으이. 똑똑'은
분'답－(**분'답(紛沓)하**－). 분'답고. 분'답애도. 분'답앴다. 분'답우이. 분'답운
분'잡－(**분'잡(紛雜)하**－). 분'잡고. 분'잡애도. 분'잡앴다. 분'잡우이. 분'잡운
섭섭'－(**섭섭'하'**－). 섭섭'고. 섭섭'어도. 섭섭'었다. 섭섭'우이. 섭섭'운
익'숙－(**익숙하**－). 익'숙고. 익'숙애도. 익'숙앴다. 익'숙으이. 익'숙은
축축'－(**축축하**－). 축축'고. 축축'애도. 축축'앴다. 축축'으이. 축축'은
팍팍'－(**팍팍하**－). 팍팍'고. 팍팍'애도. 팍팍'앴다. 팍팍'으이. 팍팍'은
해깝'－(**해깝하**－). 해깝'고. 해깝'애도. 해깝'앴다. 해깝'우이. 해깝'운
홀갑'－(**홀갑하**－). 홀갑'고. 홀갑'애도. 홀갑'앴다. 홀갑'우이. 홀갑'운

■ (○)○하지 않－ 어간

가:당찮－(可當－). 가:당찮고. 가:당찮애도. 가:당찮앴다. 가:당찮으이. 가:당찮은
같:잖－. 같:잖고. 같:잖애도. 같:잖앴다. 같:잖으이. 같:잖은
갠찮－. 갠찮고. 갠찮애도. 갠찮앴다. 갠찮으이. 갠찮은
기'찮'－(<貴－). 기'찮'고. 기'찮'애도. 기'찮'앴다. 기'찮'으이. 기'찮은
시언찮'－. 시언찮'고. 시언찮'애도. 시언찮'앴다. 시언찮'으이. 시언찮'은
팬'찮－(<便－). 팬'찮고. 팬'찮애도. 팬'찮앴다. 팬'찮으이. 팬'찮은~팬'찮안

(2) 희귀 종성 어간

끊'－[切]. 끊'고. 끊'어도. 끊'었다. 끊'으이. 끊'은
끊이"－[被切]. 끊이"고. 끊이'이도→끊이"도. 끊이'있다→끊있"다. 끊이"이. 끊인"
엮'－[編]. 엮'고. 엮어도. 엮었다. 엮으이. 엮은
엮이"－[被編]. 엮이"고. 엮이'이도→엮이"도. 엮이'있다→엮있"다. 엮이"이. 엮인"

땋' – [辮]. 땋'고. *땋'아도. *땋'았다. *땋'으이. *땋'은

땋기" – [被辮]. 땋기"고. 땋기'이도 → 땋기"도. 땋기'있다 → 땋깄"다. 땋기"이. 땋긴"

옇' – [編]. 옇'고. *옇'어도. *옇'었다. *옇'으이. *옇'은

옇기" – [被辮]. 옇기"고. 옇기'이도 → 옇기"도. 옇기'있다 → 옇깄"다. 옇기"이. 옇긴"

(3) 상보적 활용 어간

날' – [飛]. 날'고.*날'아도. *날'았다. 나이. 난

나리' – [飛]. *나리'고. 나리'아도 → 날'라도. 나리'았다 → 날'랐다. *나리이. *나린

땋' – [辮]. 땋'고. *땋'아도. *땋'았다. *땋'으이. *땋'은

*땅' – [辮] *땅'고. 땅'아도. 땅'았다. 땅'으이. *땅'은~땅'안

머물' – [留]. 머물'고. *머물'어도. *머물'었다. *머물'으이. 머물'은

머무'리 – [留]. 머무'리고. 머무'리어도 → 머물'러도. 머무'리었다 → 머물'렀다. 머무'리이. 머무'린

어불' – [掩]. 어불'고. *어불'어도. *어불'었다. *어불'으이 *어불'은

어부'리 – [掩]. 어부'리고. 어부'리어도 → 어불'러도. 어부'리었다 → 어불'렀다. 어부'리이. 어부'린

옇' – [編]. 옇'고. *옇'어도. *옇'었다. *옇'으이. *옇'은

엮' – [編]. 엮'고. 엮'어도. 엮'었다. 엮'으이. 엮'은

*잡수' – [食]. *잡수'고. 잡수'아도 → 잡사"도. 잡수'았다 → 잡샀"다. 잡수'이. 잡순

잡숫' – [食]. 잡숫'고. 잡숫'아도 → *잡수'사도. 잡숫'았다 → *잡수'샀다. 잡숫'이이. *잡숫은

쪼맹' – [小]. 쪼맹'고. *쪼맹'애도. *쪼맹'앴다. *쪼맹'으이(–으니). *쪼맹'은

쪼맿' – [小]. 쪼맿'고. 쪼맿'애도. 쪼맿'앴다. 쪼맿'으이(–으니). 쪼맿'은

찧' – [搗]. 찧'고[찡코]. *찧'어도. *찧'었다. *찧으이(–으니). *찧'은

찍' – [搗]. 찍'고. 찍'어도. 찍'었다. 찍'으이. 찍'은

카－(…－**이 하**－). 카고. 카여도→캐도. 카였다→캤다. 카이. 칸
커－(…－**이 하**－). 커고. *커여도→?. *커였다→?. 커이. 컨
쿠－(…－**이 하**－). 쿠고. *쿠여도→?. *쿠였다→?. 쿠이. 쿤

크댱'－[大]. 크댱'고. *크댱'애도. *크댱'앴다. *크댱'으이(－으니). *크댱'은
크댱'－[大]. 크댱'고. 크댱'애도. 크댱'앴다. 크댱'으이(－으니). 크댱'

참고문헌

고려대 민족문화연구원(2009) 『한국어대사전』, 고려대 민족문화연구원.

국립국어연구원(1999) 『표준국어대사전』, 두산동아.

김민수 외(1995) 『금성판국어대사전』, 금성출판사.

김민수 편(1995) 『우리말 語源研究』, 태학사.

南廣祐(1982) 『補訂 古語辭典』, 一潮閣.

사회과학원 언어학연구소(1992) 『조선말대사전』, 사회과학출판사/漢江社 配布.

신기철·신용철(1986) 『새우리말큰사전』, 삼성출판사.

劉昌惇(1974) 『李朝語辭典』, 延世大學校 出版部.

이희승(1999) 『국어대사전』, 民衆書林.

한글학회(1995) 『우리말큰사전』, 어문각.

https : //dic.daum.net/ <다음 한국어사전>

http : //dic.naver.com/ <네이버 국어사전>

http : //opendic.naver.com/ <네이버 오픈 국어사전－사투리－경상도>

姜信沆(1976) 「慶北 安東·奉化·寧海地區의 二重言語生活」, 『成大論文集』 22, 成均館大.

姜信沆(1978) 「安東方言의 敍述法과 疑問法」, 『언어학』 3.

姜信沆(1979) 「安東方言의 命令法 등」, 『成大』 26, 成均館大.

姜信沆(1980) 「安東方言의 敬語法」, 『蘭汀南廣祐博士華甲紀念論叢』. 一潮閣.

경남방언연구보전회(2017) 『경남방언사전』, 경상남도.

郭忠求(1994) 『咸北 六鎭方言의 音韻論』, 太學社.

곽충구(2019) 『조선어 방언사전』, 태학사.

金丁鈞(2009) 『안동방언사전」, 안동문화원.

김계곤(2001) 『경기도 사투리』, 박이정,
김무식(2009) 『경북 청송 지역의 언어와 생활』, 태학사.
김무식(2011) 『경북 고령 지역의 언어와 생활』, 태학사.
金永萬(1966a) 「慶南方言의 聲調研究」, 『국어국문학』 31, 국어국문학회.
金永萬(1966b) 「방점(傍點)과 현대국어의 성조비교」, 『한글』 137, 한글학회.
金永萬(1967) 「이조 전기 한자음 운율(성조)」, 『한글』 139, 한글학회.
金永萬(1972) 「고금성조비교 재론」, 『한글』 149, 한글학회.
金永萬(1974) 「국어 운율의 본질과 변천」, 『국어국문학』 65－66, 국어국문학회.
金永萬(1986) 「國語 超分節音의 史的 研究」, 高麗大 大學院 博士學位論文.
金英培(1984) 『平安方言研究』, 東國大 出版部.
金永松(1963) 「音韻面」, 『慶尙南道誌(中)』, 慶尙南道.
金永松(1967) 「慶南方言의 音韻 再論」, 『국어국문학』 6, 釜山大.
金永松(1973) 「金海方言의 音韻」, 『金海地區 綜合學術調査 報告書』, 釜山大.
金永松(1974) 「慶南方言」, 『韓國方言學』, 韓國方言學會, 螢雪出版社.
金永松(1981) 「경남 방언의 음운」, 『우리말 소리의 연구』, 과학사.
金永泰(1975a) 「慶尙南道의 方言 區劃」, 『慶南大論文集』 2, 慶南大.
金永泰(1975b) 『慶尙南道 方言研究 (Ⅰ)』, 進明文化社.
金永泰(1983) 「昌原地域語研究」, 中央大 大學院 博士學位論文.
김영태(1997) 『경남방언과 지명연구』, 경남대 출판부.
金完鎭(1971) 『國語音韻 體系의 研究』, 一潮閣.
金完鎭(1973) 『中世國語聲調의 研究』 (韓國文化研究叢書 11), 서울大 出版部.
金履浹(1981) 『平北方言辭典』, 韓國精神文化研究院.
김정대(2011) 『경남 산청 지역의 언어와 생활』, 태학사
김종도·김우태(2006) 『남해사투리사전』, 남해신문사.
김주석·최명옥(2001) 『경주 속담·말 사전』, 한국문화사.
김차균(1977) 「경상도 방언의 성조체계」, 서울大 大學院 博士學位論文.
김차균(1993) 『우리말의 성조』, 太學社.
金亨奎(1964) 「慶尙南北道 方言研究」, 『서울大論文集 人文社會』 10, 서울大.
金亨奎(1974) 『韓國方言研究』, 서울大 出版部.
南廣祐(1950) 「傍點攷」, 『국어국문학』 7, 국어국문학회.
南廣祐(1984) 『韓國語의 發音研究』, 一潮閣.

文孝根(1974)『韓國語聲調의 分析的 硏究』, 世宗出版公社.
박성종·성혜숙(2009)『강릉방언사전』, 태학사.
박종덕(2005)『경상도 방언의 모음체계 변천사』, 박이정.
박지홍(1983)「경상도 방언의 하위방언권 설정」,『인문논총』24, 釜山大.
裵禧任(1988)『國語被動硏究』, 高麗大學校 民族文化硏究所.
白斗鉉(1982)「聲調와 움라우트-星州·金陵地域語를 중심으로-」,『어문논총』16, 慶北大.
뿌리깊은나무(1983)『한국의 발견 경상북도』, 뿌리깊은나무.
뿌리깊은나무(1989)『한국의 발견 경상남도』, 뿌리깊은나무.
徐在克(1968)「慶北方言圈의 漢字語 聲調에 대하여」,『李崇寧博士 頌壽紀念論叢』. 乙酉文化社.
辛基相(1968)「東部慶南方言의 音韻에 대한 考察」,『成大文學』14, 成均館大.
辛基相(1972)「東部慶南方言 硏究」, 서울대 교육대학원 석사학위논문.
辛基相(1973)「終聲 'ㅇㅋ'에 대한 小攷」,『成大文學』18, 成均館大.
辛基相(1974)「15C '나모와'語攷」,『국어국문학』65·66, 국어국문학회.
辛基相(1974)「標準語 敎育을 爲한 方言 敎育 試論」,『국어국문학』64, 국어국문학회.
辛基相(1977)「東部慶南方言의 hiatus現象 硏究」,『국어국문학』76, 국어국문학회.
辛基相(1980)「東部慶南方言의 尊待素에 대하여」,『국어국문학』84, 국어국문학회.
辛基相(1984)「'버리다'系 助動詞에 대하여」,『李明九博士 華甲紀念論文集』, 太學社.
辛基相(1984)「東部慶南方言의 尊待疑問形 '-ㅇ교'의 形態素 分析」,『國語國文學紀要』2, 成均館大.
辛基相(1984)「東部慶南方言의 休止에 대하여」,『李應百博士 華甲紀念論文集』, 寶晉齊.
辛基相(1986)「東部慶南方言의 音韻硏究」, 成均館大 大學院 博士學位論文.
辛基相(1987)「東部慶南方言의 高低長短」,『국어국문학』97, 국어국문학회.
辛基相(1990)「媒介母音 '-으-'에 대한 몇 問題」,『姜信沆敎授 回甲紀念國語學 論文集』, 太學社.
辛基相(1990/1999)「東部慶南方言의 用言語尾의 高低長短」,『國語學』20, 國語學會.
辛基相(1993/1999)「東部慶南方言의 被動詞 使動詞의 高低長短」,『國語學』23, 國語學會.

辛基相(1994/1999)「東部慶南方言 活用에서의 母音脫落 硏究」,『論文集』39, 서울産業大.

辛基相(1995/1999)「東部慶南方言 高低長短 變動 要因」,『姜信沆博士 停年退職紀念 國語國文學論叢』, 太學社.

辛基相(1995/1999)「東部慶南方言 助詞의 高低長短」,『국어국문학』113, 국어국문학회.

辛基相(1996/1999)「東部慶南方言 漢字語의 高低長短」,『국어교육』91, 국어교육연구회.

辛基相(1997/1999)「東部慶南方言 長調에 대하여」,『韓國語文學論考』, 보고사.

辛基相(1998)「어미 '－애'와 어간 '겠－'의 생성에 대하여」,『論文集』47, 서울産業大.

辛基相(1999)『동부경남방언 고저장단 연구』, 도서출판 月印.

辛基相(2002)「'하－(爲)'의 高低長短 연구」,『국어교육』107, 국어교육연구회.

辛基相(2004)「東部慶南方言 漢字音 硏究」,『國語學』44, 國語學會.

辛基相(2005)「漢字語의 國語化에 대한 硏究」,『語文硏究』125, 韓國語文教育硏究會.

辛基相(2007)「東部慶南方言 'X하－'와 어미 {－아}와의 활용형 설정에 대하여」,『한민족문화연구』, 한민족문화학회.

辛基相(2008)「東部慶南方言 多形語幹의 活用形 比較 硏究」, 2008년도 여름 학술대회, 國語學會.

辛基相(2013)「<울산방언사전>에서 본 東部慶南方言의 몇 가지 特徵들」, 제191회 學術大會, 韓國語文教育硏究會.

辛基相(2013)『울산방언사전』, 울산광역시 간행, 도서출판북스힐.

辛基相(2020)『울산방언 피동사와 사동사』, 도서출판북스힐.

梁山郡誌編纂委員會(1986)『梁山郡誌』제13장 民俗, 제14장 傳說과 說話, 梁山郡.

울산광역시사 편찬위원회(2002)『蔚山廣域市史』제3장 구비문학, 제4장 방언, 蔚山廣域市.

울산대학교 인문과학연구소(1990)『울산울주지방 민요자료집』, 울산대 출판부.

蔚山東區誌編纂委員會(1999)『蔚山東區誌』, 제7장 동구의 문화, 蔚山廣域市東區.

蔚山文化院(1978)『蔚山·蔚州 鄕土史』, 蔚山文化院.
이광호(1978)「경남방언의 이중모음에 대하여」,『國語學』6. 國語學會.
이기갑(1998)『전남방언사전』, 태학사.
李基文(1972a)『國語音韻史硏究』(『韓國文化硏究叢書』13), 서울大 出版部.
李基文(1972b)『改訂國語史槪說』, 民衆書館.
이기문(1982)『俗談辭典』, 一潮閣.
李秉根(1973)「東海岸方言의 二重母音에 대하여」,『震檀學報』36, 震檀學會.
李秉根(1978)「國語의 長母音化의 報償性」,『國語學』6, 국어학회.
李秉根(1979)『音韻現象에 있어서의 制約』, 塔出版社.
李秉根(1986)「發話에 있어서의 音長」,『國語學』15. 國語學會.
李炳銑(1967)「鼻母音化現象考－慶尙道方言을 中心으로－」,『국어국문학』37·38, 국어국문학회.
李炳銑(1971)「慶南方言에서의 母音調和現象」,『국어국문학』54, 국어국문학회.
이상규(2001)『경북방언사전』, 태학사.
이상규(2007)『경북 상주 지역의 언어와 생활』, 태학사.
이상규(2010)『문학 속의 경상 방언』, 글누림.
李相億(1979)「聲調와 音長」,『語學硏究』15－2, 서울大 語學硏究所.
李崇寧(1957)「濟州道方言의 形態論的 硏究」,『東方學志』3, 延禧大.
李崇寧(1958)『音韻論硏究』, 民衆書館.
李崇寧(1964)「15世紀의 活用에서의 聲調의 考察」,『亞細亞硏究』7－2, 高麗大.
李崇寧(1967)「韓國方言史」,『韓國文化史大系(言語.文學史)』V. 高麗大.
李翊燮(1972a)「江陵方言의 形態音素論的 考察」,『震檀學報』33.
李翊燮(1972b)「嶺東方言의 Suprasegmental phoneme 體系」,『同大語文』2. 同德女大.
李翊燮(1978)「被動性 形容詞文의 統辭構造」,『국어학』6.
李翊燮(1981)『嶺東 嶺西의 方言分化－江原道의 言語地理學』, 서울大 出版部.
李翊燮(1984)『方言學』, 民音社.
이익섭(2022)『강릉방언 자료사전』 신구문화사.
이태욱(1995)「中世國語의 不定法 硏究」成均館大 大學院 博士學位論文.
林錫圭(2007)「慶北北部地域語의 音韻論的 硏究」, 서울大 大學院 博士學位論文.
任洪彬(1978)「被動性과 被動構文」, 國民大『論文集』12.

전학석(1993) 『함경도방언의 음조에 대한 연구』, 태학사.
정　철(1991) 『慶北中部地域語硏究』, 경북대 출판부.
정석호(2007) 『경북동남부 방언사전』, 글누림출판사.
鄭然粲(1963a) 「15世紀國語의 活用語幹의 聲調에 대하여」, 『忠南大 論文集』 3. 忠南大.
鄭然粲(1963b) 「慶尙道 聲調에 관한 몇 가지 問題點」, 『李崇寧 博士 頌壽紀念論叢』, 乙酉文化社.
鄭然粲(1976) 『國語聲調에 관한 硏究』, 一潮閣.
鄭然粲(1977) 『慶尙道方言聲調硏究』, 塔出版社.
鄭源石·徐潤煥(2010) 『咸興地方 方言集』, 한국어린이문화연구소.
제주특별자치도(2009) 『(개정증보) 제주어사전』, 제주특별자치도.
趙鏞夏(2013) 『니가 구쿠이까네 내가 그쿠지』, 디자인워크.
趙鏞夏(2019) 『울산옛말』, 디자인하다.
조홍제(2000) 『울산방언』, 도서출판 제일.
지역어조사추진위원회 및 국립국어원(2006) 『지역어조사 질문지』, 태학사.
崔明玉(1976) 「西南 慶南方言의 副詞化接辭 '－아'의 音韻現象」, 『國語學』 4, 國語學會.
崔明玉(1978a) 「東南方言의 세 音素」, 『國語學』 7, 國語學會.
崔明玉(1978b) 「ㅸ, ㅿ와 東南方言」, 『語學硏究』 14－2, 서울大 語學硏究所.
崔明玉(1979) 「東海岸 方言의 音韻論的 硏究－慶北盈德郡 寧海面 漁村을 中心으로－」, 『方言』 2. 韓國精神文化硏究院
崔明玉(1980a) 『慶北 東海岸 方言 硏究 －寧德郡 寧海面을 中心으로－』(民族文化叢書), 嶺南大 出版部.
崔明玉(1980b) 『慶北東海岸方言硏究』, 嶺南大 出版部.
崔明玉(1982) 『月城地域語의 音韻論』, 嶺南大 出版部.
崔明玉(1998) 『한국어 方言硏究의 실제』, 태학사.
崔鶴根(1968) 『國語方言硏究』, 서울大 出版部.
崔鶴根(1978) 『韓國方言辭典』, 玄文社.
최현배(1965) 『(깁고 고친), 우리말본』, 정음사.
최현배(1976) 『고친 한글갈』, 정음사.
한국문화연합회 경상남도지회(2011) <경상남도 사투리 말하기 대회>, 경남

문화.
韓國精神文化硏究院(1993)『韓國方言資料集』Ⅶ 慶尙北道篇, 韓國精神文化硏究院.
韓國精神文化硏究院(1993)『韓國方言資料集』Ⅷ 慶尙南道篇, 韓國精神文化硏究院.
許 雄(1952)「(애, 에, 외, 위)의 音價」,『國語國文學』1. 국어국문학회.
許 雄(1954)「慶尙道方言의 聲調」,『崔鉉培先生還甲紀念論叢』, 正音社.
許 雄(1955)「傍點硏究－慶尙道方言 聲調와의 比較－」,『東方學誌』2, 延禧大.
許 雄(1965)『國語音韻學』正音社.
허 웅(1985)『국어 음운학 －우리말 소리의 오늘 어제－』샘문화사
Ramsey, S.R. (1978)『Accent and Morphology in Korean Dialects』탑출판사.
小倉進平(1944)『朝鮮語方言の 硏究』, 岩波書店.
河野六郎(1945)『朝鮮方言學試攷』, 東都書籍.
河野六郎(1997)「諺文古文獻の聲点に就いて」『河野六郎著作集』第1巻, (影印本), 太學社.
河野六郎(1997)「中期朝鮮語 用言語幹の聲調に就いて」『河野六郎著作集』第1巻, (影印本), 太學社.

김점호 구술/최명옥 방언 해설/유시주 편집(1990)『베도 숱한 베 짜고 밭도 숱한 밭 매고』, 뿌리깊은나무.
문장원 구술/최명옥 방언 해설/신경란 편집(1991)『동래 사람은 팔만 올리도 춤이 덴다 캤어』, 뿌리깊은나무.
성춘식 구술/최명옥 방언 해설/신경란 편집(1990)『이부자리 피이 놓고 암만 바래도 안 와』, 뿌리깊은나무.

저자 **신기상** 辛基相

울산광역시 울주군 웅촌면 검단초등학교와 웅촌중학교 졸업, 부산사범학교 졸업, 성균관대학교 졸업(문학사), 서울대학교 교육대학원 졸업(교육학 석사), 성균관대학교 대학원 졸업(문학박사), 서울창천초등학교－청량중학교－춘천제일고등학교(군복무)－경기고등학교－혜화여자고등학교 교사 역임, 서울과학기술대학교 문예창작학과 전임강사－조교수－부교수－교수 역임, 현재 서울과학기술대학교 명예 교수.

저서

『고등학교 문법』(공저), 『동부경남방언 고저장단 연구』, 『생활 속의 언어』, 『現代國語 漢字語』, 『우리말의 쓰임새』. 『울산방언사전』, 『울산방언 피동사와 사동사』

논문

「固有語 商號 硏究」, 「우리말 辱說 연구」, 「東部慶南方言 漢字語의 高低長短」, 「東部慶南方言 漢字音 硏究」 외 다수.

울산방언을 중핵으로 한

경상도방언

지은이 | 신기상
펴낸이 | 조승식
펴낸곳 | ㈜도서출판 북스힐
등록 | 1998년 7월 28일 제22-457호
주소 | 서울시 강북구 한천로 153길 17

www.bookshill.com
E-mail | bookshill@bookshill.com
전화 | 02 - 994 - 0071
팩스 | 02 - 994 - 0073

2025년 12월 15일 발행

값 30,000원
ISBM 979-11-5971-714-7